HELMUT THIELICKE

UND WENN GOTT WÄRE...

REDEN ÜBER DIE FRAGE NACH GOTT

QUELL VERLAG STUTTGART

Die Bibeltexte, die den einzelnen Reden vorangestellt sind,
wurden vom Verfasser neu übersetzt

1. Auflage dieser Taschenbuch-Ausgabe 1980
1.-6. Tausend
2. Auflage dieser Taschenbuch-Ausgabe 1983
7.-11. Tausend
3. Auflage dieser Taschenbuch-Ausgabe 1988
12.-14. Tausend

ISBN 3-7918-2006-0

© Quell Verlag Stuttgart 1970
Printed in Germany · Alle Rechte vorbehalten
Einbandgestaltung: JAC
Druck und Verarbeitung: Ebner Ulm

Kein Psychiater, kein Psychotherapeut...kann einem Kranken sagen, was der Sinn ist, sehr wohl aber, daß das Leben einen Sinn hat, ja – mehr als dies: daß es diesen Sinn auch behält; unter allen Bedingungen und Umständen, und zwar dank der Möglichkeit, noch im Leiden einen Sinn zu finden...

VIKTOR E. FRANKL

Frag nie einen Mann, was er glaubt! Paß darauf auf, wovon er Gebrauch macht! »Glauben« ist ein totes Wort und bringt den Tod mit sich.

THORNTON WILDER

Versuche, die Welt aus den Angeln zu heben, haben mich nie gelockt. Wichtig und tröstlich war mir immer der Blick auf die Angeln, in denen sie sich bewegt und doch ruht.

WERNER BERGENGRUEN

Gottes Wort ist kein Lese-, sondern ein Lebe-Wort...Man muß es so in sich einbilden, daß schier eine Natur draus würde.

MARTIN LUTHER

INHALT

Die Wette, ob Gott ist	7
I WIEDER GLAUBEN KÖNNEN	25
Was ist ein Gottsucher?	27
Womit ich stehe und falle	42
Wie der Glaube beginnt	57
Wie es zu Krisen des Glaubens kommt	72
Was das Wort »glauben« bedeutet	87
Wie werden wir von der Skepsis erlöst?	102
Wie man lernt, mit Gott zu reden	121
Was Gott mit dem Sinn des Lebens zu tun hat	133
II WIEDER LIEBEN KÖNNEN	149
Wo ist mein Mitmensch?	151
Wie werde ich mit meiner Zerrissenheit fertig?	166
Wie frei ist der Mensch?	178
Wie sind »Gott« und »Politik« zusammenzubringen?	192
III WIEDER HOFFEN KÖNNEN	209
Worauf warten wir?	211
Wenn alles sinnlos wird	227
Wie überwinde ich Lebensangst und Langeweile?	241
Kann Gott sterben?	257

DIE WETTE, OB GOTT IST

Ein Vorgespräch mit nachdenklichen Lesern

Mit den folgenden Kapiteln wende ich mich vor allem an solche Zeitgenossen, denen die »Sache mit Gott« eine offene Frage ist. Wenn man nicht weiß, wer Gott ist oder gar *ob* er ist, sind einem natürlich auch die Menschen ein Rätsel, die vorgeben, an ihn zu glauben, und ihr Leben auf diese fragwürdige Karte setzen.

Gerade diese Zeitgenossen haben mich immer besonders interessiert. Mein Leben und auch mein Beruf brachten es mit sich, daß ich mich mehr unter *ihnen* als in eigentlich christlichen Kreisen bewegte. Viele sind meine Freunde. Mit nicht wenigen von ihnen habe ich immer wieder andeutende oder auch tieferschürfende Gespräche über den »Fall Gott« geführt.

Ich brauchte im übrigen gar keinen missionarischen Eifer zu entfalten, um es zu solchen Dialogen kommen zu lassen. In der Regel fingen meine Gesprächspartner selbst damit an. Nicht selten vollzog sich die Initialzündung so, daß sie sagten: »Wir haben das Gefühl, daß Sie einer von uns sind. Sie haben Spaß an einem guten Gespräch und sind wahrhaftig nicht ohne Humor. Wir riechen jedenfalls nichts vom Aroma der Hinterwelt (für das ein Mann wie Karl Steinbuch eine so empfindliche Nase hat). Wie aber kann es nur möglich sein, daß ein kritischer Kopf an Gott glaubt und daß er sich damit in die Gesellschaft von Leuten begibt, die unsereinem höchst suspekt sind?«

Ich habe diese Gesprächsäußerung in stilisierter Form wiedergegeben. Das muß so sein, weil solche Fragen natürlich in vielerlei Spielarten – oft nur sehr chiffriert – gestellt zu werden pflegen. Sachlich aber ist ihre Tendenz korrekt referiert.

Unter denen, die auf diese Weise ihrer Verwunderung Ausdruck gaben, konnte ich immer wieder zwei Arten von Leuten unterscheiden:

Die *eine* Gruppe bestand aus solchen, die nur ein gewisses menschliches Interesse für ihr Gegenüber hatten; in diesem Falle für meine arme Person. Ein Christ oder gar ein Theologe, der einigermaßen mit beiden Beinen im Leben steht und sich kein X für ein U vormachen läßt, war ihnen ein Rätsel, eine komische Mischung sozusagen aus Verstand und Aberglaube. Das reizte ihre psychologische Neugierde. Die Sache mit Gott aber, um die es dabei ging, war ihnen gleichgültig. Sie galt ihnen als abgetan.

Nun war es keineswegs so, daß diese Indifferenten mir ebenfalls gleichgültig gewesen wären! Wenn ich Gott ernst nehmen wollte, mußten sie mich ja schon *seinet*wegen angehen. Denn aus dem, was die Bibel über ihn sagt, geht jedenfalls eines mit Bestimmtheit hervor: daß Gott nicht bloß der Chef seiner irdischen Parteigänger ist. (Das wäre auch sehr blamabel für ihn; denn nicht wenige, die für »fromm« oder als Kirchensteuerzahler wenigstens für »dazugehörig« gelten, würden seine Sache wohl eher kompromittieren als sie attraktiv erscheinen lassen.) Nein: Gott lebt nicht von seinen Parteigängern. Er ist auch der Gott der Atheisten. Er ist wahr, auch wenn man ihn nicht wahrhaben will.

So lauerte ich oft wie ein Luchs auf Gelegenheiten, um denen, die Gott den Abschied gegeben hatten, etwas davon zu sagen. Gelegentlich tat ich das nicht in Form der Diskussion und des intellektuellen Florettfechtens (das gibt es wohl auch, doch führt es meistens nicht weit), sondern manchmal erzählte ich ihnen ganz simpel – eine »biblische Geschichte«. Denn Gott wird uns nur glaubwürdig durch das, was er tut, und durch die Menschen, die in dieses Tun verwickelt sind. Und es kam vor, daß sie dabei aufhorchten. Aber selbst dann, wenn sie den Kopf schüttelten, meinte ich Spurenelemente von Nachdenklichkeit, hin und wieder auch ein Gefühl der Betroffenheit zu bemerken.

Mit meinem Buch wende ich mich aber weniger an diese Gruppe der Indifferenten. Nicht, weil ich ihnen gegenüber resignierte, sondern weil ich mir sage, daß sie so ein Buch ja doch nicht lesen werden. Vielleicht kommt ihnen ein Marxist wie Vítězslav Gardavský näher, wenn sie aus *seinem* Munde die These vernehmen, daß Gott doch »nicht ganz tot« sei und daß man die Bibel gelesen haben müsse, »wenn man nicht ärmer sein will als andere Menschen«. Weil Gott auch ein Gott der Atheisten ist, hat er nicht nur reguläre Truppen, die auf ihn eingeschworen sind, sondern auch Partisanen...

Jedenfalls denke ich auf den folgenden Seiten mehr an die *zweite* Gruppe unter jenen Leuten, die es merkwürdig finden, wenn unsereiner an Gott glaubt. In der Verwunderung dieser zweiten Gruppe schwingt nämlich noch ein anderer Ton mit, für den man in meinem Beruf ein sensibles Ohr bekommt. Dieser Ton läßt sich am besten durch eine Frage verdeutlichen, die ich aus jener Verwunderung heraushöre. Sie lautet (ich entfalte sie hier in einem längeren Monolog): »Ich bin zwar allem, was mit Gott – von Christus gar nicht zu reden! –, allem, was mit Glauben und Religion zu tun hat, weit entrückt. Es trifft mich höchstens noch so, wie Fausts Ohr in der Osternacht von Glockenklang und Chorgesang angerührt wurde, als er den Giftbecher an die Lippen setzte, um ins ›Nichts dahinzufließen‹. Doch was helfen die weichen Gefühle, in die uns dieser Klang versetzt? ›Die Botschaft hör' ich wohl, allein mir fehlt der Glaube.‹ Darf man aber den Glauben wollen, wenn es nur die Nachgiebigkeit gegenüber unseren Emotionen ist, die ihm Einlaß gewährt? – Und doch frage ich mich, ob etwas ›daran‹ sei. Ich komme sogar von dieser Frage nicht los. Denn ich spüre dunkel, daß Grund, Ziel und Sinn meines Daseins völlig anders aussehen würden, je nachdem, ob ich mit Gott rechne oder ob ich nicht mit Gott rechne. – Natürlich bin ich nicht so töricht, um anzunehmen: Wenn ich an Gott glauben könnte, wären alle Probleme gelöst; dann hätte alles – auch das Befremdliche in Leben und Geschichte – seinen Sinn; dann könnte am Ende gar nichts mehr schiefgehen, weil ja ein erhabener Steuermann am Ruder des Universums stünde und ich mich als kleiner Passagier seinem Kurs beruhigt anvertrauen könnte. Ich weiß wohl, daß es so einfach nicht ist. Und ich sehe an meinen Freunden, denen die Gabe des Glaubenkönnens verliehen ist, daß sie ebenfalls nicht derart naiv und einfältig sind, sondern daß auch sie die dunklen Wegstrecken des Zweifels, der bangen Sorge und manchmal der trügerischen Hoffnung durchschreiten müssen. Aber sie dringen schließlich doch an ein anderes Ufer vor. Auch wenn sie die höheren und befremdlichen Gedanken, die angeblich über uns gedacht werden, nicht verstehen, so wird ihnen doch die Gewißheit zuteil, *daß* jene Gedanken eben gedacht werden und daß sie darin geborgen sind. Das Schlimmste ist eben doch die absolute Sinnlosigkeit, eine Welt *ohne* ›höhere Gedanken‹. Und ich gestehe offen (allerdings auch etwas widerstrebend), daß ich Camus nie ganz verstanden habe, wenn er der Absurdität der Sisyphos-Existenz mit Gewalt eine positive und schöpferische Seite abzugewinnen strebt. Mir geht es vielmehr so: Wenn ich alles für sinnlos halten müßte und weder über der Welt noch über meinem Leben ein ›Thema‹ vermuten dürfte, dann gäbe es keine Freuden der Liebe mehr für mich, im Frühling würden mich die aufsprießenden und doch wieder welkenden Blüten anöden, die Weltgeschichte erschiene mir dann als das ›ewge Schaffen, Geschaffenes hinwegzuraffen‹ und wäre ein zirkulärer Leerlauf. Der Krebs eines geliebten Menschen, den ich zugrunde gehen sehe, würde nur das besonders drastische Indiz dieser Sinnleere sein. In diesem Sinne verstehe ich die Worte des ›toten Christus‹ aus Jean Pauls Siebenkäs: ›Starres, stummes Nichts! Kalte, ewige Notwendigkeit! Wahnsinniger Zufall! Kennt ihr das unter euch? Wann zerschlagt ihr das Gebäude und mich?‹ – Das alles aber würde eben anders sein, wenn mir der Glaube möglich wäre, daß Gott *ist*. Dann brauchte ich mich nicht mehr an der Frage zu zerquälen – die mir oft kommt, wenn ich in meinem Geschäft etwas auf die Beine gestellt und also gewissermaßen Erfolg habe –, an der Frage: Was soll das alles? Cui bono? Was bleibt davon? Und was wird aus mir, wenn ich nichts mehr leisten kann, wenn das Alter kommt? Ich könnte dann (*wenn* Gott wäre!) die Gewißheit haben, daß mein Leben in Sinneszusammenhänge hineinkomponiert ist, die ich zwar nicht kenne, deren Autor mir aber sein Herz erschlossen hätte, so daß ich mich vertrauend ihm überlassen kann. Ich meine, das sei sehr viel, das sei sogar unendlich viel.

Aber so weit komme ich eben nicht. Und wenn ich's dennoch versuche, ficht mich die Frage an, ob ich mich damit nicht einer feigen Illusion überlasse. Könnte ich nicht ein Defätist sein, der die Härte der Sinnlosigkeit nicht erträgt und darum in die Gefilde windiger Tröstungen zu entweichen sucht – ein Verwandter derer, die mit Hilfe von Alkohol oder Drogen vor ihren Konflikten und Ängsten fliehen?«

Auch dieser lange Monolog ist natürlich ein stilisiertes Konzentrat, in dem ich viele Einzeläußerungen verdichtet habe.

Alle diese Aussprüche und Ausbrüche schwingen nun wie eine Ellipse stets um zwei Brennpunkte:

Der *eine* dieser Punkte ist das Wissen, daß Gott uns in eine unerkennbare Ferne entrückt und daß der Glaube damit ein unverfügbarer Akt geworden ist.

Der *andere* Brennpunkt ist nur eine Ahnung: das unbestimmte Empfinden nämlich, daß gleichwohl an diesem Allerungewissesten mein Schicksal hängt. Mit dem Ja oder Nein, das hier zu sprechen ist, wird zugleich entschieden über die Realien meines Lebens, über mein Lieben und Hassen, mein Sorgen und Hoffen, über Angst und über Trost. Wie fatal ist es aber, daß ausgerechnet die oberste Wichtigkeit des Lebens nicht kalkulierbar sein soll! Wie paradox, daß ich zwar Gewinn und Verlust in meinen Geschäftsbüchern auf Heller und Pfennig ausrechnen kann, daß aber für die *Gesamtheit* meiner Lebensrechnung der entscheidende Posten ein unbekanntes X sein soll! Sind wir Menschen nicht in einer verzwickten und eigentlich verrückten Lage, wenn es so ist?

Schließlich scheint sich alles in der Frage zuzuspitzen: Wenn die Gottesfrage tatsächlich jene Schlüsselstellung in meiner Lebensrechnung einnimmt: warum versorgt uns Gott dann nicht mit Argumenten oder Indizien, die uns seine Anwesenheit *gewiß* machen? Ist diese Verborgenheit nicht schon seine Widerlegung? Aber ohne ihn geht es doch *auch* nicht!

Wie kommen wir aus dieser vertrackten Situation heraus? Anders gesagt: Wie kommen wir angesichts der Frage: »Und wenn Gott wäre...« weiter?

Ich weiß keinen anderen Weg als den, der von Pascal in einem sehr verwegenen Kapitel seiner »Gedanken« empfohlen wird. Dieses Kapitel trägt den Titel »Die Wette«. Da geht es um das Gespräch mit einem gebildeten Weltmenschen der vornehmen Stände, einem »honnête homme«, der jener zweiten Gruppe von Zweiflern angehört, wie ich sie soeben charakterisierte. Er ist ein Mann, der nicht glauben kann und sich gleichwohl nicht imstande sieht, den Glauben einfach ad acta zu legen und sich zu sagen: Ich halte mich lieber an die konkreten Gewißheiten meines täglichen Lebens. Ich koste mein Dasein aus und sehe, was es hergibt. Die metaphysischen Ungewißheiten – die Frage vor allem, ob Gott ist oder nicht ist – sollen mich dabei nicht kümmern.

Nein: dieser Mann kommt nicht los von der umstürzenden Möglichkeit, die sich in der Frage verbirgt: »Und wenn Gott wäre...«

Vielleicht denkt er: Dieser Pascal da mit seinem mathematisch geschulten Ingenium wird schon seine Gründe haben, wenn er an Gott glaubt. Ein Mann seines intellektuellen Ranges ist ja außerstande, etwas *ohne* Gründe zu tun. Möge er mir also seine Argumente mitteilen! Ich will mich ihnen stellen.

Es geht ihm also um einen rationalen Test in puncto Gottesfrage. Zunächst scheint er eine Abfuhr zu erhalten. Das Kreuzworträtsel »Gott« bleibt rational unauflösbar: »Durch den Verstand«, so gibt Pascal zu verstehen, »können Sie sich weder für das eine noch für das andere entscheiden (ob nämlich Gott ist oder nicht ist). Mit dem Verstand können Sie auch keines von beidem ausschließen.«

Deshalb – das ist dann die von Pascal gezogene Konsequenz – muß man hier »wählen«. Eine Wahl dieser Art vollzieht sich in Gestalt einer Entscheidung, die alle Risiken enthält – eben *weil* sie rational nicht durchkalkuliert werden kann. Insofern gleicht sie einer Wette: Wenn man beim Buchmacher auf ein bestimmtes Pferd oder im Toto auf eine Fußballmannschaft setzt, hat man zwar für seine Wettentscheidung in der Regel gewisse vernünftige Anhaltspunkte. Man hat etwa die bisherigen Leistungen von Pferd oder Mannschaft beobachtet, man schätzt in nüchternem Abwägen den Trainingseffekt und die momentane Kondition ab. Doch lassen alle diese Anhaltspunkte noch weite Spielräume für Unwägbarkeiten und unbekannte Faktoren (für »Imponderabilien«) offen. Keine Art von Berechnung kriegt diesen Bereich des Unbestimmten in den Griff. Darum haftet einer Wette der Charakter des Wagnisses an. Ich muß einen Sprung machen, der alles andere ist als ein rationaler Schritt.

Genauso sei es nun mit Gott, meint Pascal: Ich muß wagen, ihn zu wählen. Ich muß eine Wette machen. Ich muß auf ihn setzen.

Der Gesprächspartner Pascals ist von dieser Antwort recht schockiert. Es leuchtet ihm wohl ebensowenig ein wie uns, daß die Grundfrage unseres Lebens durch eine Wette entschieden und damit der Zufälligkeit einer Wahl überlassen sein soll. Sein Widerstand gegen diese Idee der Wette drückt sich in diffizilen Gegenargumenten aus, auf die ich hier ebensowenig einzugehen brauche wie auf die scharfsinnigen Erwiderungen Pascals. Es genügt an dieser Stelle, wenn ich das vorläufige Fazit vermerke, zu dem diese Auseinandersetzung über Sein oder Nichtsein Gottes kommt. Man kann dieses Fazit aus der resignierten

Feststellung des Ritters herauslesen: »Meine Hände sind gebunden und mein Mund ist stumm; man zwingt mich zu wetten..., ich bin nicht frei... und ich bin nun einmal so geschaffen, daß ich nicht glauben kann. Was soll ich also tun?«

Aus dieser Sackgasse, in die das Gespräch zunächst geführt hat, will Pascal nun einen Ausweg bahnen, der uns abermals höchst befremdlich vorkommen mag. Er sagt nämlich dem glaubenslosen Weltmenschen, der ihm da gegenübersitzt (ich referiere dem Sinne nach und abgekürzt): »Du kommst nicht weiter, wenn du nach Gottesbeweisen suchst, denn Gott wird vom Aktionsradius deiner ratio gar nicht erreicht. Du mußt vielmehr deine Leidenschaften unter Kontrolle bringen. Es ist ja nicht deine Vernunft, die dich daran hindert, in der Gottesfrage zur Klarheit zu kommen. Die Vernunft nämlich ist weder imstande, in dieser Sache ein legitimes Ja noch ein legitimes Nein zu sprechen. Deine Hemmungen stammen vielmehr aus einer ganz anderen Dimension deines Ich: Sie rühren von deinen Leidenschaften her.«

Wird damit aber – diese Gegenfrage drängt sich sofort auf – die Gottesfrage nicht aufs *moralische* Gleis abgeschoben? Das wäre fast makaber. Man fühlt sich geradezu versucht, diesem Ablenkungsmanöver mit Ironie zu begegnen und ein bißchen ausfällig zu werden. Denn könnte das alles nicht auf den etwas dämlichen Rat hinauslaufen: Sei nur ein rechter Tugendbold, dann regeln sich deine religiösen Überzeugungen von selbst! – ?

Doch so einfach ist die Sache nicht.

Daß Pascal hier auf eine Dimension unseres Ich deutet, die tief unterhalb der Schicht des Moralischen liegt, geht aus einem späteren Passus dieses Kapitels über die Gottesfrage hervor. Darin wendet er sich an die Glaubenslosen *generell*, an den menschlichen »Typus« sozusagen, der hier waltet und der in allen Formen der Glaubenslosigkeit mit gewissen konstanten Grundeigenschaften wiederkehrt: »Ich hätte die Vergnügungen bald aufgegeben, sagt ihr, wenn ich den Glauben hätte. Und ich sage euch: Ihr hättet bald den Glauben bekommen, wenn ihr die Vergnügungen aufgegeben hättet.«

Zu dieser Äußerung Pascals, die zunächst Wasser auf die Mühlen einer etwas sauren Moralität zu leiten scheint, muß ich ein paar Glossen machen:

Die Leute, die Pascal hier im Auge hat, sind gleichsam auf eine hintergründige Weise raffiniert. Der Schachzug des Denkens, mit dessen Hilfe sie den Gottesglauben matt setzen wollen, ist folgendermaßen angelegt:

Zunächst einmal muß man sie sich als Leute vorstellen, die ihr Leben in sublimen und vermutlich auch in plumperen Genüssen voll auskosten, die ihre Persönlichkeit also nach allen Richtungen entfalten wollen. Man darf sie wohl, ohne zu karikieren, als Eudämonisten bezeichnen, die das Glück der Selbsterfüllung suchen. Inmitten dieser Wonne des Sich-Auslebens gibt es nur einen einzigen Stör-Faktor, der die Ungebrochenheit ihres Vergnügens beeinträchtigt: das ist ihr Gewissen. Wenn ich etwas noch so Angenehmes mit schlechtem Gewissen tue, ist die Annehmlichkeit erheblich gemindert. Das wissen wir alle! Mitten im Genuß über Tabus zu stolpern, ist wie ein Reif in der Frühlingsnacht. Das schlechte Gewissen ist ein Schmerz, der dem Lebensgenuß widerspricht. Und wenn dieser Genuß zum obersten Gesetz wird, muß man alles daransetzen, um jenen Stör-Schmerz auszuschalten.

Aber wie soll man das machen?

Was einen so stört, ist das unbedingte »Du-sollst« und »Du-sollst-nicht« des Gewissens. Wer anders aber meldet sich in diesem Anspruch des Sollens als Gott selbst, als der Urheber aller Gebote? In ihm liegt also die letzte Wurzel jenes Stör-Faktors, der mich in meinem ungenierten Vergnügen behindert. Gelingt es mir, mich von dieser Wurzel loszureißen oder mich von ihrer Nicht-Existenz zu überzeugen, dann bin ich mit einem Schlag den Schmerz des schlechten Gewissens los.

Auf diesem Kalkül gründet nun die gedankliche Taktik jener Leute. Sie wollen Pascal, den Star der Mathematik und des philosophischen Scharfsinns, zum Kronzeugen dafür machen, daß Gott keine realistische Größe ist, mit der man rechnen muß und die sie in ihrer Sünden Maienblüte stören dürfte. So kommen sie mit der treuherzig klingenden Aufforderung: Lieber Pascal, liefere uns einen Gottesbeweis, dann wollen wir unsere Ausschweifungen lassen!

Sie sind wirklich bemüht, als Leute zu erscheinen, denen es Ernst ist und die zu allen Konsequenzen entschlossen sind. Wenn ihnen wirklich die Gewißheit werden sollte, daß Gott ist, dann wollen sie das Messer an die Wurzel ihrer bisherigen Existenz legen. Sie sind bereit zu radikalen Revisionen.

Das Schema ihres Denkens sieht demnach so aus: Erst wollen wir theoretische Klarheit; danach sind wir bereit, die praktischen Folgerungen daraus zu ziehen. Das sind wir wirklich!

Ihre Spekulation ist in der Tat raffiniert. Denn als gebildete Leute sind sie sehr wohl darüber unterrichtet, daß es keinen Gottesbeweis geben *kann* (und zwar aus sehr ernsthaften und einsehbaren Gründen, die mit dem *Wesen* Gottes zusammenhängen). So können sie mit Recht darauf spekulieren, daß Pascal ihre Bitte um einen Gottesbeweis mit einer Fehlanzeige beantworten muß. Er wird also passen.

Dann aber rechnen sie weiter und sagen sich: Was uns Spaß macht, ist jedenfalls eine handfeste Sache, die wir jeden Tag mit unseren Sinnen fühlen, sehen, riechen und schmecken. Der Stör-Faktor »Gott« aber, der uns diesen Spaß immer wieder vermasselt, ist *keine* handfeste Sache. Denn nicht einmal ein Denker von dem Range Pascals kann uns etwas Schlüssiges über ihn sagen. Warum aber sollen wir uns dann das unmittelbar Gewisse durch eine ungewisse metaphysische Größe vergällen lassen? Ist der Spatz in der Hand – eben unser gefühltes und geschmecktes Vergnügen – nicht besser und mehr als die Gott-Taube auf dem Dach? – Ach was: nicht einmal auf dem Dach ist sie, denn dann würden wir sie ja sehen, sondern einem windigen Gerücht zufolge soll sie nur irgendwo im Raume schweben! So können wir denn unbehelligt weitermachen und brauchen uns nicht mehr durch einen Gott, der uns durch sein Sprachrohr »Gewissen« permanent mit Zwischenrufen beelendet, aus der Fassung bringen zu lassen.

Pascal hat offensichtlich diese taktische Anlage ihres Gedankenspiels durchschaut und hütet sich deshalb, darauf einzugehen. Er dreht vielmehr den Spieß um und geht zum Gegenangriff über:

Eure Berechnung ist falsch, läßt er sie wissen. Es ist ja gar nicht so, daß ihr zunächst einmal in Ruhe so etwas wie objektive Klarheit über die Existenz Gottes gewinnen könntet, um danach erst die praktischen Konsequenzen daraus zu ziehen und euer Leben zu ändern. Sondern es ist genau umgekehrt: *Erst ändert euer Leben, dann werdet ihr Gott erkennen!*

Verstehen wir jetzt, daß Pascal hier auf etwas sehr viel Fundamentaleres hinaus will als auf eine moralische Standpauke? Er weist durch die Blume eines scheinbar moralischen Arguments doch auf zweierlei hin: Er sagt diesen Intellektuellen und Eudämonisten *erstens,* daß Gott nicht auf billige Weise zu haben ist, daß man ihn nicht ohne Einsatz und als bloßer Zuschauer haben kann, sondern daß man mitspielen muß. Wer nicht bereit ist, alles zu verkaufen, was er hat – *wenn er wäre!* –, bekommt ihn nie zu Gesicht. (In der Geschichte vom reichen Jüngling kommen wir auf diese Frage später noch zurück.)

Und Pascal sagt diesen Leuten *zweitens:* Die Argumente unserer Vernunft sind immer durch Furcht und Hoffnung, also durch unser Interesse bestimmt. (Jedenfalls gilt das von unserer Vernunfttätigkeit, soweit sie sich außerhalb der exakten Naturwissenschaften abspielt.) Sagt nicht schon das Sprichwort, daß der Wunsch der Vater unserer Gedanken sei? Was man wünscht, das glaubt man gern – das »denkt« man auch gern! Man sieht an den Ideologien, in welchem Maße unsere Wünsche zum Motiv von Gedankenoperationen werden können. Das gleiche gilt von unseren Befürchtungen: Unsere Gedanken neigen dazu, Gründe zu finden oder auch zu erfinden, die jene Befürchtungen als gegenstandslos erweisen sollen. Deshalb haben selbst große Chirurgen ihren eigenen Krebs nicht erkannt. Wenn man ihnen ihre eigenen Gewebepräparate zeigte, half ihnen gerade ihr fachliches Assoziationsvermögen – also ihre hochentwickelte medizinische Vernunft –, die krankhafte Gewebestruktur *anders* zu erklären. – Mit anderen Worten: Unsere Argumente sind weithin von unserem Interesse bestimmt – von unserem Interesse daran, daß etwas so und so sei oder aber so und so *nicht* sei.

Auf Pascals Gesprächspartner angewandt, heißt das: Ihr habt ein Interesse daran, daß Gott *nicht* ist. Denn er ist für euer Sich-Ausleben ein Störfaktor. Deshalb möchtet ihr ihn beseitigen, um ungenierter als bisher eurer Sünden Maienblüte genießen zu können. Selbst wenn ich euch mit einem Gottesbeweis käme, würde dieses euer Interesse ein ständiges: »Ja, aber...«, hervorbringen. Ihr dürft Gott ja nicht wahrhaben *wollen!* Ihr haltet diese Wahrheit (wie die Heiden im Römerbrief [1,18 ff.]) »in Ungerechtigkeit nieder«. Psychoanalytisch ausgedrückt, heißt das: Ihr verdrängt sie. Was *zwischen* Gott und euch steht und euren Unglauben bewirkt, sind also letzten Endes keine Argumente, sondern Sünden. Es geht um die gesamte Einstellung eurer Existenz, die sich von Gott abwendet. Diese Einstellung läßt euch gewaltsam in die entgegengesetzte Richtung blicken, so daß ihr – logischerweise! – nur den Nicht-Gott sehen könnt.

Nach diesem Zwischenspiel kehren wir noch einmal zu dem noblen Weltmann zurück, der Pascal wegen seines Unglaubens befragte. Wir können jetzt vermuten, daß seine Glaubenskrise in ähnlichen Krankheitsherden ihren Ursprung hat wie die seiner intellektuellen Brüder. Auch bei ihm könnte es so sein, daß er sich selbst im Lichte steht: daß er also mit Pascal nur diskutiert, um ihn zu der Fehlanzeige zu zwingen: »Ich kann dir nicht mit Argumenten beweisen, daß Gott ist.« Dann wäre ihm wenigstens die Unruhe genommen, die ihn bisher noch in seiner Glaubenslosigkeit störte.

Doch so leicht läßt Pascal sein Gegenüber nicht los. Denn nun gewinnt seine Aufforderung zur Wette auf einmal einen neuen und tieferen Sinn. Zuerst sah es so aus – wir sprachen darüber –, als ob damit nur das blinde Wagnis eines Entschlusses und ein höchst riskanter Einsatz gemeint sei. Pascal meint aber etwas anderes und meint mehr als ein bloßes Würfelspiel mit zufälligem Ausgang.

Was muß man denn bei dieser Frage nach Gott, bei dieser Wette um seine Existenz einsetzen? Nun – genau das, was uns wahrscheinlich hindert, mit letztem *Ernst* nach ihm zu fragen. Was uns hier hindert, sagt Pascal, sind unsere »Leidenschaften«. Damit hat er natürlich nicht die Meinung vertreten wollen, als sei der wohltemperierte, emotional gebändigte (oder sogar »kastrierte«) und nie aus der Rolle fallende

Normalbürger sein humanes Ideal. Das Wort »Leidenschaft« steht hier vielmehr repräsentativ für den Affekt, mit dem ich mich selbst will: meine Selbsterfüllung, das Durchkosten aller Wonnen und Möglichkeiten, die Natur und Geist aus sich herausgeben – und zwar nicht nur der inferioren Genüsse, sondern auch der Selbstdarstellung des Menschen in seiner Kultur, einschließlich der sublimsten Entfaltung seines inneren Wesens.

Meine Leidenschaft drängt darauf, daß ich mich selbst wollen darf. »Mich selbst« aber habe ich doch nur dann, wenn kein anderer dabei hineinredet und wenn ich in Leidenschaft meine eigene, ungestörte und autonome Identität suchen darf.

In diesem Sinn also soll ich bei der Wette um Gott meine *Leidenschaften* zum Einsatz bringen. Ich muß mich selbst einsetzen.

Doch was heißt das?

Als Antwort zitiere ich wieder ein paar Sätze aus unserem Dialog. Und es macht hoffentlich niemandem etwas aus, daß diese Sätze ein bißchen eng katholisch klingen. Wenn man das Wesentliche erfaßt, auf das Pascal hinauswill, brauchen diese Nebensächlichkeiten nicht zu stören. Er gibt nämlich den Rat: Folgen Sie der Weise, in der alle Gläubigen einmal ihren ersten Schritt vom Unglauben in den Glauben hinein getan haben, »indem sie nämlich in allem so handelten, *als ob* sie glaubten, indem sie das Weihwasser nahmen, indem sie Messen lesen ließen usw. Gerade das wird Sie auf natürliche Weise zum Glauben bringen und Sie ›tumb‹ (das heißt im gefüllten Sinne des Wortes ›einfältig‹) machen.«

Pascal meint also dies: Wenn man mit Gott zu rechnen lernt und also zu glauben beginnt, dann hört man auf, in Leidenschaft sich selbst zu wollen. Dann merkt man rückblickend, daß es eben dieser Autismus, daß es diese Zentrierung des Lebens auf das eigene Ich war, was mich den Unglauben suchen und den Glauben als Bedrohung meines Selbstseinwollens fürchten ließ. Dies und nichts anderes ist also meine eigentliche Hemmung bei der Frage, ob ich mit der Existenz Gottes zu rechnen bereit sei. Darum muß ich gerade dieses mein Selbstseinwollen bei der Wette um Gott zum Einsatz bringen.

Dieser Einsatz bedeutet nach Pascal nicht einmal ein großes Risiko: Denn *entweder* geht das Spiel so aus, daß Gott dabei gewinnt, daß er mir also gewiß wird und ich zum Glauben überwunden werde. Dann bin ich vom Glück der gefundenen Wahrheit beflügelt, erlebe Erfüllungen über Erfüllungen (auch im Bereich der Leidenschaften) und gewinne überdies mich selber neu. *Oder* aber Gott verliert. Er bleibt also im Dunkeln wie bisher oder wird gar in seiner Nicht-Existenz offenkundig. Dann bleibt alles, wie es war. Vielleicht bin ich sogar etwas beruhigter als vorher. Insofern hätte ich bei der Wettaktion wenigstens nichts verloren.

Doch nun muß noch einmal gefragt werden: Was bedeutet es denn, seine Leidenschaften bei der Wette um Gott einzusetzen? *Das heißt ganz schlicht, daß ich vorübergehend und versuchsweise einmal so handle, »als ob« Gott wäre, daß ich also ein Experiment mit ihm mache.* So tun, als ob Gott wäre, das heißt: ich »spiele« einmal den Gläubigen. Ich verhalte mich etwa zu meinem Nächsten so, »als ob« das Wort Gottes wirklich in Kraft wäre: »Liebe deinen Nächsten wie dich selbst.« Ich behandle meine Sorgen so, »als ob« jemand da wäre, auf den ich sie werfen könnte. Ich vergebe meinem Mitmenschen so, »als ob« Gott mir selber vergeben und ich die empfangene Gabe nun weiterzureichen hätte. Ich bete, »als ob« Gott da wäre und mich hörte.

Ich warte also nicht, bis ich irgendeine mystische Gottesoffenbarung empfange, um erst aufgrund der so empfangenen Evidenz bereit zu sein, in seinem Namen zu leben und zu handeln. Vielmehr mache ich es umgekehrt: Versuchsweise und experimentell handle ich in seinem Namen, im Namen eines X also, dessen Wesen und Existenz mir noch ein Rätsel ist. Ich übergebe ihm vorübergehend – »als ob« es ihn gäbe – meine Leidenschaften. Insofern setze ich hier mein Selbst-sein-wollen ein und mache es wirklich zu meinem »Einsatz« im Spiel. Denn vorübergehend nehme ich es nicht für mich selbst in Anspruch, sondern stelle es diesem X zur Verfügung, das sich möglicherweise als Gott herausstellt.

Was wird nun geschehen, wenn ich mich so verhalte?

Jedes Experiment ist eine Frage an die Natur, auf die ich eine Antwort erwarte, eine bejahende (wenn die dem Versuch zugrundeliegende Annahme richtig war) oder eine verneinende (wenn sie falsch war und das Experiment also hinfällig ist). Wie aber wird *Gott* nun in seiner Antwort reagieren, wenn ich mein Experiment mit ihm mache und mich auf die Wette einlasse?

Wenn er der ist, als den ihn seine Zeugen bekennen, dann wird er Laut geben und mich dessen innewerden lassen, daß es kein leeres Spiel und keine bloße Maskierung war, wenn ich versuchsweise die Rolle des Gläubigen übernahm und so tat, »als ob« er existiere. Dann wird er mich zu der Gewißheit kommen lassen, daß ich auf diese Weise nicht in ein Spiel, sondern daß ich in die Wahrheit eingetreten bin. Denn mit diesem experimentellen Verhalten, »als ob« er wäre, und mit dem Einsatz meiner Leidenschaften, der dazu erforderlich war, habe ich ihn »von ganzem Herzen gesucht«. Ich habe ihn nicht billig haben wollen. Ich habe durch meinen Einsatz bewiesen, daß ich mein Leben nicht für mich haben und darum Gott aus ihm eliminieren möchte. Von dem aber, der ihn so im Einsatz sucht, »will er sich finden lassen« (Jeremia 29,13). Ich habe dann den ersten Zug im Spiel der Wette gemacht. Nun ist Gott dran. Im nächsten Augenblick werde ich sehen, was an ihm ist, *ob* er ist und *wer* er ist.

Das also ist die Wette um Gott.

Mit Menschen, die in dieser Bereitschaft zum Einsatz nach Gott fragen, möchte ich in den folgenden Kapiteln reden. Diese Kapitel sind in Stil und Darlegungsweise sehr verschieden von diesem ersten Vorgespräch mit dem Leser. Sie enthalten Reden, die ich in Gottesdiensten der großen Michaeliskirche zu Hamburg gehalten habe. Es war wie immer eine bunt zusammengesetzte Menge, die da zuhörte: sehr viel Jugend, aber auch alte Menschen; Intellektuelle und schlichte Gemüter; Professoren und Hafenarbeiter; Handelsherren und kleine Angestellte. Im Anschluß an die Gottesdienste versammelten sich in den letzten Jahren stets mehrere hundert Zuhörer, um in lebendigen und ringenden Aussprachen Probleme zu erörtern, die ihnen die Predigt gestellt hatte. Bei solchen Gelegenheiten kam immer wieder das zur Sprache, was auf den vorangehenden Seiten entfaltet wurde. Denn viele, wohl die meisten, waren keine Kirchenchristen, sondern Suchende, Irregewordene, aber auch Beunruhigte. Ihnen vor allem hat meine Arbeit gegolten. Auch wenn es dabei um ein breites Spektrum sehr verschiedener Fragen ging, so bildete doch die Frage nach Gott und nach möglicher Gewißheit den roten Faden, der sich durch alles hindurchzog. In diesem Kapitel wollte ich den Leser teilnehmen lassen an dieser wesentlichsten Frage, die meine Hörer beschäftigte und die jene Aussprachestunden beherrschend durchwaltete.

Wenn ich nun noch in einigen Sätzen ausdrücken darf, was diesen Essay mit den folgenden Reden verbindet, dann möchte ich so sagen: Es geht mir darum, die Titel-Frage: »Und wenn Gott wäre...?« so zu beantworten, daß ich über Menschen spreche, denen Gott zur Gewißheit wurde, und daß ich Texte interpretiere, die im Namen dieser Gewißheit geschrieben sind. Mit anderen Worten: Ich möchte zeigen, auf welcher Ebene des Lebens man sich bewegt, wenn man mit Gott rechnet, und wie jenes »als ob« aussieht, das uns mit ihm experimentieren läßt. Ich möchte etwas aufleuchten lassen von dem Glanz eines neuen Lebens, in dem wir wieder glauben, wieder hoffen, wieder lieben können. Ich möchte die Größe der Erfüllungen aufzeigen, mit denen gerechnet werden darf, wenn wir uns auf das Experiment mit Gott einlassen.

Im übrigen halte ich sehr wenig von apologetischen Vortrags- und Buch-Titeln, die eine Begründung versprechen, warum wir »noch« Christen sein können. Das klingt verzweifelt resigniert und rückwärtsgewandt und erweckt den Anschein, als ob wir die letzte Nachhut der Getreuen wären, die in eine Götterdämmerung hinein unterwegs sind und im Grunde auf verlorenem Posten stehen (wie Spenglers »Soldat von Pompeji«). Das Wort »noch« ist ein notorisch unchristliches Wort, weil es hoffnungslos ist. Im Neuen Testament spielt das Wort »schon« eine sehr viel größere und strahlendere Rolle: »Schon« ist die Axt den Bäumen an die Wurzel gelegt – Ein Feuer ist angezündet auf Erden, was wollte ich lieber, denn es brennete »schon« – »Schon« ist das Feld weiß zur Ernte – Nicht daß ich's »schon« ergriffen hätte oder schon vollkommen sei..., das alles steht mir erst bevor. Wir leben also im Namen dessen, was uns verheißen ist und was allererst kommen soll. Christen sind Menschen, die nicht vom »noch« des Plusquamperfectum, sondern die vom »schon« des Plusquamfuturum her leben.

Ich möchte also in diesem Buche zeigen, worauf wir uns einlassen, wenn wir mit Gott zu rechnen wagen. Ich möchte auf den zweiten Zug im Spiel mit Gott deuten: auf jenen Zug, in dem Gott sich als der Meister des Spiels zu erkennen gibt.

Aber ist das alles nicht doch nur ein hinkendes Bild? Sind wirklich *wir* die Initiatoren des Spiels und Gott nur der Reagierende? Auch das ist nur ein Gedankenexperiment, das wir an die Tafel schreiben, um es gleich wieder wegzuwischen. Denn was heißt es schon, daß Gott der Meister in diesem Spiel ist und daß er sich zu erkennen gibt, wenn er mit seinem Gegenzug an der Reihe ist? Ist er nicht sehr viel mehr als nur jener Meister? Wirkt er nicht schon mit, wenn in mir die Bereitschaft entsteht, überhaupt dieses Spiel zu wagen?

Es sind ganze Kaskaden von Erkenntnissen, die sich in immer neuen Strömen zu ergießen beginnen, wenn ich die Wette um Gott eingehe.

I

WIEDER GLAUBEN KÖNNEN

WAS IST EIN GOTTSUCHER?

Als Jesus nach Jericho kam, wanderte er durch die Stadt. Und siehe, da war ein Mann mit Namen Zachäus, seines Zeichens Oberzöllner und sehr wohlhabend. Der bemühte sich, Jesus selber zu sehen, um festzustellen, wer er wirklich sei. Das gelang ihm aber nicht, weil die Menge ihn einkeilte und er klein von Gestalt war. Da lief er ein Stück voraus und kletterte auf einen Maulbeerbaum, um so freien Ausblick zu haben, wenn Jesus vorbeikommen würde.

Als Jesus dann wirklich kam, sah er hoch und rief ihn an: »Zachäus, komm schleunigst herunter, ich muß heute noch Gast in deinem Hause sein!«

Da ließ sich Zachäus geschwind herab, nahm ihn gastlich auf und war voller Freude.

Bei denen, die das sahen, entstand daraufhin ein feindseliges Volksgemurmel. »Unmöglich«, so hörte man, »er streckt seine Füße unter den Tisch eines so fragwürdigen Herrn!«

Zachäus seinerseits trat zu Jesus und sagte ihm: »Glaub mir: die Hälfte von allem, was ich habe, wende ich armen Leuten zu. Und wenn mir etwas durch Erpressung zugekommen ist, leiste ich vierfachen Ersatz.«

Da antwortete Jesus: »Heute ist diesem deinem Hause Rettung widerfahren. Auch dieser Zachäus hier ist ein Nachkomme Abrahams und gehört zum Volke Gottes. Der Sohn des Menschen ist gekommen zu suchen und zu retten, was immer verloren ist.«   LUKAS 19,1-10

Jericho war, im wörtlichen Sinne, ein verfluchtes Nest. In grauer Vorzeit hatte Josua einen Bannstrahl gegen diesen Flecken geschleudert. Und die alten Chroniken berichteten seltsame und etwas unheimliche Geschichten darüber, wie dieser Fluch in Erfüllung gegangen sei.

Landschaftlich war Jericho beinahe so schön wie der Garten Eden. Es war berühmt durch seine Palmen, aber auch berüchtigt durch seine Schlangen. Wiederum wie im Paradies war Himmlisches und Höllisches dicht beieinander.

Auch in anderer Hinsicht liegt der Name Jericho uns Christen bedeutungsschwer im Ohr. Wir kennen ihn aus dem Gleichnis Jesu: Priester und Levit, die an dem zusammengeschlagenen Mann achtlos vorübergingen, waren auf dem Wege nach Jericho. Aber auch der barmherzige Samariter hatte dieses Ziel. Diese »kleine Stadt« ist wie in Thornton Wilders Stück eine Welt im Kleinen. Es gab dort kalte Kleriker und fromme Gottesmänner, Ausbeuter und Ausgebeutete. In mancher Hinsicht könnte man es auch Klein-Hamburg nennen. Denn Jericho war auf seine Weise gleichfalls ein »Tor zur Welt«, wenn auch in Taschenformat. Es war ein Umschlagplatz für den Handel. Kein Wunder, daß es dort Zollämter und Oberzollämter und damit auch Zöllner in rauhen Mengen gab. Sie waren weder Beamte noch wurden sie nach TOA bezahlt, sondern sie waren am Gewinn beteiligt und machten noch einen »Reibach« für die eigene Tasche. Man braucht nur die Beliebtheit unserer eigenen, doch immerhin sehr korrekten Finanzämter als Maßstab zu nehmen, um sich vorzustellen, welche freundlichen Gedanken die Leute in Jericho hegten, wenn sie einen Zöllner auf der Straße sahen. Obendrein waren diese Herren auch noch die Büttel der römischen Besatzungsmacht. Das Sprichwort von den »Zöllnern und Sündern« erinnert noch heute daran, welch unseriöse Burschen das waren.

Nach diesem Stimmungsbild und dieser Andeutung des Hintergrundes, vor dem unsere Geschichte spielt, bin ich nun endlich bei der Gestalt, die im Mittelpunkt dieses Szenariums steht: nämlich bei dem Oberzöllner und Präsidenten der Jerichoer Finanzbehörde mit Namen Zachäus. Eigentlich »steht« er aber nicht im Mittelpunkt der Szene, sondern er hockt auf einem Maulbeerbaum. Der Herr Präsident war nämlich klein von Figur, und es half ihm wenig, wenn er sich auf die Zehen stellte. Er mußte seiner Länge schon einige Ellen zusetzen und sich zu den Gassenjungen auf den Baum begeben.

Man muß durchaus die komische Seite dieses Vorgangs beachten, um seinen Sinn zu begreifen. Kein Mensch und schon gar nicht, wenn er Präsident ist, demonstriert gern, daß er körperlich ein bißchen zurückgeblieben ist, und setzt sich freiwillig einer Situation aus, die nicht ohne einen Anflug von Lächerlichkeit ist. Den Chef einer Behörde, vor dem man sonst zu zittern pflegt, auf einem Baume sitzen zu sehen, hat den Leuten sicher ein diebisches Vergnügen bereitet. Aber Zachäus nimmt das auf sich, und seine fiebernde Spannung auf den Mann aus Nazareth ist so groß, daß er seine Hemmungen kaum noch spürt.

Genau das ist der erste Gedanke, mit dem der Evangelist uns hier vertraut macht: Zachäus ist ein Sucher; und er sucht mit solcher Leidenschaft, daß er sich selbst vergißt, daß ihm der Gedanke an die Konsequenzen seines Tuns – an den möglichen Fluch der Lächerlichkeit, an die Einbuße von Renommee und Autorität – überhaupt nicht zu kommen scheint. Das »Christentum« ist für ihn jedenfalls kein Mittel, sich gesellschaftlich zu etablieren und mit der Aura des seriösen Mannes zu versehen, sondern das »Christentum« bringt ihn hier in eine blamable Situation. Also muß wohl sein innerer Mensch auf das ernsteste in Beschlag genommen sein, wenn er das alles übersieht.

Im Ernstfall vergißt man ja auch sonst alle Prestigefragen. Nach einem Fliegerangriff sah ich einmal einen prominenten Mann, der mit einem schwarzen Stiefel und einem braunen Halbschuh aus dem brennenden Haus gesprungen war. Das sah ungemein lächerlich aus. Doch wenn es ums Leben geht, kümmert einen das nicht. Dem Zachäus geht es ums Leben. Darum sitzt er mit den Halbstarken auf einem Baum.

Wen oder was sucht er denn?

Es heißt ganz schlicht: Er begehrte Jesus zu sehen, »wer er wirklich sei«. Es heißt bezeichnenderweise nicht: Er begehrte in Erfahrung zu bringen, was dieser Jesus »täte« oder was er »sagte«. Es geht ihm um diesen Mann selbst, es geht ihm um das Zentrum, nicht um die Peripherie. Denn es ist dem Zachäus sehr ernst. Darum muß er an den Kern dieses Problems »Jesus von Nazareth« heran.

In diesem Punkt sind wir alle in der gleichen Lage. Sicher mag uns manches Wort, das von diesem Nazarener überliefert ist, sehr anrühren: das Gleichnis vom verlorenen Sohn zum Beispiel oder das Wort von den Lilien auf dem Felde und der Sorge. Aber ähnliches können wir auch in der Bhagavadgita lesen. Und außerdem hat Jesus kaum ein Wort gesprochen, das in der rabbinischen Literatur vor ihm nicht wenigstens in ähnlicher Form schon zu lesen wäre. Die Worte Jesu, für sich genommen, können nicht mein einziger Trost im Leben und im Sterben sein. Sie würden mich im Gegenteil nie von der Zweifelsfrage loskommen lassen, ob ich mein Heil nicht auch in einer anderen Schmiede, ob ich es nicht bei Buddha oder bei Zarathustra oder bei Gandhi suchen solle. Große Worte, die einem unter die Haut gehen, haben auch diese anderen gesagt. Da ist Jesus von Nazareth nur einer unter vielen. Was er gesagt und getan hat – nun gewiß: das wäre viel; aber das wäre doch nicht *so* viel, daß man davon leben könnte – wenn, ja wenn er nicht *selber* der wäre, der er ist.

Was hülfe mir denn ohne ihn – ohne daß er also der wäre, der er ist! – die ganze Geschichte vom verlorenen Sohn?! Wäre sie ohne ihn nicht eine rührende Novelle von einem Vater, der seinem mißratenen Jungen die Treue hält, auf ihn wartet und ihn schließlich in seinen Armen auffängt? Natürlich ist das eine schöne Geschichte – ich würde sogar sagen: sie ist ein Kunstwerk von unerhörter Form und Dichte. Natürlich geht sie mir auch nahe. Aber wie komme ich dazu (*das* ist doch die Frage!), glauben zu können, daß der Vater dieser Geschichte eben Gott *selbst* ist und daß dieser Gott es mit mir genauso macht wie jener Vater in der Novelle: daß er mich nicht fallen läßt, obwohl ich so bin, wie ich bin, und daß er mich endlich mit Ehren annimmt. *Das* ist doch die Pointe dieser Geschichte! Wenn ich *damit* nicht fertig werde, wenn ich mir *das* nicht »aneignen« kann, dann ist diese Geschichte gutes Feuilleton, sonst nichts.

Daß es wirklich Gott *selbst* ist, der sich mir hier als Vater vorstellt, und daß ich hier keiner windigen Romantik verfalle, das wird mir doch nur unter einer einzigen Bedingung klar: daß mich eben *der* überzeugt, der dieses alles zu berichten und zu verkündigen weiß und der das auf seine Verantwortung nimmt. Wenn mir die Züge dieses Mannes transparent werden und dahinter das Antlitz des Vaters mit seinen auffangenden Armen erscheint – wenn es stimmt, was Paulus von ihm sagt: daß er »das Ebenbild des unsichtbaren Gottes« sei, und wenn Luthers Bezeichnung richtig ist, daß er einen Spiegel des väterlichen Herzens bedeute: dann (und nur dann!) kann ich ihm das abnehmen, was er sagt. Dann, und nur dann, kann er der Bürge meines Glaubens sein.

Darum suchen wir keine Lehre und kein Dogma, sondern wir suchen die Gestalt des Herrn selbst. Lehre und Dogma mögen profunde Gedanken bergen. Ihr Tiefsinn, in dem die geistliche Erfahrung der Jahrhunderte gespeichert ist, mag unsere Intellektualität faszinieren. Aber das alles wäre in einem letzten Sinn doch Makulatur und religiöser Wahn, wenn die beglaubigende Gestalt Jesu selbst nicht dahinterstünde, wenn *er* nicht der wäre, dem wir es abnehmen und dem wir glauben könnten, wenn er also nur »Dichtererschleichnis« wäre.

Zachäus spürt mit dem überwachen Instinkt eines Mannes, der um die Schicksalsstunde seines Lebens weiß, worauf es ankommt: Dieser Mann, der da vorübergeht, der bei Blinden und Lahmen und auch bei den Kindern stehenbleibt und von dem Vollmacht und Liebe ausstrahlen, dieser Mann muß ihn überzeugen, dieser Mann muß glaubwürdig sein – oder aber alles, was er von ihm und über ihn gehört hat, ist Krampf und Scharlatanerie. Es lohnt sich, auf einen Baum zu klettern und das Ungewöhnliche zu tun, um über diesen entscheidenden Posten in der eigenen Lebensrechnung Klarheit zu gewinnen.

Wer so elementar sucht, der muß sehr unzufrieden mit sich selbst sein. Und sicher hatte Zachäus noch ganz andere Kümmernisse zu verkraften als die über seine kleine Figur. Als Jesus ihn von seinem Baum heruntergeholt hat und Zachäus nun unter seinen Augen steht, da bricht alles, was sich unbewältigt in ihm aufgestaut hat, aus ihm heraus: »Glaub mir: die Hälfte von allem, was ich habe, wende ich armen Leuten zu, und wenn ich von jemandem was erpreßt habe (so heißt es nämlich wörtlich), leiste ich vierfachen Ersatz.«

Zuerst könnte das fast so aussehen, als ob Zachäus sich moralisch herauspauken oder gar brüsten wollte: »Nicht wahr, Jesus von Nazareth: Auch nur den Zehnten aller Einkünfte zu geben, ist schon viel; aber siehe: *ich* gebe die Hälfte; und wenn ich etwas ergaunert habe, dann übe ich vierhundertprozentig tätige Reue.«

Wer genau hinsieht, der braucht kein geschulter Psychologe zu sein, um zu bemerken: Dieser Zachäus will sich mit alledem keineswegs rühmen, sondern er will nur beichten. Er bekennt eine Verstrickung, aus der er keinen Ausweg weiß. Das moralische Experiment, das er gemacht hat und bei dem es ihm wirklich Ernst war, geht nicht auf. In diesem Experiment probierte er (sicher auf eine etwas extreme Weise und sogar mit einigen kleinen Erpressungen), was wir alle im kleinen und vielleicht nur ansatzweise ebenfalls schon probiert haben:

Der eine hat bei der Steuererklärung eine etwas krumme Sache gedreht, und als Beruhigungspille für sein Gewissen schreibt er einen entsprechenden Spendenscheck aus. Der andere hat seine Geschäftsreise in eine kleine erotische Lustpartie verwandelt, und weil er sein schlechtes Gewissen bei der Heimkehr fürchtet, greift er tief in das Portemonnaie und bringt seiner Frau eine Perlenkette mit, die sie zu Tränen über den anhänglichen Ehemann rührt. Wieder ein anderer ist ein Geschäftsmann, der sich etwas selbstgefällig als Tatmensch bezeichnet und der ohne jede sentimentale Hemmung über Leichen geht, wenn es ihm opportun erscheint. Um den Strapazen seines schlechten Gewissens zu entgehen, sucht er sich selbst zu rechtfertigen, indem er soziale Aufwendungen macht, indem er vielleicht einige Orgelpfeifen und Kirchenfenster spendet, so daß alle, die das hören, tief ergriffen von diesem Übermaß an Selbstlosigkeit sind.

Zachäus aber ist nicht von seiner eigenen Selbstlosigkeit ergriffen, wenn er vierhundertprozentigen Ersatz leistet. Er weiß zu genau, was mit ihm los ist: daß sein ganzes Leben nur ein einziger Kampf gegen das schlechte Gewissen ist. Nachts verfolgen ihn die Bilder der Leute, denen er Unrecht getan und die er unter Druck gesetzt hat. Seine Kronleuchter und Teppiche daheim fragen ihn, wem sie wohl eigentlich gehören müßten, und ob er es wohl richtig fände, daß die einen im Dunkel und die anderen im Licht sind. Und es ist merkwürdig: Die strahlenden und dankbaren Gesichter derer, die er mit freiwilligen Zuwendungen beglückt hat, können die gespenstischen Erscheinungen auf der anderen Seite nicht verscheuchen.

Kein Mensch ahnt, zu welchem Schlachtfeld widerstreitender Gedanken die Seele dieses Zachäus geworden ist. Die einen verehren ihn, weil er sie beschenkt, und die anderen hassen ihn, weil er sie erpreßt hat. Keiner aber sieht den Zwiespalt dieses Mannes, in den er sich verrannt hat. Er ist so allein, daß er sich nicht einmal mit den anderen vergleicht, um vielleicht zu sagen: Meine Kollegen sind noch schlimmer; sie erpressen nämlich genauso wie ich. Aber sie haben dabei nicht die Hemmungen, die ich immerhin habe; darum machen sie es auch nicht wieder gut.

Zachäus ist von der ungelösten Frage der Schuld in seinem Leben so umgetrieben, daß ihm die anderen Menschen nicht nur insofern egal sind, als sie ihn auf dem Maulbeerbaum in einer lächerlichen Situation erblicken, sondern auch insofern, als er keinen selbstgefälligen Blick auf die noch übleren Praktiken der anderen wirft.

Wenn man einmal verstanden hat, was in unserem Leben nicht in Ordnung ist, dann stehen wir vor Gott allein – ganz allein. Denn Schuld isoliert immer. Zachäus weiß, daß er allein nicht mehr aus diesem dunklen Korridor herauskommt, daß jemand von außen mit einem Licht auf ihn zugehen müßte, um ihn herauszuholen. Darum sieht er mit brennenden Augen auf den Mann, der da vorübergeht, und fragt sich, ob er die Lösegewalt über die Verstrickungen seines Lebens innehat.

Wirklich: Zachäus ist ganz Auge und Ohr, indem er zu ergründen versucht, wer dieser Jesus von Nazareth ist. Darum ist er wirklich ein Sucher. Er möchte nichts Geringeres als die Lösung seiner Ketten.

Es gibt ja auch einen anderen Typus: den von Scheinsuchern. Die tun sich etwas darauf zugute, daß sie ringende Menschen, faustische Naturen und Wanderer zwischen beiden Welten sind. Aber sie wollen im Grunde gar nicht finden. Denn wer Gott findet, der wird ja sofort in Dienst genommen, der wird auf die Fährte des Nächsten gesetzt, und der steht dem Unerbittlichen gegenüber. Das aber wollen die Scheinsucher nicht. Sie wollen nur die Romantik des Unterwegsseins, sie sind verliebt in das Drängen und »immer strebende Bemühen«, weil das zu nichts verpflichtet und weil man sogar aus der Not (*daß* man eben so unklar, ziellos und ungebunden ist) noch eine Tugend und eine Art faustischer Koketterie machen kann. Darum ist das alles nur Spiegelfechterei und ohne Segen. Zachäus aber ist ein Mann, der vor lauter Suchen gar nicht mehr merkt, daß er sucht. Denn er ist hingenommen von dem, was da als Lösung seiner Lebensfrage auf ihn zukommt, was ihm da in der Gestalt dieses einen Mannes jetzt ganz nahe ist.

Die erste Überraschung, die Zachäus nun erfährt, ist diese:

Er wollte das Phänomen Jesus von Nazareth aus der Zuschauerperspektive beobachten. Er wollte es sozusagen Revue passieren lassen, um sich dann ein Urteil zu bilden. Aber das, was er erwartete, passiert nicht. Seine Zuschauerrolle ist jäh beendet. Denn Jesus bleibt stehen, blickt ihn an und ruft ihn bei seinem Namen: »Zachäus, komm schleunigst herunter, ich muß heute noch Gast in deinem Hause sein!«

Daß Jesus ihn *kennt* – das ist das erste große Wunder. Zachäus, der Sucher, ist zu ihm auf dem Wege und überlegt sich, ob dieser das lösende Wort für ihn habe, ob dieser Nazarener glaubwürdig sei. Und dabei ist der Gesuchte schon lange zu *ihm* unterwegs. In dem Drama seines Lebens, bei dem er mutterseelenallein auf der Bühne zu stehen schien und verzweifelte Monologe führte, spielt noch ein anderer mit, und dieser andere war ihm schon lange auf der Fährte.

Ob wir diese umstürzende Entdeckung des Zachäus in uns nachvollziehen können? Es ist wieder und jetzt von anderer Seite die Entdeckung, daß es bei unserem Suchen letzten Endes nicht um »die« Wahrheit, sondern daß es um eine *Person* geht, daß es nicht eine Heils*lehre* ist, die das Neue in unser Leben bringt, sondern daß es eben der Heiland, daß es eine lebendige Gestalt ist.

Immanuel Kant hat einmal an den großen Augenarzt Jung-Stilling, den selbst Goethe seiner kindlichen Frömmigkeit wegen sehr geliebt hat, einen überaus rührenden Brief geschrieben. Darin schreibt der große Denker den Satz: »Sie, lieber Dr. Jung, tun ganz sicher wohl daran, daß Sie Ihre einzige Beruhigung im Evangelium suchen, denn es ist die unversiegbare Quelle aller Wahrheiten, die, wenn die Vernunft ihr ganzes Feld ausgemessen hat, nirgends anders zu finden ist.«

Wenn das ein Mann wie Kant schreibt, der sein ganzes Leben an eine unerbittliche Selbstkritik des Denkens gewandt hat, dann geht einem das natürlich nahe. Es liegt mir auch ganz fern, daran herumzumäkeln. Und doch ist Kant damit an dem eigentlichen Geheimnis des Evangeliums vorübergegangen. Denn er beschreibt die Größe dieses Evangeliums doch folgendermaßen: Nachdem die Vernunft ihr ganzes Feld ausgemessen hat, muß sie staunend vor diesem Evangelium innehalten, weil hier Dinge erkannt und ausgesprochen sind, die alle menschliche Erkenntnis übersteigen und deren sich auch die größte Energie des Denkens nicht bemächtigen kann, die man sich also schenken lassen muß. Das Evangelium ist Enthüllung des letzten Lebensgeheimnisses, es ist gnadenvoll gewährte Erkenntnis. – Das ist es, was Kant hier gesehen hat.

Ist das aber wirklich so? Müssen wir tatsächlich erst das ganze Feld der Vernunft durchmessen, um dahin zu kommen? Was sollen denn dann die zehn aussätzigen Männer machen, was sollen die Irren und Schwachsinnigen in Bethel, was sollen die kranken Neger in Lambarene machen, denen das Feld der Vernunft doch verschlossen ist? Und was sollen wir selber tun, wenn uns der Würgegriff einer fürchterlichen Krankheit an der Kehle sitzt, wenn uns eine irrsinnige Sorge nicht schlafen läßt oder wenn uns ein Mensch schikaniert? Vielleicht sind wir von Haus aus sehr nachdenkliche Leute, die die Frage der Wahrheit ernst nehmen. Vielleicht grübeln wir über den Sinn unseres Lebens nach. Aber wir alle wissen doch ganz genau: Es gibt Zerreißproben, es gibt Grenzsituationen in unserem Leben, wo uns das alles egal ist, wo unser Gehirn blutleer wird, dafür aber unsere Nerven fiebern und nur noch ein einziger Schmerz, eine einzige Angst, eine einzige Leidenschaft uns schütteln. Wenn es um bloße »Gotteserkenntnis« ginge und wenn das Evangelium nur eine Lehre von dieser Erkenntnis wäre, dann würde uns das alles nichts mehr helfen. Als Petrus in den Wellen versinkt, ruft er nicht: »Herr, lehre mich, wie ich hinüberkomme!« Sondern er schreit: »Herr, hilf mir!« Und der Hauptmann von Kapernaum, dessen Bursche sich in Qualen windet, sagt nicht: »Jesus von Nazareth, kläre mich medizinisch auf, was hier zu machen ist, oder – falls nichts mehr zu machen ist – sage mir etwas über den Sinn des Leidens in der Welt, damit ich wenigstens geistig damit fertig werde!« Sondern der Hauptmann von Kapernaum sagt: »Herr, sprich nur ein Wort, so wird mein Bursche gesund.«

Sie alle suchen doch keine *Lehre* über Schuld und Leid und Lebensrätsel. Sondern sie suchen den Heiland, der die Schuld vergibt, der das Leiden hinwegnimmt und der die Rätsel nicht intellektuell löst, sondern der uns von der Qual des Rätselhaften *er*löst.

Gewiß, es gibt große und tiefsinnige Lehren in der Welt. Aber man muß sie eben begreifen können und man muß sich auch in Situationen befinden, die der Vernunft genügend Atemraum gewähren. Das Große am Evangelium ist aber, daß es *allen* nahe ist: nicht nur den geistig Mündigen oder gar Großen – wie etwa Kant –, sondern daß Gott auch den »Blöden hold« ist, daß ihm Pascal mit seiner sublimen geistigen Gedankenwelt nahe sein kann, aber ebenso auch ein kleines Mädchen, das abends beim Schlafengehen betet: »Ich bin klein, mein Herz mach rein.«

Das Neue Testament und auch die Lieder der Kirche weisen darauf hin, daß wir alle (auch wir mündigen, vernünftigen und intellektuell vielleicht auf Hochglanz polierten Leute) solche Augenblicke kennen, wo wir nur noch ein Häufchen Elend sind, wo wir nicht mehr geordnet und in sinnvollen Satzperioden sprechen, sondern wo wir nur noch »seufzen« können. Wer sein Heil bei einer Lehre oder auch bei einem christlichen theologischen Dogma sucht, ist verraten und verkauft, wenn er nur noch seufzen kann und vielleicht ein Nervenbündel ist. Denn Seufzen und Erkennen, Stöhnen und Denken sind zweierlei.

Wer aber weiß, daß er es eben nicht mit dem »Es« eines Dogmas oder einer tiefsinnigen Erkenntnis, sondern mit einem lebendigen Herzen, eben mit dem Heiland zu tun hat, der ist dessen gewiß (und das ist so ungeheuer, daß man es nicht begreifen kann!), daß auch sein letzter Seufzer, daß die Satzfragmente und Wortfetzen der Sterbenden oder auch der Irren hier noch ankommen, hier noch gehört und in Liebe verstanden werden. »Wenn ich auch gleich nichts fühle von deiner Macht«, wenn ich diese Macht auch in meinem Denken nicht mehr finde, wenn ich nichts mehr sehen, fühlen und schmecken kann, »du führst mich doch zum Ziele auch durch die Nacht«.

Manchmal im letzten Krieg schrieben meine Studenten aus dem Felde an mich, und immer wieder kehrte der eine Satz in vielen Variationen wieder: Ich bin so erschöpft vom Marschieren, ich bin so leer im Magen, ich bin so verlaust und von Juckreiz geplagt, ich bin so zerquält von der schneidenden Kälte in Rußland und so todmüde, daß mich das alles total ausfüllt und ich keinen Innenraum mehr frei habe, an irgend etwas Vernünftiges zu denken. Nicht nur Hölderlin ist schon lange vergessen, ich bin auch zu schwach, nur die Bibel aufzuschlagen; selbst für das Vaterunser bin ich zu apathisch. Meine ganze geistige Existenz ist zerrüttet und verkommen. Ich vegetiere nur noch.

Was sollte ich diesen jungen Männern antworten? Ich habe ihnen geschrieben: Seid dankbar, daß das Evangelium mehr ist als eine Philosophie. Wäre es eine Philosophie, so hättet ihr sie nur so lange, wie ihr sie auch denkt und wie ihr euch den Komfort des geistigen Menschen leisten könnt. Wenn ihr aber nicht mehr an Gott denken könnt, so denkt *er* doch an *euch.*

Das, genau das, ist das Wunder des Evangeliums: Nicht nur *wir* sind auf dem Wege. Es kommt uns auch einer entgegen, der uns kennt. Wenn wir nichts von ihm fühlen, so fühlt er doch uns. Wenn wir wie Zachäus auf dem Beobachtungsposten im Baum sitzen und Ausschau halten, was die Religionen und Philosophien uns zu bieten haben und ob es sich vielleicht lohne, in dieser Konkurrenz auch Jesus von Nazareth einmal näher in Betracht zu ziehen, so hat er uns schon erblickt und kennt unseren Namen und ruft uns zu: Komm schnell herunter, ich will zu dir. Das alles liegt in der einen Tatsache beschlossen, daß wir es nicht mit den Heilsideen oder der Ethik des Christentums, sondern daß wir es mit einem lebendigen Heiland zu tun haben. Und während wir das Herz aller Dinge suchen, ist uns in diesem Herzen schon längst eine Heimstatt bereitet. Wir aber haben keine Ahnung davon.

Dies alles erfährt Zachäus. Denn es ging ihm um die Person Jesu, und er wollte wissen, was an ihm sei. Nun weiß er, was an ihm ist. Nun hat seine Zukunft begonnen. Es ist ein genau fixierbarer Augenblick: »Heute« ist diesem Hause Heil widerfahren. Wo der Kontakt mit Jesus Christus sich ereignet, da ist das Widerfahrnis des Heils.

Die Leute, die diese Szene unter und auf dem Maulbeerbaum beobachten, lassen vielleicht Buhrufe ertönen und veranstalten ein unwilliges Volksgemurmel. Denn der Nazarener geht an der Prominenz, die da vor den Türen ihrer Villen steht, er geht an dem hohen und niederen Klerus, der beim Spalierbilden hilft, vorüber und holt diesen zwielichtigen Zwerg vom Baum herunter. Außerdem macht er noch einen Besuch bei ihm zu Hause und wird sich auf einem Teppich niederlassen – nun, man weiß ja, wie die Herren vom Zollamt zu ihrem üppigen Mobiliar gekommen sind. Wahrscheinlich meinen die Leute mit ihren Mißfallensgeräuschen gar nicht so sehr das Individuum Zachäus selbst (denn da sind sie nicht übertrieben gut orientiert). Es genügt die bloße Feststellung, daß er eben »einer vom Bau«, einer von dieser suspekten Gesellschaft ist. Weiß denn Jesus von Nazareth nicht, daß er sich kompromittiert, wenn er das Tabu bricht und ein Haus der Geächteten betritt?

Was die Leute hier tun und denken, ist menschlich, allzu menschlich. Wir Menschen neigen ja alle zu solchen Kollektivverdammungen. Zachäus als Individuum mag sein, wie er will. Er mag mehr Gutes als Schlechtes tun. Doch man hat ihn moralisch längst in Sippenhaft genommen. Denn gesellschaftlich gehört er zur Front der Blutsauger.

Und dieses ist das zweite Wunder, das dem Zachäus widerfährt:

Jesus Christus nimmt uns nie in Sippenhaft. Für ihn ist jeder Mensch ganz für sich selbst ein Kind seines Vaters im Himmel, das er sucht und an dem er leidet und das so für ihn einmalig und unverwechselbar ist. Die Gehilfen des Henkers, die unter dem Kreuz eine makaber fröhliche Runde mit Würfelspiel und Becherklang abhalten, sind für ihn nicht abgetan, weil sie zur Front seiner Feinde gehören. Sondern sterbend ist er jedem einzelnen dieser rüden Burschen nahe, und seine letzten Gedanken suchen ihre gefährdeten Seelen: »Vater, vergib ihnen, denn sie wissen nicht, was sie tun.« Und obwohl er weiß, daß der reiche Jüngling im nächsten Augenblick aufstehen und unwirsch von dannen gehen wird, daß er sich vielleicht seinen Gegnern oder dem qualvollen Heer der Gleichgültigen zugesellt, sieht er ihn doch an und liebt ihn und läßt ihn sich nahegehen. Das ist überhaupt jene Liebe, die er nicht nur gelehrt, sondern die er gelebt hat: daß er niemals einen Menschen mit der Front identifiziert hat, in der er stand, sondern daß der Mensch für ihn immer mehr war als seine Funktion und daß er auch in den fragwürdigsten Burschen immer noch die verlorenen Kinder seines Vaters sah, um die er trauerte.

Darum kann man auch nicht mit moralischen Mitteln zu dieser Liebe kommen. Vielleicht ist die Vermieterin meiner Wohnung ein gräßlicher Drache oder mein Chef ein Scheusal oder mein Kollege ein Ausbund an Kleinkariertheit, der meinen Kragen jeden Tag neu zum Platzen bringt. Wollte ich mir da sagen: Du mußt diese Prachtexemplare aber trotzdem »lieben« (weil es eben so in der Bibel steht), dann gäbe das nur einen fürchterlichen Krampf. Und mein Versuch, ein entgegenkommendes Lächeln aufzusetzen, würde doch nur dahin führen, daß ich eine Grimasse schnitte. Wir alle haben schon diese pseudochristlichen Grimassen einer künstlichen Freundlichkeit erlebt und gemerkt, daß das Krampf war.

So also geht das nicht. Wer aber in der Schule Jesu dahin kommt, noch etwas ganz anderes in jenen Leuten zu sehen, wer in ihnen lebendige Seelen erkennt, die Gott zu seinem Eigentum bestimmt hat, lebendige Seelen, an denen er leidet und die auch an sich selber leiden, dessen Auge vollzieht plötzlich eine Überblendung, und er sieht auf einmal das Erbarmenswerte, wo er bisher nur das Hassenswerte erblickt hat. Und dann entsteht in ihm die Leidenschaft, zu helfen und aus Kerkern zu befreien. *Er ist plötzlich für den anderen da.* Denn Liebe im Sinne Jesu ist kein sentimentales Gefühl, sondern sie bedeutet gar nichts anderes, als für den anderen dazusein, etwas ganz Neues, Revolutionierendes in ihm zu entdecken.

Und doch und trotz allem geht es auch bei Jesus wieder um mehr als nur um die einzelne Seele und das Individuum. Er sagt ja nicht nur »heute ist *dir*«, sondern er sagt »heute ist deinem *Hause* Rettung widerfahren«: Indem du, Zachäus, heute aus dem dunklen Hause deines Lebens in die Sonne geholt wirst, kann es gar nicht anders sein, als daß du nun weiterstrahlst und reflektierst, was dich so als Lichtstrahl aus der Ewigkeit getroffen hat. Wo Jesus Christus in ein Leben tritt, da gibt es Kettenreaktionen noch und noch. Da merkt auch meine Umgebung, da merkt auch mein Haus etwas davon. Denn es wird alles anders: Unsere Augen werden erneuert, und wir sehen plötzlich ein ganz anderes Bild unseres Nächsten als bisher. Das, was unser Leben so gewendet und umgestülpt hat, gibt uns keine Ruhe, bis wir weitergesagt haben, was uns als Glück widerfuhr und uns den Frieden schenkte. Wer im Licht steht, strahlt nun auch seinerseits Licht aus. Als Mose von dem Berge Sinai kam, mußte er sich förmlich verhüllen, weil die Begegnung mit Gott auf seiner Stirn einen allzu strahlenden Abglanz hinterlassen hatte.

Niemand verläßt die Begegnung mit Jesus Christus so, wie er in diese Begegnung hineingegangen war. Denn Jesus ist der große Verwandler. Ein Weisheitslehrer kann das nicht leisten; denn sein Ziel ist, sich selbst überflüssig zu machen. Ein Schüler dankt ja seinem Lehrer schlecht, wenn er immer nur Schüler bleibt. Bei Jesus Christus aber geht es von einer Verwandlung zur anderen: Er gibt uns den Morgenglanz in die Frühe des Tages. Er umhüllt uns mit seinem Frieden, wenn tagsüber die Telefone schrillen und die Maschinen rattern. Und am Abend kann ich mich fallen lassen, weil seine Hand immer unter mir ist.

Er ist mein Freudenmeister im Leben und mein Gefährte in der letzten Not. Und wenn das Weltgericht kommt, in dem ich bestehen muß, tritt er für mich ein, weil er mich unter Schmerzen zu sich gezogen hat und ich nun sein Eigen bin. Zwischen mir und jeder Finsternis steht nun der Mann aus Nazareth. Denn er hat mich bei meinem Namen gerufen, er hat mich von dem luftigen Beobachtersitz oben im Baum heruntergeholt, und nun kann es nichts mehr in der Welt geben, was zwischen mich und die letzte Erfüllung meines Lebens treten dürfte.

WOMIT ICH STEHE UND FALLE

JESUS KAM IN DIE GEGEND VON CAESAREA PHILIPPI UND STELLTE SEINEN Jüngern eine Frage: »Was sagen die Leute eigentlich über mich, den Menschensohn? Wer bin ich für sie?«

»Die einen«, so gaben die Jünger zur Antwort, »sehen in dir den Täufer Johannes. Andere wieder halten dich für den wiedergekommenen Elia. Und noch andere meinen, in dir sei Jeremia oder sonst ein Prophet neu erstanden.«

Da wandte Jesus sich noch einmal an sie: »Und ihr selbst? Wer sagt denn *ihr*, daß ich sei?«

Darauf Petrus: »Du? Du bist der Messias, des lebendigen Gottes Sohn.«

Als er das gesagt hatte, antwortete Jesus: »Glücklich gepriesen seist du, Simon, Sohn des Jona! Denn menschliches Gemächte konnte dir das nicht enthüllen. Mein Vater im Himmel selbst hat dir das ins Herz gegeben. – Nun sage auch ich dir, wer *du* bist: Du bist ›Petrus‹, und auf diesen Petrus-Felsen will ich meine Gemeinde bauen, so daß die Pforten der Unterwelt sie nicht überwältigen können. Dazu will ich dir die Schlüssel der Himmelsherrschaft geben: Was du auf Erden bindest, das soll noch im Himmel, das soll noch in alle Ewigkeit gebunden bleiben; und was du auf Erden lösest und freisprichst, das soll auch im Himmel noch frei sein.«

Den Jüngern aber gab er die strenge Weisung, keinem Menschen zu sagen, daß er der Messias sei.

Von da an begann Jesus seine Jünger mit dem Unabweisbaren vertraut zu machen, das ihm auferlegt sei: Er werde nach Jerusalem gehen und viel zu erleiden haben von den Ältesten, Hohenpriestern und Schriftgelehrten. Er werde einen gewaltsamen Tod sterben und dann am dritten Tage erweckt werden.

Da nahm ihn Petrus beiseite, drang hart in ihn und widersprach: »Gott ist dir doch gnädig, Herr! So etwas kann nie über dich kommen!«

Jesus aber fuhr herum: »Weg von mir, Satan! Dahinten hin! Du bist mir ein Anstoß und willst mich irremachen. Denn dein Trachten geht nicht auf das, was Gott will, sondern auf das, was menschlich, allzu menschlich ist.«   MATTHÄUS 16, 13–23

Dem Mars ist es gleichgültig, wie wir über ihn denken (ob wir etwa meinen, er sei von Menschen bewohnt, oder es gäbe dort die eisige Öde des Weltraums). Jesus aber ist es nicht gleichgültig, wie wir über ihn denken. Ihn kümmert es aufs tiefste, ob und wie wir mit ihm zurechtkommen. Und wir fragen ja alle nach ihm. Diese Frage hat viele Spielarten:

Sie kann die Frage eines geistig Interessierten sein, der wissen möchte, wie es historisch mit jener merkwürdigen Gestalt stehe, die die Initialzündung für dieses vielschichtige, rätselhafte und nicht totzukriegende Phänomen des Christentums abgegeben habe. Die Frage nach Christus kann aber auch sehr persönlich getönt sein: Sollte in dieser Gestalt wirklich das Geheimnis des Lebens ans Licht getreten sein? Sollte es also stimmen, daß das Geheimnis und der Sinn meines Lebens nicht in irgendeiner Weltformel bestünden, die ich herausfinden müßte, sondern eben in der Liebe, die dieser Mann aus Nazareth gelebt und in sich dargestellt hat, in einem Leben ohne Rücksicht auf Verluste und also darin, daß ich an keinem Menschen irre werde – niemals und unter keinen Umständen irre werde –, einfach deshalb nicht, weil er meinem Vater im Himmel etwas gilt und weil er in seinem Herzen einen Platz hat?

Wir fragen alle nach ihm, und selbst der eiskalte Rechner und Erfolgsmensch kennt Augenblicke, wo er verstohlen zum Kruzifixus hinüberblinzelt und wo ihn der Hauch der Frage anweht, ob dieser Nazarener wohl recht habe. Sollte es womöglich Tand sein, daß ich die ganze Welt gewonnen, daß ich Geld und Einfluß gestapelt habe und vielleicht prominent bin, während ich doch in Wahrheit nur Schaden an meiner Seele nahm? Sollte ich vielleicht das Thema verfehlt und mein Leben auf eine falsche Karte gesetzt haben, als ich an diesem einen Mann aus Nazareth vorüberging und mir das Gute doch so nahe lag?

Ganz gleich aber, ob wir so nach ihm fragen – sei es offen oder heimlich, sehnsüchtig oder verzweifelt –, auf jeden Fall darf ich wissen: er fragt auch nach mir, er drängt sich mitten durch die Menge auf mich und dich zu und ist mit allen Fasern seines Herzens darauf bedacht, sich von mir finden zu lassen.

Unsere Geschichte zeigt, wie bewegend es für ihn ist, ob er irgendein Echo in den Herzen erlauschen kann und ob den Leuten wohl eine erste Ahnung dämmert, wen sie denn da vor sich haben. »Was sagen die Leute eigentlich über mich, den Menschensohn? Wer bin ich für sie?« Mit dieser Erkundigung setzt unsere Geschichte ein.

Es ist wichtig, den Zeitpunkt im Leben Jesu genau zu fixieren, an dem er diese Frage stellt. Er fragt auf dem Höhepunkt seines Lebens, kurz bevor seine Lebenskurve steil abfällt und es – menschlich gesehen – auf den großen Bankrott und letzten Endes auf den Todesschrei eines Gottverlassenen zugeht. Aber *noch* steht er im Zenit seines Lebens, *noch* kommt er bei den Massen an, und wo er erscheint, ist er eine Sensation. Man kann ja die Augenzeugen seiner großen Tage noch persönlich interviewen. Man kann mit den Leuten reden und jene noch in Augenschein nehmen, die einst armselige Krüppel waren und nun wieder laufen können, die vom Wahn der Schwermut bedrückt waren und denen nun die Last von der Seele genommen ist.

Freilich rühren sich auch schon die Gegenmächte: Ein unterirdisches Grollen wird in diesem Leben vernehmbar, aus dem man schließen kann, daß im Kraftfeld dieser Gestalt nicht nur die Segensmächte des Reiches Gottes wirksam werden, sondern daß auch der Widerspieler, daß dämonische Kräfte am Werk sind.

Ganz von ferne beginnt sich das Doppelgeheimnis dieses Lebens abzuzeichnen: daß sich *einmal* eine Segensspur an seine Fersen heftet, eine Spur, die bis heute und bis in dein und mein Leben reicht: Hier kommt man in Frieden mit Gott und findet den Sinn seines Lebens wieder. Hier werden die Ketten unserer Gebundenheit gesprengt und verliert der Tod seine Schrecken. Hier liegt eine ewige Hand in der unseren.

Aber auch das *andere* Geheimnis beginnt kundzuwerden: daß ausgerechnet die Gestalt des »Heilands« Blutspuren auf ihrem Wege hinterläßt, daß sich Terror, Klerikalismus und Unduldsamkeit an ihre Fersen heften und daß es keine Grausamkeit irgendeines Großinquisitors, keinen Hexenprozeß, keinen Scheiterhaufen, keine diabolische Finesse gibt, die nicht ebenfalls in ihrem Namen, im Namen des sogenannten Christentums, verübt worden wäre.

Wo der Heiland auftaucht, wird offenbar alles, auch das Entgegengesetzteste, aufgewühlt und gerät in Bewegung: In den verlorenen Söhnen weckt er das Heimweh nach dem Vaterhaus; aber auch der Haß und die Verstockung werden lebendig. Verkommene Seelen werden wieder in die Reihe gebracht; aber auch die Dämonen stehen auf und zerren an ihren Ketten.

Alles, was zwischen Himmel und Hölle ist, Ewiges und Abgründiges, wird sozusagen virulent und gerät in Bewegung, wo er erscheint. Über ihm singen die Engel, und unter ihm rumoren die Tiefen. Es gibt nichts, was unberührt bliebe, wenn er erscheint, und alles geht verändert aus der Begegnung mit ihm hervor: Die Wogen legen sich, wo er gebietet, und die Erde erbebt, wenn er seinen Todesschrei tut. Die lebendigen Herzen und die toten Elemente geraten in Schwingung. Es gibt Menschen, die bei ihm zum Frieden kommen. Aber auch Judas wird aktiv.

Wahrhaftig, dieser Mann ist ein Problem, er scheint in allen Farben zu schillern, und es gibt keine Formel, auf die man ihn bringen könnte. *Wer mag er sein?* Was ist hier los?

»Was sagen die Leute eigentlich über mich? Wer bin ich für sie?« – so fragt er nun selbst. Er bekommt auf diese Frage ganz respektable Antworten. Das Volk greift, um den Eindruck seiner Person zu beschreiben, zu lauter Superlativen. Es bezeichnet ihn als eine Wiederverkörperung seiner größten Gestalten, nämlich »als Jeremia, Elia oder sonst einen der Propheten«, um damit anzudeuten, er gehöre in die Kammlinie jenes gewaltigen Gebirgsmassivs, in dem sich die Höhepunkte der Führungen und Wunder Gottes in seiner Geschichte darstellten. Das Volk muß schon die fast mythischen Gestalten seiner Vorzeit beschwören, um die Erscheinung Jesu in Worte zu fassen.

Man muß sich einmal klarmachen, was es bedeutet, wenn das Volk einen lebendigen Menschen, den man kennt, in solch überlebensgroßer und beinahe legendärer Gesellschaft angesiedelt sieht. Wenn einer schon lange tot ist, kann das ja leichter passieren. Denn die Zeit sorgt dafür, daß die Bilder unserer Erinnerung vergoldet und retuschiert werden. Aber wie gesagt: Hier ist es ein lebendiger Mensch (man kennt sozusagen seine Straße und Hausnummer!), den man in die »Gefilde hoher Ahnen« entrückt sieht.

Und doch mag bei diesem respektablen Leumundszeugnis, das ihm das Publikum ausstellt, eine große Trauer durch die Seele Jesu gehen:

Gewiß, so denkt er vielleicht, sie halten dich für sehr prominent, und das beschäftigt ihre Phantasie ungemein. Aber den springenden Punkt und den entscheidenden Zug deines Lebens haben sie schlechterdings nicht begriffen. Sie halten dich zwar für einen Propheten, also für jemanden, der von göttlichen Dingen und Geheimnissen mehr weiß als die anderen. Sie halten dich für jemanden, in dem Gottes Majestät klarer und unverzerrter durchscheint, in dem sie deutlicher »repräsentiert« ist als in anderen Menschen. Aber damit halten sie dich eben doch nur für die höchste *menschliche* Möglichkeit, die sie sich vorstellen können.

Du bist für sie, so mag er denken, auch nur einer, der diesseits des großen Grabens von Schuld und Tod, diesseits des Grabens zwischen Zeit und Ewigkeit steht. Du bist für sie die am höchsten gereckte Menschenhand, du bist für sie die Menschenhand, der es vergönnt ist, am weitesten hinüberzureichen und die Hand des Vaters in sich zu spüren. Aber – du bist für sie nicht die herabgereckte Hand des Vaters *selbst*. Und eben das wäre doch das Entscheidende, das ich ihnen bringen möchte und das ihnen sonst niemand auf der Welt bedeuten kann: daß ich von drüben komme, daß ich eben diese väterliche Hand selber bin, die gute Hand, die sich auf die Wunden meiner Menschenbrüder legt, die sie tröstet, wie einen seine Mutter tröstet, und die sich beim Sterben unter ihren Kopf schiebt, um sie träumend hinüberzugeleiten. Von alledem haben sie in ihrer rührenden Liebe und bei aller Neigung, mir zu applaudieren, keine Ahnung.

Er ist sehr einsam in diesem Augenblick, und das Lob der Menschen (einschließlich ihres »christlichen Standpunkts«) ist nur ein Mißverständnis und erreicht ihn nicht – genau wie auch später das Christentum oft genug nur eine Bezeichnung ist für die Mißverständnisse, die sich um Jesus von Nazareth gebildet haben.

Um so mehr mag ihn deshalb die Frage bewegen, ob seine Freunde und Gefolgsleute ein bißchen *mehr* von seinem Geheimnis mitbekommen haben. Denn die kennen ihn ja am besten und haben als Gefährten seinen Alltag mit ihm geteilt. »Wer sagt denn *ihr*, daß ich sei?« In dem Wort, das nun gesprochen wird, kulminiert unsere Geschichte. Denn Petrus fühlt sich zu einem Bekenntnis gedrängt, dessen Tollheit (so muß man es wirklich sagen) kaum noch bei uns ankommt, weil die Vokabeln inzwischen allzu vertraut wurden und längst zu christlichen Klischees geworden sind. In dem Augenblick aber, da jenes Bekenntnis gesprochen wurde, muß es für die Ohrenzeugen die Gewalt eines Schocks enthalten haben.

Petrus sagt nämlich: »Du bist der Messias, des lebendigen Gottes Sohn ...« Das will sagen: »Du bist nicht einer von uns, du bist auch nicht eine verfeinerte Sonderausgabe der Spezies Mensch, sondern du bist der ganz andere.« – »Du bist der Messias«, das bedeutet hier: Wir Menschen stehen auf der untersten Stufe, wir winken aus einer großen Fremde, wir spinnen Luftgespinste und kommen weiter von dem Ziel. *Du* aber kommst aus dem erleuchteten Vaterhaus, das wir nur hoffnungslos umschleichen. Du kommst uns von der anderen Seite her entgegen. *Wir* sind vielleicht und im besten Falle Leute, die »immer strebend sich bemühen« und die doch nicht wissen, wie das Abenteuer ihres Lebens ausgeht. Du aber kommst aus der Erfüllung. *Wir* sagen: »Süßer Friede, komm, ach komm in meine Brust.« Du aber kommst aus dem Frieden, du *bist* der Friede selbst.

Als Jesus nach diesem Wort des Durchbruchs das Schweigen bricht (sicher entstand eine Pause der Erschrockenheit und der Verwirrung), da gibt er den Umstehenden und Petrus zu verstehen: Es war ein Wunder, daß dieses Wort fallen konnte, daß so ein Wort überhaupt möglich war. Menschliches Gemächte, bloßer Instinkt oder natürliche Witterung (wörtlich ist von »Fleisch und Blut« die Rede) könnten dieses Geheimnis nie entdeckt haben.

Die Nebelwände, die die Gestalt Jesu von Nazareth geheimnisvoll verhüllen, sind für einen Augenblick zerrissen, und die Augen einer unfaßlichen Majestät schauen den erschrockenen Petrus aus dieser Gestalt des Nazareners an.

Petrus ist in diesem Augenblick der einsamste Mensch, der je über die Erde gegangen ist. Er ist fast so einsam wie sein Meister selbst. Zuerst war dieser Petrus wie »alle«: ein Mensch wie du und ich, der Gottes Schickungen einmal bejahte, wenn sie ihm paßten, ein anderes Mal gegen sie protestierte, wenn sie ihm in die Quere kamen; einer, der es recht machen wollte und dennoch um seine Schuld wußte, die ihm als Schwergewicht anhing; einer, der mit seinem Gewissen nicht zurechtkam und darum mit guten Gründen der Zone des ewigen Richters aus dem Weg ging.

So pflegt das doch bei uns allen zu sein und zu gehen. Petrus war jemand wie du und ich. Aber nun ist das mit einem Schlage anders: Jetzt ist er der einzige, dem es plötzlich wie Schuppen von den Augen gefallen ist. Jetzt sieht er, daß allen Rätseln des Lebens, aller Unheimlichkeit der Welt und allen Gerichten zum Trotz Gottes Herz greifbar, fühlbar und hörbar schlägt: *Du* bist der Garant dafür (so weiß Petrus jetzt zu bekennen), daß es kein »Schicksal« gibt, sondern daß höhere und liebende Gedanken hoch über unseren Häuptern gedacht werden. *Du* bist der Garant dafür, daß es noch etwas anderes gibt als das ewige Gesetz von Schuld und Sühne: daß es einen Vater gibt, der uns das Wunder der Neuanfänge schenkt und unsere belastete Vergangenheit tilgt.

Daß Petrus das erfaßt hat, ist im strengen Sinne ein Wunder. Weder ein Fingerspitzengefühl für metaphysische Fragen noch religiöse Genialität konnten ihn diese Nebelwand durchstoßen lassen. Denn das alles ist nur »menschliches Gemächte« und bleibt darum dem verhaftet, was menschlich, allzu menschlich ist.

Jesus Christus beantwortet dieses Ereignis damit, daß er dem Petrus so etwas wie das Prädikat der »Ausnahme« zuerkennt und daß er das Unerhörte dieses Durchbruchs in Form von Privilegien ausdrückt, mit denen er ihn bedenkt: »Du bist ›Petrus‹, und auf diesen Petrus-Felsen will ich meine Gemeinde bauen, so daß die Pforten der Unterwelt sie nicht überwältigen können.«

Damit will er andeuten: Die Kirche wird zu allen Zeiten davon leben, daß sie – genau wie Petrus es in diesem Augenblick getan hat – hinter der Gestalt des Zimmermannsohns aus Nazareth, hinter der Gestalt dieses zufälligen, im Raum der Geschichte gleichsam verlorenen einen Menschen *Gott selbst* zu sehen vermag, der seine Hand über den Erdkreis reckt, über Ost und West, über die öffentlichen Gipfelkonferenzen der Großen und das verstohlene Stelldichein der Liebenden, über Elektronengehirne und Spatzen, über Raketen und Rosen, über die Ureltern im Paradies und über die Menschen der Endzeit.

Ob die Kirche freilich so auf einen Felsen gebaut ist, ob sie weder vom Sturm aufsässiger Ideologien umgeweht noch vom fauligen Sumpf unserer Wohlstandsvöllerei unterspült wird, ob sie also bestehen wird: das hängt ausschließlich davon ab, ob sie jenen *einen* Augenblick immer neu durchlebt, der das Wunder von Cäsarea Philippi war, ob sie also die Herrlichkeit Jesu entdeckt hat und auch nicht irre an ihm wird, wenn Golgatha kommt und der Himmel stumm zu werden scheint.

Doch wir können den weiten Raum dieses Wortes: »Du bist Petrus ...«, das mit riesigen Lettern in die Kuppel des Petersdoms geschrieben ist und das zum Schicksalswort auch unserer konfessionellen Spaltung wurde, hier nicht durchschreiten und wenden uns gleich der dramatischen Schlußwendung des Gesprächs zu. Denn dieses Gespräch schließt nicht mit einem »happy end«, sondern steuert in eine ganz unerwartete Katastrophe. Der Mann, der eben noch als ein »Fels Gottes« gepriesen und zum Träger vieler Verheißungen erhoben wurde, wird im nächsten Augenblick als »Satan« verschrien und der feindlichen Front zugeordnet. Und ich wage schon hier zu sagen: In der Spannung zwischen diesen beiden Polen unserer Geschichte stellt sich das Drama zwischen Christus und uns allen dar. Es ist zusammengedrängt in den beiden lapidaren Sätzen Jesu: »Du bist Petrus« und »Du bist ein Satan.«

Was ist passiert? Jesus hat es für richtig gehalten, seine Jünger schonend darauf vorzubereiten, daß er, der Sohn des lebendigen Gottes, nun den Weg des Leidens und der Vereinsamung gehen wird; daß die Menschen von ihm abfallen werden und daß er in der Verlassenheit der Nacht von Golgatha enden muß. Die Menschen werden von allem reden: von der sozialistischen Gesellschaftsordnung, von der Produktion, von den Entwicklungsländern, von den Sozialtarifen, von der Atombombe – nur nicht von ihm. Ihn wird eine große Stummheit umgeben. Das aber erträgt Petrus nicht. Er steht fassungslos vor dieser Schicksalskurve, bäumt sich auf, fällt ihm in den Arm und protestiert mit einem Wort, von dem man nicht recht weiß, ob es dem Trotz des Glaubens oder dem Bedürfnis der Selbstberuhigung entstammt. Er sagt: »So etwas kann nie über dich kommen« – das ist einfach unmöglich!

Warum erschrickt Petrus vor diesem Weg des Leidens? Hat er vielleicht Angst, diesen Weg der Schmerzen teilen zu müssen? Sicher ist sein Protest nicht von daher zu erklären. Denn wir haben keinen Grund, anzunehmen, daß es ihm an physischem Mut gefehlt hat. Sein Protest rührt vielmehr daher, daß es ihm quälend *sinnlos* erscheint, wenn dieser Eine, der mehr ist als alles menschliche Gemächte, unter die Füße der Menschen geraten soll, und wenn der, dem die Räume des Himmels zugemessen sind, in den untersten Schlamm der Erde gezerrt wird.

Wenn dieser der Christus *wäre*, so hadert Petrus, dann dürfte er doch nicht in der Ohnmacht des Todes enden. Und indem er das sagt, wird er zum Sprecher aller Menschen:

Wenn dieser der Christus *wäre*: Dürfte es dann nach zweitausend Jahren Christentum noch so in der Welt aussehen, wie es eben leider Gottes aussieht? Dürfte er schweigen zu den entsetzlich stummen Schicksalen der Tausende, die in den Diktaturen und Tyranneien kein Recht und keinen Richter finden, die irgendwo in Vietnam, Biafra oder sonstwo hilflos und stumm zugrunde gehen – und kein Hahn kräht danach und kein Christus fährt dazwischen? Dürfte er schweigen zu dem Entsetzen, das die geschlossenen Abteilungen der Irrenanstalten bergen? Dürfte er schweigen zu Krebs und Kinderlähmung, zu multipler Sklerose und zu den Tragödien des Alters? Dürfte er zu alledem schweigen, statt dazwischenzufahren? Aber wie sollte er auch dazwischenfahren können, wie sollte er so etwas wie ein Erlöser sein können, wenn er ja selber unter die Räder kommt und hilflos am Galgen endet? Wie sollte er auch!? »So etwas kann nie über dich kommen!« schreit es aus Petrus und schreit es aus dir und mir. Es wäre das bitterste Ende des christlichen Traumes, wenn sein Schicksal in dieser Ohnmacht enden müßte.

Es ist ein sehr beklommener Augenblick im Leben Jesu, als er dieses Hadern seines Jüngers vernimmt. Denn damit wird zugleich offenbar, daß Petrus gar keine Ahnung gehabt hatte, *was* er mit seinem Bekenntnis: »Du bist der Messias, des lebendigen Gottes Sohn«, überhaupt gesagt hatte. Er hatte den Christus ohne Leiden gemeint, und also hatte er Christus gerade *nicht* gemeint. Er war sich überhaupt nicht klar über das, was er gesagt hatte. Das Wort, das ihm so geheimnisvoll geschenkt wurde, ging über sein eigenes Fassungsvermögen.

Gewiß, als Petrus sein Bekenntnis sprach, hatte er trotzdem mehr von Jesus von Nazareth erkannt als die anderen. Er hatte gesehen, daß Jesus anders war als alles, was sonst menschliches Antlitz trug. Ich nenne nur einige Züge, an denen Petrus diese Andersartigkeit Jesu aufgegangen sein mochte: Er sah in ihm eine Liebe, die das furchtbare Vergeltungsgesetz der Welt durchbrach. Er sah, wie er nicht einfach das Echo seiner ihn hassenden Umgebung war, sondern wie er segnete, wo man ihm fluchte. Er sah, daß er den anderen eben nicht preisgab, wenn der sich von ihm lossagte. Das war mehr und anders als alles, was man sonst im Leben erfahren konnte. Das war »unerhört«.

Und noch etwas sah Petrus: Er sah, wie Jesus im immerwährenden Zwiegespräch mit seinem Vater lebte. Auch darin war er anders als wir. Denn wir Menschen müssen, wenn wir beten wollen, uns erst von allem, was unser Herz mit irdischen Organen umklammern will, zu lösen versuchen. Wir müssen uns »sammeln« und auf Gott konzentrieren. Jesus aber war anders. Er *kam* aus dem ständigen Umgang mit dem Vater, er brauchte sich nicht erst »aufzuschwingen«, sondern dieser Umgang war seine Heimat, aus der er schon immer kam. Wohin *wir* im Gebet gleichsam aus großer Ferne blicken, von dort kam er in jedem Augenblick her. *Das war das andere an ihm.* Und dies alles und noch viel mehr hat Petrus an ihm entdeckt, und darum hatte er ihn mit seinem Wort: »Du bist der Messias, des lebendigen Gottes Sohn«, auch von allen anderen Menschen distanziert und über sie hinausgehoben.

Aber das Entscheidende an ihm hatte er eben *nicht* begriffen, vielmehr wurde er am Entscheidenden gerade irre: Er begann zu hadern, daß dieser Eine und Ungeheure leiden und daß ihm ein Geschick zugemessen sein sollte, das seinem Rang und seiner Sendung aufs schmerzlichste und sinnloseste widersprach.

Warum hatte er denn dies Entscheidende an Jesus nicht begriffen?

Petrus stellte sich seinen Meister vor als den Revolutionär der Welt, der umwälzend in die Speichen des Geschichtsrades greift und die Welt zu einer Stätte der Gerechtigkeit und des Friedens macht. Er war für ihn ein Symbol jener Utopien, die zu allen Zeiten geträumt worden sind – vom Tausendjährigen Reich bis zur klassenlosen Gesellschaft. »Wie anders«, denkt Petrus, »soll sich die Liebe Gottes denn zeigen als so, daß sie den Entrechteten und Geschändeten wieder zurechthilft, daß die Kriege aufhören, daß der Tod aus der Welt verschwindet?!

Wenn dieser sogenannte Heiland das alles aber *nicht* beseitigt, wenn die Welt weiter im alten Trott und Jammer dahingeht, wenn Gott zum Gespött werden und dieser eine, der der ›Spiegel des väterlichen Herzens‹ ist, von einer grölenden Soldateska zertrümmert werden darf: wo soll man da die Liebe Gottes erkennen? Wie soll sich Gott da glaubwürdig machen? Ist es nicht eine Ironie, die einen zum Heulen bringen könnte, wenn ausgerechnet *der* den Jammer der Welt kurieren soll, der selber von diesem Jammer gepackt und an den Galgen der Ohnmacht gezerrt wird?« – Wo ist Gott, denkt Petrus, wenn es mit Christus so stehen und wenn es so mit ihm gehen soll? Er mag an jenen »Trottelgott« denken, wie ihn Wolfgang Borchert in seinem Drama »Draußen vor der Tür« geschildert hat: jenen armseligen Greis, den das Mitleid mit den Menschen packt, der aber viel zu ohnmächtig, senil und dusselig ist, um aktiv helfen zu können.

Petrus hat das tiefste Geheimnis der Liebe Gottes noch nicht begriffen. Denn diese Liebe besteht eben nicht darin, daß Gott aus dieser Welt ein Paradies macht. Es muß im Gegenteil wohl so sein, daß Gott die Menschen immer wieder an ihre eigene Hoffnungslosigkeit, an ihren eigenen Hochmut und an ihr Scheitern dahingibt.

Haben wir es nicht bei unserer eigenen deutschen Katastrophe gemerkt, daß wir den Taumelkelch, von dem wir einmal zu trinken begonnen hatten, nun auch bis zur Neige leeren mußten, und daß wir die Predigt der Toten und Ruinen nötig hatten, wenn die Blase unseres Frevels platzen sollte? Und kann es uns auch heute nicht manchmal kalt den Rücken herunterlaufen, wenn wir spüren, daß Gott auch bei unserem erbarmungslosen Tanz um das Goldene Kalb noch einmal als Rächer herniederfahren und unsere Fernsehgeräte und Eisschränke zerschlagen könnte, weil wir über den Tand des Komforts die Not unseres Nächsten und die Verzweiflung unserer Brüder vergessen haben, die unter Gewaltherrschaften seufzen oder in den Hungerländern zugrunde gehen? Gehört nicht eben dies zu der harten Liebe Gottes, daß er uns unter Schmerzen – unter seinen und unseren Schmerzen – heim- und nach Hause holen muß? Es wäre doch keine wirkliche Liebe, wenn sie verhindern würde, daß die Schuld sich auf Erden rächt. Dann würden die Menschen vergessen, was Schuld überhaupt ist.

Gerade *darin* zeigt sich die Liebe Gottes, daß er nun bei dem Menschen im Hexenkessel seines Elends *bleibt* und daß sein Sohn mit uns *in* diesem Kessel ist, so daß wir es verstehen lernen: Auch in den Gerichten, die der Vater verhängen muß, hält er sein Kind noch bei der Hand. Wir hören das väterliche Wort: »Dein Schmerz ist mein Schmerz, und deine Strafen und das Gericht über dich tun mir selber im Herzen weh.«

Jeder Vater spürt ja den Schmerz, den er strafend seinem Kinde zufügt, doppelt am eigenen Leibe. Darin besteht gerade die Einzigartigkeit des väterlichen Strafens, daß jeder Vater, jede Mutter sich im Grunde selbst *mit* unter die Strafe stellen. Und wenn wir einmal auf die pädagogische Seite der Sache achten, werden wir sehen, daß der eigentlich erzieherische Einfluß gar nicht so sehr von dem körperlichen Schmerz der Prügel oder von der Einschüchterung durch Schimpfen und Schelten ausgeht, sondern davon, daß das Kind spürt: es tut dem Vater selbst weh, wenn er das tun muß; es tut ihm weh, weil er mich lieb hat; er trägt die Strafe selber mit. Wenn dieser

Schmerz der Liebe nicht empfunden wird, ist das ein bedenkliches Symptom dafür, daß hier nicht in Liebe erzogen, sondern nur mit Terror dressiert wird.

Das alles spüren wir am Leiden Jesu: Da leidet Gott selber mit uns, da steht er unter seinem eigenen Gericht, da tut ihm die Strafe selber weh, die er über uns bringen muß. Jesus Christus leidet alle Einsamkeiten, alle Gottverlassenheiten, Feindschaften, Todesängste, er leidet alle Versuchungen und alle Gottesgerichte der menschlichen Selbstzerstörung mit. *So ist die Liebe Gottes, du törichter Petrus, so ist sie!* Sie begleitet uns nicht vom Jenseits der Wolken her mit himmlischer Sympathie und göttlichem Wohlwollen (was unverbesserliche Optimisten dann als »Vorsehung« auszulegen wagen), sondern sie wartet auf uns, und zwar wartet sie so, daß sie *neben* uns tritt und alle Gerichte und Schrecken, die wir hier durchstehen müssen, *mit* durchleidet, brüderlich an unserer Seite durchmacht. Hier, mitten in unserer Trauer und Lebensangst, halten wir die Hand, die sich mit der unsrigen verbrennen läßt; *hier* halten wir sie. Gott kündigt uns seine Treue nicht auf. Und während die eine Hand schlagen muß, hilft uns die andere, da hält und tröstet sie uns.

Petrus muß noch weit wandern, bis er das alles verstanden hat.

Wir haben also gesehen – und mußten einige Anstrengungen darauf verwenden, um das zu begreifen –, wie es zur Glaubenskrise des Petrus und zu dem erschreckend abweisenden Wort Jesu kam: »Weg von mir, Satan! Dahinten hin! Du bist mir ein Anstoß!« Petrus hatte seine ganz bestimmten Vorstellungen und Meinungen, und zwar seine menschlichen, allzu menschlichen Vorstellungen und Meinungen, wie Christus sein und handeln müsse. Und als er anders handelte, als er zum Beispiel den Weg des Leidens und der Ohnmacht statt der geträumten Weltrevolution ging, da streikte Petrus, da machte er nicht mehr mit. Und indem er »nein« sagte, ging sein Glaube zu Bruch.

Hier zeigt sich ein Stück vom Geheimnis des Glaubens überhaupt: Wer still und mit Vertrauen hinnimmt, wenn Gott schweigt, wo er

– menschlich gesprochen – reden sollte; wer still und mit Vertrauen hinnimmt, wenn Gott leidet, statt mit der Faust auf den Tisch der Welt zu schlagen; wer still und mit Vertrauen hinnimmt, daß Gott seine Sonne aufgehen läßt über die Bösen und über die Guten, statt dem Unrecht ein sichtbarer Rächer und dem Guten ein ebenso fühlbarer Schutzherr zu sein; wer alle diese Rätsel erträgt und wem nur das eine genügt, daß er in Sturm und Nacht und Grauen jene eine Hand halten darf, die Jesus Christus heißt; wer es zu glauben wagt, daß diese Hand gelenkt wird von Gedanken, die hoch über allen Rätseln des Lebens dahingehen, und zugleich Macht besitzt, Sturm und Wellen jählings und augenblicklich zum Einhalt zu bringen – der wird erst ganz ermessen, was es heißt: Du bist Christus, der Sohn des lebendigen Gottes; du bist die Hand des Vaters, du bist die mitleidende und mitzitternde und in alledem unendlich treue Hand.

Wenn er es aber zu ermessen beginnt, wird ihn auch eine schreckliche und doch auch sehr tröstliche Ahnung davon überkommen, wer er selber ist. Und vielleicht wird er diese Entdeckung seiner eigenen Abgründe dann ebenfalls in ein Wort dieses Petrus fassen: »Herr, gehe von mir hinaus, denn ich bin ein sündiger Mensch«, ich bin nicht wert, daß du mich in deine Nähe und deinen Frieden holst. Ich halte es fast nicht aus, wenn du mich deiner Liebe würdigst.

Indem er dies aber sagt, wird er ein Wunder erleben. Denn der Herr wird *nicht* hinausgehen und wird sich *nicht* abwenden, sondern er wird sagen: Gerade weil du bekennst, daß du meiner nicht wert bist, will *ich* mich zu *dir* bekennen. Und gerade weil du mit leeren Händen kommst und nichts zu bringen hast, kann ich dir *alles* sein. Gehe ein zu deines Herren Freude, du darfst schauen, was du in großer Tiefe geglaubt hast.

WIE DER GLAUBE BEGINNT

HIER GEHT ES UM EINE FRAU, DIE SEIT ZWÖLF JAHREN UNTER BLUTUNGEN litt. Sie hatte in der Kur vieler Ärzte viel gelitten. All ihre Habe war sie dabei losgeworden. Geholfen aber hatte ihr nichts, im Gegenteil: es war nur schlimmer geworden.

Diese Frau nun hatte von Jesus gehört und kam jetzt inmitten der drängenden Menge von hinten her auf ihn zu. Sie streckte ihre Hand aus nach seinem Obergewand und sagte sich dabei: Wenn ich nur seinen Mantel antippe, werde ich gesund.

Tatsächlich versiegte im selben Augenblick der Blutstrom, und es wurde ihr klar, daß sie von ihrer Geißel befreit war.

Wiederum im gleichen Augenblick merkte auch Jesus, daß eine Kraft von ihm ausgegangen war. Er drehte sich mitten in dem Haufen von Leuten herum und fragte: »Wer hat da meine Kleider berührt?« Darauf erklärten seine Jünger: »Du siehst doch selbst, wie man von allen Seiten an dich herandrängt – und da fragst du noch: Wer hat mich berührt?«

Da ließ Jesus seinen Blick ringsum über die Menge gehen und faßte die Frau ins Auge, die das getan hatte. Die aber bekam es mit der Angst und begann zu zittern, denn sie wußte, was mit ihr geschehen war ... Doch nun trat sie vor, fiel vor ihm nieder und gestand ihm die ganze Wahrheit.

Er aber wandte sich ihr zu: »Meine Tochter, dein Glaube hat dich gesund gemacht. Gehe hin in Frieden und sei frei von deiner Plage!«

MARKUS 5,25–34

Diese Frau spielt im Neuen Testament weniger als eine Nebenrolle; sie gehört sozusagen zu den Statisten. Ich kann mich nicht erinnern, jemals eine Predigt über diesen Text gehört zu haben. Bei den Auslegern steht er vielfach im Verruf, eine monströse Mirakelgeschichte zu sein, voller Aberglaube und Magie, und man fragt sich etwas geniert, wie so etwas ins Neue Testament habe rutschen können.

Auch der Textzusammenhang scheint die Beiläufigkeit dieser Anekdote zu bezeugen. Unsere Geschichte taucht nur als Einsprengsel in dem Bericht vom Töchterlein des Jairus auf. Während dieser Haupthandlung läuft jene Frau für einen kurzen Augenblick über die Bühne. Im Programmheft ist ihr Name nicht verzeichnet. Sie bleibt anonym. Und wie sie für eine Sekunde aus der Menge hervortrat und der Scheinwerfer sie dabei streifte, so tritt sie im nächsten Moment wieder zurück und verschwindet im Dunkel.

Ausgerechnet diese Statistenfigur soll zweitausend Jahre später der Vergessenheit entrissen und vernünftigen Zeitgenossen zur Betrachtung vorgelegt werden? Gibt es nicht andere Texte in diesem Buch, die wie Alpengipfel über uns stehen und die ein würdigeres Objekt solcher Betrachtung wären!? Warum redet er nicht – so mag mancher denken – über »Glaube, Liebe, Hoffnung« oder über »Am Anfang war das Wort« oder »... die Tat« statt über dieses kuriose Weiblein mit einem etwas undefinierbaren Frauenleiden? Warum verirrt er sich in das Abseitige?

Und doch hat mich diese Geschichte, immer wenn ich sie las, besonders angerührt. Die Mauerblümchen am Rande dieses merkwürdigen Buches sind oft besonders kostbar. Das ist auch kein Wunder. Denn in den Chroniken der antiken Geschichte ist Jesus Christus ja selber der Träger einer Nebenrolle, ein Spieler an der äußersten Peripherie des Welttheaters.

Der beiläufige Charakter dieser Szene wird noch dadurch unterstrichen, daß diese Frau mitten in einer drängenden Masse auftaucht. Wenn man sich überlegt, was diese Leute zusammengetrieben hat, dann kann man nur ein ganzes Bündel von Motiven angeben. Man kommt sicher zu ähnlichen Feststellungen wie auch bei heutigen Massenaufläufen: Jesus von Nazareth ist zunächst ganz einfach eine Sensation, und man muß dabei gewesen sein, wenn diese sagen- und gerüchteumwitterte Figur ihren persönlichen Auftritt hat. Aber dazu kommt noch etwas anderes: Inmitten dieser geballten Neugier der Menge tauchen nun auch die anderen auf, deren Verzweiflung bei diesem Nazarener einen letzten Ausweg sucht: Kranke, die keine Hoffnung mehr haben, Einsame, die einen Blick von ihm zu erhaschen suchen, und sicher auch solche, die ein helfendes Wort für die ungelösten Probleme ihres Lebens ersehnen.

Machen wir einmal den etwas tollkühnen Versuch, uns in die Seele von Jesus hineinzuversetzen, so möchten wir wohl vermuten, daß diese Resonanz in breitesten Schichten des Volkes ihm gar nicht unwillkommen ist. Wenn er nämlich sein Werk durchsetzen und die Gottesherrschaft über dieser Welt ausrufen will, dann muß er doch die *Zustimmung* dieser Menschen haben, dann braucht er den Rumor und die Bewegung der Massen. Darum kann es ihm nicht gleichgültig sein, daß diese Menge ihn umjubelt und daß sie alles, was an Kräften des Vertrauens und des Hoffens in ihr ist, auf ihn konzentriert. Mit solchen Leuten kann man Schlachten schlagen, wenn man sie richtig einsetzt und wenn man das Eisen schmiedet, solange es heiß ist.

Aber das ist nun das Wunderbare an seiner Gestalt: Während er so vom Vertrauen der Menge getragen ist, während ihm die Größe seiner Weltaufgabe durch den Sinn ziehen mag und die Unsumme des Leides, das ihn hilfesuchend umdrängt, ihn fast betäuben will, ist ihm das kümmerliche arme »Hascherl« von Weiblein nicht zu wenig und ist ihm der Druck ihres schüchtern nach ihm ausgereckten Fingers nicht zu gering.

Wie oft wiederholt sich diese Szene in den Evangelien: daß der, »den aller Welt Kreis nie beschloß«, sich klein genug macht, um in die Einsamkeit eines einzelnen Menschenbruders mit eingeschlossen zu werden und dann in einem Maße für ihn dazusein, als ob es nur ihn, ihn ganz allein, als ob es nur dich und mich auf der ganzen Welt gäbe. Denn Jesus Christus sieht in den Menschen, die ihn da umringen und die er zu jeder Art Machtergreifung abrichten könnte, mehr als die Rädchen in einer großen Maschinerie der Welterneuerung; sie sind ihm mehr als Menschenmaterial für seinen Willen zur Macht. Er sieht vielmehr in jedem ein Kind seines Vaters, dessen Unglück ihn selber bedrängt, dessen Schuld sein eigenes Herz belastet und dessen Trauer ihm selbst die Kehle abschnürt. Das ist der Grund, warum er für dieses alte Weiblein dasein kann, warum über allem anderen, was sonst noch da ist, die Lampen erlöschen und diese beiden Gestalten – ganz allein, als ob es nur sie auf der Welt gäbe – die Szene erfüllen: der Heiland der Welt und dieser *eine* Mensch, der ihn braucht und der es obendrein noch ganz verkehrt, ja absurd anfängt, um mit Jesus in Kontakt zu kommen.

Warum und wieso fängt sie es denn verkehrt an?

Nun, sie weiß zunächst offensichtlich gar nicht, wer Jesus von Nazareth ist. Sie braucht keinerlei Anrede an ihn (etwa: Jesus, du Sohn Davids; oder gar: du Sohn Gottes), keine Anrede, aus der man schließen könnte, sie wisse auch nur von ungefähr, um wen es sich hier handelt. Erst recht weiß sie kein Glaubensbekenntnis aufzusagen; sie ist konfessionell völlig unprofiliert. Wir hören auch nichts davon, daß sie seiner Verkündigung gelauscht hätte und davon ergriffen gewesen wäre, ja nicht einmal, ob sie überhaupt davon *wußte*, daß dieser Nazarener über Worte des Lebens verfügte und daß er damit zu trösten und Menschenherzen zu wandeln vermochte. Sie rennt, so kann man sagen, unter ganz falschen Voraussetzungen in der Menge mit. Das simple Gerücht, dieser Mann verfüge über wunderbare Kräfte, genügt ihr, um es auch mit ihm noch zu probieren. Mit den Ärzten hat sie nämlich Pech gehabt, und von den Schulmedizinern und allerlei Quacksalbern will sie nichts mehr wissen. Also läuft sie einmal zu diesem »Magnetiseur« aus Nazareth, um sich dem Strahlungsfeld seiner Heilkraft auszusetzen. So ähnlich mag sie sich das vorgestellt haben.

Es ist genau so, wie es auch heute hundertfach geschieht: Die Unheilbaren suchen eine letzte Chance im Bereich okkulter oder halbokkulter Heilkunst. Die Massensuggestion im Kreis der Anhänger, wenn sie da in den Wartezimmern zusammenhocken und sich erzählen, sorgt dafür, daß man für das Erlebnis des großen Wunders wohldisponiert ist.

Ich drücke es sehr milde aus, wenn ich sage, daß diese Frau einem ganz gewaltigen Mißverständnis aufgesessen ist, wenn sie in dieser Absicht hinter Jesus herläuft.

Ihr Mißverständnis verrät sich noch in einer Reihe anderer Anzeichen: Jesus kann einem nur helfen und nahekommen, wenn man persönliche Gemeinschaft mit ihm gewinnt. Diese Frau aber will gar kein persönliches Gegenüber zu ihm sein, sondern sie will durchaus ein anonymes Partikelchen in der Menge bleiben. Darum tritt sie ihm auch nicht Auge in Auge gegenüber, sondern sie bewegt sich von *hinten* an ihn heran. Es kommt ihr weder auf sein Angesicht noch auf sein Wort an. Sie will nur den magischen Kontakt mit seinem Gewand, um den Funken der Heilkraft auf sich überspringen zu lassen. Das ist das zweite Mißverständnis: Sie lebt in der Vorstellungswelt primitiver Magie und will durch die punktuelle Berührung mit dem Finger den Stromkreis magischer Ausstrahlung schließen. Mit anderen

Worten: diese Frau bewegt sich in den handfesten Vorurteilen des Heidentums. Sie ist in Kategorien der Zauberei und des Aberglaubens befangen. Und sie ist so unbeschreiblich primitiv, daß sie nicht einmal den Widerspruch bemerkt zwischen dieser Welt des zwielichtig Okkulten und der Welt des Alten Testaments. Im Alten Testament ist dieses Unwesen der Magie immerhin als Gotteslästerung verurteilt, und dieses Buch ist doch schließlich die »Heilige Schrift« des Mannes aus Nazareth.

Es ist wirklich grotesk, daß Jesus von Nazareth für diese Frau so etwas wie eine Zaubererfigur in der Weltlandschaft des Magischen ist. Ein abseitigeres und ausgefalleneres Mißverständnis Jesu kann es nicht gut geben. Ein nicht allzu »unterbelichteter« Konfirmand könnte sie heute darüber belehren.

Sie projiziert hier eine Heilandsgestalt in ihre Welt der Angst. Denn die Magie ist immer ein Symptom der Angst. Als Faust nicht mehr aus noch ein weiß und sich in die tiefsten Wirrsale seiner Verzweiflung verstrickt, da verschwört er sich der Magie und sucht das Heil bei Nostradamus. Aber dadurch wird seine Angst nur noch größer. Denn nun lebt er in permanentem Schrecken vor bannenden Mächten, vor der Hörigkeit der Hölle, vor dem bösen Blick und vor den Polypenarmen des Unheimlichen. Und inmitten dieser melancholisch-trostlosen Welt sollte Jesus von Nazareth eine Art Retterfigur sein? Dabei würde es nicht einmal klar, ob er den Teufel der Angst nicht mit Beelzebub austreibt und ob er nicht nur *ein* Dämon unter anderen ist! Man muß einmal dieses Mißverständnis Jesu so zu Ende denken, um das Tolle, das Überraschende im Weitergang der Geschichte zu ermessen.

Jeder würde doch denken: Ehe Jesus auf diese Frau eingeht, muß er erst einmal ihre abenteuerlichen Vorstellungen korrigieren und ihr ein Privatissimum über die Verruchtheit der Magie und über den wirklichen Charakter seiner Person halten. Doch nichts von alledem geschieht, sondern – er hilft ihr zurecht und wendet ihr sein Angesicht zu, das sie gar nicht gesucht hatte, und redet sie mit seinem Wort an, das sie doch gar nicht zu hören begehrte. Er mag sich gedacht haben: Wenn dieser Mensch mich erst wirklich erfaßt und wenn er begriffen hat, daß ich der Heiland bin und ihn in die rettende Liebe meines und seines Vaters bringe, dann wird nachträglich alles Irrlichternde, alles Zwielichtige und alles Falsche seines alten Lebens wie eine morsche Hülle von ihm abfallen.

So ist Jesus Christus. Er stellt mir keine Bedingungen, die ich erst erfüllt haben müßte, damit ich ihn finden kann. Er sagt mir nicht: »Du suchst mich in einer falschen Richtung«, sondern es ist so: Wenn er überhaupt nur eine *Spur* von Hungern und Dürsten und Sehnsucht nach Frieden bei mir bemerkt, dann ist er sofort und ganz und ohne Vorbehalt für mich da.

Und in wieviel falschen Richtungen suchen wir ihn doch alle! Es braucht natürlich nicht die magische Richtung zu sein. Es kann auch um ganz andere Mißverständnisse gehen: Der eine von uns sieht im Christentum eine religiöse Verankerung der Moral, auf die man nicht verzichten kann. Denn eine Gesellschaft – so meint er vielleicht – kann nicht ohne die Intaktheit bestimmter gemeinsamer Wertvorstellungen existieren. Die aber scheinen durch religiöse Erziehung am besten gesichert zu werden. So wird Jesus Christus zum Schutzheiligen gesellschaftlicher Ordnung. Oder wir sagen uns: Das Christentum sorgt durch seine Botschaft der Liebe für das notwendige Maß an Humanität. Oder wir sagen: Das Christentum wacht über der individuellen Person und dem »unendlichen Wert der Menschenseele«. Wir bedürfen seiner in einem Zeitalter, wo die Masse das Individuum auszulöschen droht und ihm seine Identität nimmt. Oder wir sagen: Die christlich-abendländische Tradition liefert uns die nötigen westlichen Ideologien, deren wir bedürfen, um dem geistigen Druck des Ostens zu widerstehen.

Diese ganze scheinchristliche Programmatik, die wir alle kennen, die uns aus hundert Zeitungsspalten anblickt und die wir aus ebenso vielen kulturellen und politischen Reden hören – diese ganze scheinchristliche Phraseologie beruht auf einem horrenden Mißverständnis dessen, was Jesus Christus wirklich ist. Denn er will doch etwas ganz anderes: Er will uns in den Frieden seines Vaters heimholen und will uns all das abnehmen, was zwischen Gott und uns steht. Er will uns – um es einmal ganz kindlich, unkompliziert, aber auch bewußt anstößig zu sagen – in den Himmel bringen, sonst gar nichts. Und erst dann will er uns (aber sozusagen nur nebenbei und als bloßes Abfallprodukt dieser Hauptsache) auch noch all das andere *mit* zuteil werden lassen: daß wir in seiner Schule den unendlichen Wert der Menschenseele – der einzelnen Seele! – verstehen lernen; denn für jeden von uns ist er gestorben. Und er will uns auch helfen, daß wir in ihm einen Halt haben, wenn die falschen Erlösungsideologien uns bestürmen. Er will auch die Gewissen wecken und damit dem Staat und der Gesellschaft ein Reservoir an mündigen Menschen zur Verfügung stellen, die das Gleichgewicht von Freiheit und Ordnung zu finden wissen.

Aber das alles soll uns, wie gesagt, nur »nebenbei« und »mit« zufallen, wenn wir *zuerst* nach ihm und seinem Reiche trachten. Alle Weichen werden sofort falsch gestellt, wenn wir dieses Nebenprodukt zur Hauptsache machen und vom Christentum als einem Lebenselixier sprechen, das wir zur Gesunderhaltung von Handel und Wandel brauchen und ohne das wir politisch und kulturell vor die Hunde gehen. Denn diesen scheinchristlichen Standpunkt könnte man auch vertreten, ohne daß man im mindesten von Jesus Christus erfaßt wäre. Man würde dann ein sogenanntes »christliches Ideengut« vertreten, ohne daß man an Christus selbst zu glauben brauchte. Man hätte auf diese Weise eine *Heilslehre, ohne einen Heiland zu haben*. Aber so falsch das auch wäre und so zerfressen von dieser Falschheit wir heute auch sein mögen, so sehr das »Gefasel vom christlichen Abendland« zu einer klingenden Schelle und einem tönenden Erz geworden ist: Jesus Christus treibt uns das alles nicht einfach aus, so wenig er diesem Weiblein seine Magie ausgetrieben hat.

Mögen wir denn ruhig einmal davon *ausgehen*, daß das Christentum das Fundament unserer abendländischen Moral und Wertauffassungen ist, und mag diese Banalität das einzige sein, was wir von ihm zu bekennen wüßten: Dann gleicht dieses Minimum von Christlichkeit immerhin noch jener punktuellen Berührung des Gewandes Jesu, wie das blutflüssige Weib sie versuchte. Wir haben mit solchen Programmsätzen wirklich noch nicht das Wort des Heilandes gehört und haben uns seinem Antlitz noch keineswegs gestellt. Wir haben nur einen äußersten Zipfel seines Gewandes in der Hand. Aber wer ehrlich nach diesem äußersten Zipfel greift und wer den Heiland wenigstens da – an der äußersten Peripherie! – festhält, hat die Verheißung, daß er sich herumdreht und die Frage stellt: Wer hat meine Kleider angerührt?

Denn dies ist das Große an Jesus Christus: Längst ehe wir uns aus unseren falschen Voraussetzungen herausgewickelt haben, ist er schon für uns da. Längst ehe wir einen Hauch von seinem Frieden spüren, umfängt er uns schon mit seinem Retterarm. Und schon längst, ehe wir uns in der äußersten Fremde verirrt haben, hat er uns eingeholt. Er gleicht einer Mutter, die ihr fieberkrankes Kind auf den Armen hält und es wiegt. Wir kommen von unseren bangen Phantasien ja nicht los: ob unsere gesellschaftlichen Strukturen nicht jede Kraft der Regeneration vermissen ließen und darum auf ihren völligen Verfall oder ihre revolutionäre Beseitigung zutrieben; ob unser Leben nicht ein sinnloser Leerlauf sei; ob wir nicht Luftgespinste spännen und weiter von dem Ziel kämen; ob die Schuld, die wir begangen haben, nicht wie ein Fluch unser ferneres Leben belastet; ob unsere Kinder nicht mißraten; ob unsere Ehe nicht zerbrechen könnte. Wir leben wie ein fieberndes Kind in diesen Ängsten. Und genauso erleidet diese Frau in unserer Geschichte die Ausweglosigkeit ihres Verstoßenseins und die Gespenster ihres magischen Weltbildes. Und derweil (ohne daß sie es ahnt!) ist der Heiland schon mit seinem Frieden bei ihr, derweil tröstet er uns, wie eine Mutter ihr Kind tröstet. In aller Angst sind wir von seinen Armen umschlossen. Wir spüren die Nähe des Friedens wie das fieberkranke Kind und wissen noch nicht recht, wo er sich befindet und wo wir ihn greifen können.

So ist denn alles ganz anders, als es zunächst den Anschein hatte. In Wahrheit ist Jesus Christus nicht eine Figur in der zwielichtigen Welt der Magie, sondern das Gegenteil ist richtig: Er umfängt diesen Menschen mitsamt seiner magisch gebannten Welt in der Fülle seines Friedens. Indem diese Frau dem Heiland nahekommt, ist ihre Fieberphantasie, ist ihre Wahnvorstellung schon entmächtigt. Und es ist nur eine Frage der Zeit, wann sie es bemerkt und des Neuen in ihrem Leben froh wird.

So findet Jesus unter allen Menschen, die ihn da suchen und umdrängen, den *einen* Menschen, der seiner bedarf und der ihn als seinen Heiland braucht, obwohl der keine Ahnung hat, wer oder was dieser Heiland überhaupt ist.

Wenn das aber so ist und wenn er unbegreiflich tief um uns alle weiß, was soll dann seine Frage bedeuten: »Wer hat mich berührt?« Gibt er damit nicht zu erkennen, daß er den Hilfesuchenden eben doch nicht erkannt hat, daß er eben *nicht* um ihn weiß?

Ich meine, daß er durchaus um den Menschen weiß, der ihn hier angerührt hat, und daß er mit seiner Frage etwas ganz anderes will. Er verlangt nämlich, daß der Mensch, der ihn sucht, sich nicht in dem wogenden Kollektiv um ihn her versteckt, sondern daß er sich nun auch zu *erkennen* gibt, daß er mit seiner Not und seinem Hilferuf vor ihn hintritt und sich offen und bekennend dazu *stellt*.

Es genügt demnach nicht, daß wir die kollektiven christlichen Gebräuche über uns ergehen lassen, wenn wir dem Geheimnis Jesu nahekommen möchten; daß wir die allgemeine Tauf- und Konfirmationspraxis mitmachen, uns der kirchlichen Eheschließung nicht entziehen und hin und wieder einen Anstandsbesuch im Gottesdienst machen. Der christliche Routinebetrieb nimmt mir die Last von Unfrieden und Schuld eben *nicht* ab und gibt mir *keinen* Frieden. Viele andere Menschen sind in unserer Geschichte um ihn hergewogt und sind an seine Kleider gedrängt worden, ohne daß ein einziger von ihnen als erneuerter Mensch diese Szene verlassen hätte. Doch: einer, oder besser: *eine* ging als eine Gewandelte von dannen; aber diese eine mußte sich dazu bekennen, daß sie Hilfe von ihm erwartete. Sie mußte sich seiner Frage: »Wer hat mich berührt?« stellen. Sie mußte Farbe bekennen.

Daß der Blutfluß schon vorher stille stand, hätte ihr wenig geholfen. Was nützt mir eine Heilung, wenn ich nicht weiß, aus wessen Hand ich sie annehmen kann, und wenn mir das Wunder der Gesundung nicht zur Botschaft eines Herzens wird, das meiner gedenkt und mein Leben segnen will? Wie mancher ist gerade durch seine Gesundheit oder durch sein Gesundwerden vor die Hunde gegangen, weil ihm kein Dank daraus erwuchs und weil er jene Botschaft übersah, die im Wunder seiner Gesundheit an ihn gerichtet war! So dient ihm seine robuste Konstitution vielleicht nur zur Gedankenlosigkeit oder zu herzloser Brutalität gegenüber den Leidenden in seiner Umgebung. Mancher wäre vielleicht eher zur Raison gekommen, wenn es ihm ein bißchen dreckiger gegangen wäre. Daß der Blutfluß stand, wäre für diese Frau deshalb noch nicht die Rettung gewesen. Aber: daß sie nun angerufen wurde, daß sie sich stellen und unter die Augen Jesu treten mußte, um ihn selbst zu erleben und sein rettendes Wort zu erfahren, *das* war die große Wandlung und die Wende in ihrem Leben.

Damit dringen wir immer näher an den Herzpunkt unserer Geschichte heran. Wir suchen diese »Pointe« zu finden, indem wir die Frage stellen: Worin *bestand* denn der Glaube dieser Frau, und hat es unter dem Gestrüpp ihres Aberglaubens überhaupt so etwas wie Glauben im eigentlichen Sinne gegeben?

Um diese Frage zu beantworten, müssen wir eine kleine Information zur Kenntnis nehmen: Nach den mosaischen Gesetzen (3.Mose 15, 25ff.) galt eine Frau, die den Blutfluß hatte, als unrein. Sie war nicht nur unfähig zum Kultus (also vom Gottesdienst ausgeschlossen!), sondern ihre Unreinheit galt auch als ansteckend, so daß sie wie eine Aussätzige gemieden wurde. Hinter diesen Gesetzen steht die Vorstellung, daß Krankheiten dieser Art die Folge einer Schuld seien. Uns braucht nun hier nicht die Frage zu interessieren, ob dieser ganze Vorstellungskomplex sinnvoll oder unsinnig sei. Wir haben vielmehr nur zu konstatieren, *daß* diese Frau in solchen Vorstellungen lebte und aufs schwerste von ihnen belastet war. Sie war also – das läßt sich dem Text entnehmen – von Schuldangst gequält, sie war vereinsamt und gemieden, sie war von den Tröstungen des Gottesdienstes ausgeschlossen und – *sie hatte die Last dieser Ächtung zwölf lange Jahre getragen.* Es mochte ihr gehen wie Hiob, der in der ersten Phase seines

67

Unglücks noch sagen konnte: »Der Herr hat's gegeben, der Herr hat's genommen.« Als aber kein Ende abzusehen war, entstellte sich das, was zunächst noch den Sinn einer Prüfung zu haben schien, zur Fratze der Sinnlosigkeit.

Obwohl das alles nun so ist, obwohl sie sich verworfen vorkommen muß, obwohl ihr der Himmel verschlossen ist und sie unerkannt und selber keinen Sinn erkennend im Leeren steht, hält sie doch einen allerletzten Gedanken fest: dieser Eine da könnte dir helfen. Ein winziger Funke von Vertrauen glüht noch in einem Herzen, das fast erloschen ist. Und um dieses einen kleinen Funkens willen, der in einem Schutthaufen von Asche noch lebt und obendrein vom Wust des Aberglaubens fast erstickt ist, um dieses *einen* kleinen Funkens willen wird sie gerettet.

Vielleicht bin ich ein Mensch, der schon ganz abgestorben ist und der den Rest seiner Hoffnung nicht mehr in ein Gebet investieren kann, der vielleicht nicht einmal mehr das Vaterunser zu stammeln vermag, sondern der diesen letzten Vorrat an Hoffnung im Durchwühlen seines täglichen Horoskops oder beim Lotto verbraucht. Es gibt einen, dem auch dieses irregeleitete und verglühende Fünklein nicht zu gering ist, der es findet, der sich zu mir umdreht und mich wissen läßt: Du hast mich, deinen Heiland, angerührt, obwohl du das gar nicht wußtest. Es gibt keine noch so trostlose Wüste in unserem Leben, in der Jesus Christus uns nicht begegnen möchte und begegnen kann. Ich kann hier gar nichts anderes tun, als allen, die in einer großen Tiefe sind und hirtenlos umherirren, zu verkünden, *daß* es so ist und daß sie sich auf den freuen dürfen, der mit seinen Überraschungen auf sie wartet.

Eine allerletzte Tiefe in unserem Text haben wir aber bis jetzt immer noch nicht ausgelotet: Als Jesus sich zu ihr umgedreht hatte und als sie nun Farbe bekennen mußte, da begann sie zu »zittern«, »fiel vor ihm nieder und gestand ihm die ganze Wahrheit«. Wenn man sich hier nicht mit billigen psychologischen Mätzchen begnügen und es bei der Feststellung belassen will, dieses Zittern sei durch die Erregung des Augenblicks und durch den Schock des Wunders zu erklären, dann muß man mit seiner Frage ein wenig tiefer graben und ihr folgende Wendung geben: Was in aller Welt war das denn für eine »ganze Wahrheit«, bei deren Bekenntnis man zittern muß? *Was* muß sie denn hier an Ungeheuerlichem enthüllen? Der magische Kontakt mit der Heilkraft Jesu, den sie herbeigeführt hatte, kann das doch kaum gewesen sein.

In der Tat geht es hier um etwas ganz anderes. Ich sprach soeben von der zeitbedingten Vorstellung, daß die blutflüssige Frau als unrein galt, daß sie darum gemieden wurde. Auch der geringste Kontakt mußte diese Unreinheit ja auf Dinge und Menschen übertragen. Sie galt deshalb als ein Infektionsherd, dem gegenüber man auf der Hut sein muß. Darin bestand ja ihre abgründige, mit modernen Kategorien kaum noch zu ermessende Verlassenheit. Erst wenn wir uns das klarmachen, begreifen wir, welche furchtbare und entsetzenerregende Wahrheit sie nun bekennen muß: Sie hat Jesus von Nazareth durch ihre Berührung unrein gemacht, sie hat ihn angesteckt. Ja, noch mehr. In ihrer magischen Vorstellung nimmt sich das alles nun *so* aus: Als das Wunder geschieht, ist *sie* zwar von der Last ihrer Unreinheit jählings befreit; aber sie hat diese Last nun auf ihn übertragen. Er hat sie von ihr übernommen.

Weil sie das dunkel ahnen mochte, hat sie sich auch von *hinten* herangeschlichen in dem beklommenen Gefühl, daß sie etwas Ungeheuerliches täte, wenn sie ihre Unreinheit auf einen anderen Menschen abwälzte, wenn sie einen Menschen sozusagen ans Kreuz schlüge, um ihr eigenes Kreuz loszuwerden. Und diese Ungeheuerlichkeit kommt jetzt heraus, als Jesus sich zu ihr umdreht. Ahnen wir nun, *was* sie zu bekennen hat, mit *was* sie jetzt behaftet ist und daß diese Ungeheuerlichkeit auch Leute aus sehr viel härterem Holz zum Zittern bringen könnte?

Was geschieht also hier? Wir stehen vor dem unglaublichen Faktum, daß die Botschaft von Jesus Christus hier auf einmal in das Koordinatensystem der Magie eingezeichnet ist. Der Diamant des Evangeliums schimmert in immer neuen Lichtbrechungen auf:

Man kann diese frohe Nachricht in der Vorstellungswelt des Judentums und man kann sie – wie der Prolog des Johannesevangeliums das tut – in den Begriffen der griechischen Philosophie darstellen. Man kann sie in buddhistischen Worten ausdrücken, und ein Missionar im afrikanischen Busch kann sie in den Formen und Vorstellungen primitiver Magie darstellen. Jesus Christus ist unmittelbar zu jedem Ort, an dem sich einer seiner Menschenbrüder befindet. Deshalb gehört es zu den Geheimnissen des Pfingstwunders, daß ihm alle, »Parther und Meder und Elamiter«, Magier und Weise, Marxisten und Existenzphilosophen, Buddhisten und Nihilisten mit ihren Begriffen entgegengehen können und daß sie alle befähigt sind, in *ihrer* Sprache die großen Taten Gottes zu vernehmen und auch auszudrücken. Man braucht nicht erst die Sprache Kanaans zu lernen, um ihn fassen zu können. Man braucht nicht erst eine christlich-abendländische Erziehung zu genießen, um ihn zu verstehen. Denn er umgreift nicht nur den Erdkreis, sondern er umgreift auch die Sprachen und Werte, die Gedanken und die Gefühle aller Völker. Jesus Christus versteht jeden, wenn er in seiner Begriffswelt und in seiner Sprache seine Angst und seinen Hunger nach Frieden ausdrückt. Und er versteht uns selbst dann noch, wenn wir nicht einmal mehr Begriffe haben, sondern nur noch seufzen und unartikuliert stammeln können wie die Sterbenden in ihrer letzten Not.

Damit stehen wir vor dem eigentlichen Wunder dieser Geschichte, die wie ein Mauerblümchen am Rande des Neuen Testaments steht: Diese abergläubische Frau hat im Rahmen ihrer sehr ausgefallenen und überaus primitiven Vorstellungswelt das Geheimnis des Heilands tiefer erfaßt als viele Theologen und Weltweisen. Sie hat Jesus unrein gemacht, indem sie ihn berührte. Sie hat ihm also ihr Leiden aufgebürdet und hat ihn durch diesen gewagten Kontakt zu ihrem Leidensgenossen gemacht. Sie hat ihre Lebenslast durch ihn hinwegtragen lassen und hat ihn in ihre Tiefe herabgezogen. So hat sie unwissend mit ihrem armen Finger auf das Mysterium des Kreuzes gewiesen. Sie hat etwas prophezeit, das sie selber in seiner Tiefe noch gar nicht ermessen konnte. Sie ist für einen Augenblick die Schwester der großen Sünderin geworden, die eine köstliche Salbe über ihn ergoß und ihn damit für sein Begräbnis salbte. Beide Frauen haben das Geheimnis des Kreuzes für einen Augenblick aufgelichtet, ohne es selbst noch zu begreifen. Denn der Prophet sagt mehr, als er selber weiß. Darum wird das Gedächtnis dieser beiden »Unwissend-Wissenden« erhalten bleiben, solange das Evangelium verkündet wird (Matthäus 25,13).

Diese Frau hat Jesus zu ihrem Bruder gemacht. Sie hat damit genau das aus ihm gemacht, was er für uns sein will und warum er ans Kreuz gegangen ist. Und sie zittert, weil sie plötzlich weiß, daß sie eben dies und nichts Geringeres getan hat, und weil ihr das verrucht erscheint. Sie hat noch ein Gespür dafür, daß dieses Herabholen des Gottessohnes in den eigenen Abgrund allem widerspricht, was man natürlicherweise für erlaubt und Gott angemessen halten kann.

Aber genau das, was sie unwissend tat, ist tatsächlich das Wunder des Evangeliums: daß es keine Tiefe gibt, in der dieser Heiland nicht unser Bruder würde. Wir brauchen nicht anders zu werden, als wir sind, wir brauchen vor allem nicht erst »religiös« zu werden, damit wir ihm nahekommen können. Er holt uns ab, wo immer wir sind: an den Zäunen und auf den Gassen, an den Orten, wo wir unsere Hände befleckt haben, und in den Abgründen, wo wir unsere größte Angst erleiden. Er holt uns ab, wenn wir in der Welt Bert Brechts leben und das Elend des Menschen mit seinen Augen zu sehen gelernt haben, oder wenn wir mit Goethe die Fragwürdigkeit alles faustischen Suchens und Ringens erleben, oder wenn wir als Jünger Nietzsches die bisherigen Werte untergehen sehen und auf brüchigen Eisschollen treiben. *Er holt uns ab, wo immer wir sind.*

Und dieses Wunder – daß es das gibt, daß es so etwas überhaupt gibt! – dieses Wunder läßt sich auf *allen* Ebenen unseres Lebens erleben, verkünden und aussprechen: Die Greisin im Altersheim kann es und auch der Teenager, der seine Lebenssehnsucht auf Film-Idole überträgt. Es läßt sich im kühnen Gedankenflug paulinischer Theologie ausdrücken und auch in der primitiven Vorstellungswelt des blutflüssigen Weibes. Die Herrlichkeit Jesu ist der Dreigroschenoper nahe und einem Choral. Denn *das* ist seine Herrlichkeit: allen nahe und jedem der Nächste zu sein und unsere Last auf sich zu nehmen, während wir frei werden.

WIE ES ZU KRISEN DES GLAUBENS KOMMT

NACH DER WUNDERBAREN SPEISUNG DRÄNGTE JESUS SEINE JÜNGER, IHR Boot zu besteigen und ihm voraus ans andere Ufer zu fahren, während er selbst noch die Menschenmenge entließ. Nun war sie weg, und er stieg ganz für sich ins Gebirge, um zu beten. Derweil sank der Abend hernieder, und er war immer noch allein.

Das Boot hatte sich inzwischen weit vom Lande entfernt und wurde vom Wellengang schwer mitgenommen. Es stand mit der Nase direkt in den Wind. In der vierten Nachtwache nun – gegen Morgen – kam Jesus zu ihnen; er kam über den See.

Als die Jünger seiner gewahr wurden, wie er da über den See ging, waren sie höchst bestürzt: »Da – ein Gespenst!« schrien sie vor Entsetzen.

Sogleich aber sprach Jesus zu ihnen: »Habt keine Angst – ich bin es!« Da rief Petrus ihn an: »Herr, wenn du es bist, dann laß mich zu dir kommen – über das Wasser hinweg!«

Darauf erwiderte Jesus nur: »Komm!«

Und er, Petrus, kletterte tatsächlich über die Reling und machte Anstalten, über das Wasser hinweg auf Jesus zuzugehen. Wie er dann aber sehenden Auges dem Sturm ausgesetzt war, bekam er eine Heidenangst, begann zu sinken und schrie: »Hilf, Herr, zu Hilfe!«

Doch schon hatte Jesus seine Hand ausgestreckt, packte ihn und sagte: »Wie kümmerlich ist doch dein Glaube, Petrus! Warum wirst du gleich an ihm irre?«

Als er dann gemeinsam mit ihm in das Boot kam, legte sich der Sturm. Alle aber, die an Bord waren, fielen vor ihm nieder und bekannten: »Wahrhaftig, du bist Gottes Sohn.«   MATTHÄUS 14, 22–33

Als Bismarck einmal das Zimmer eines Bekannten betrat, sah er dort sein Bild hängen. Wahrscheinlich war es ein wenig markig und gesteigert, wie es ja viele Bismarck-Bilder sind. Das Urbild jedoch, das hier seinem Konterfei gegenübertrat, schüttelt den Kopf: »Das soll ich sein? Das bin ich nicht.« Er drehte sich um, zeigte auf ein Bild des sinkenden Petrus an der gegenüberliegenden Wand und meinte: »Das bin ich.«

Dieses Bild vom sinkenden Petrus ist uns ja allen vertraut, sei es aus dem Bibeltext oder aus der Kunstgeschichte oder aus beidem. Es hat wohl jeden schon einmal angerührt und ihn zu der gleichen Identifizierung genötigt, wie Bismarck sie vollzog: Auch bei mir sind die Wogen manchmal zu hoch gewesen; auch ich bin in Angst abgesackt; und auch ich habe in kritischen Augenblicken geschrien: »Herr, hilf mir, ich versinke!«

Doch wir können bei solchen Gedanken ein gewisses Nebengeräusch nicht überhören. Es entstammt unserem Intellekt, der sich hier als eine Art Störsender betätigt. Und dieser Sender signalisiert uns zu: Ein Gleichnis – aber ach! – ein Gleichnis nur. Der negative Teil dieses Bildes stimmt zwar: Ich bin ein sinkender Petrus. Weiß Gott: darüber weiß ich Bescheid, und dafür habe ich Belege. Aber der positive Teil – die Nachricht von einer Rettergestalt, die mich in ihren Armen auffängt und vom Abgrund zurückreißt –: wo gäbe es das denn, daß jemand auf dem Wasser geht und über die Fluten hinweg zu mir kommt? Man müßte an Wunder glauben können, um das für bare Münze zu nehmen. Man müßte es aber so akzeptieren *können*, wenn das Ganze wirklich eine Trostbotschaft bedeuten soll. Sonst bleibt es nur eine symbolische Darstellung meiner Lebenskrisen, die mir nichts, aber auch gar nichts hilft. Und die Erscheinung Jesu in der Nacht der Bedrängnis wird zu einem sentimentalen Traum, ohne dessen Schaum man wahrscheinlich redlicher und vor allem tapferer wäre. Ich habe das Gefühl, daß ich an dieser Frage nicht vorüber darf, ehe ich mit der Auslegung beginne.

Kann ich meinen Glauben wirklich auf einen Wunderbericht gründen? Ja, wenn ich so etwas erlebt, wenn ich es mit meinen Fingern ertastet und mit meinen Augen gesehen hätte, dann vielleicht. Aber schon Lessing hat in seiner unerbittlichen Ehrlichkeit gesagt: »Ein anderes sind Wunder, die ich mit meinen Augen sehe und selbst zu prüfen Gelegenheit habe; ein anderes sind Wunder, von denen ich nur historisch weiß, daß *andere* sie wollen gesehen und geprüft haben.« Nachrichten von Wundern seien eben selber noch längst keine Wunder.

Der Gedanke, um den es Lessing dabei geht, läßt sich so formulieren: Wenn mir der Glaube helfen soll, dann muß er noch gewisser sein als jene mörderischen Wasserberge und Brecher. Das ist doch logisch! Wie kann ich aber dann die Gewißheit dieses Glaubens auf etwas gründen, das selber *ungewiß* ist und möglicherweise ein Märchen oder eine Zweckmeldung darstellt? Wenn ich mich selber ernst nehme und nicht zu windigen Illusionen Zuflucht nehmen will, dann kann ich doch an dieser Frage nicht vorüber – oder?

Wir müssen diese bedrohliche Fragestellung noch unerbittlicher wei-
tertreiben: Selbst angenommen einmal, mir wäre ein Wunderbericht
überliefert, der in einem kritisch-modernen Sinne unanfechtbar wäre,
der sich auf methodisch ausgeklügelte Zeugenvernehmungen, auf
physikalische und psychologische Sachverständigengutachten grün-
dete und also der Gewißheit des Selbsterlebten wenigstens nahe käme:
Wäre ich dann etwa besser dran und hätte ich dann eine verläßlichere
Grundlage für meinen Glauben?

Ich fürchte, daß Jesus Christus selbst es wäre, der uns daran hindern
würde, unseren Glauben auf ein solches Wunder zu gründen. Warum
hat er denn die »zeichensüchtige Art« gegeißelt und es immer wieder
abgelehnt, Wunder zu tun, um sich zu legitimieren und den Leuten
das Glauben leichter zu machen? Warum verzichtete er darauf, von
der Zinne des Tempels zu springen und durch Schocktherapie so
etwas wie Glauben zu erzeugen? Er wußte doch genau: Diese Leute
wollen im Grunde schauen und nicht glauben, sie wollen das Erlebnis
der Evidenz und gerade nicht das Abenteuer eines Vertrauens, mit
dem sie sich auf Gedeih und Verderb mir ausliefern. Wenn ich Wunder tue, so denkt Jesus von Nazareth, dann erziele ich Einbrüche in
ihr Nervensystem, aber ich gewinne keineswegs ihr Herz. Und darum,
um dieses Herz allein, geht es mir doch! So hat er manchmal, wenn
er ein Wunder tat und seine Herrlichkeit für einen Augenblick auf-
blitzen ließ, den Augenzeugen geradezu verboten, es weiterzusagen.
Er wollte nicht, daß die Menschen unter die Suggestion eines allgemeinen Wundergeschwätzes geraten und sich daran solange empor-
steigern, bis sie eine bestimmte psychische Erhitzung, wie sie moderne
Seelenstrategen zu erzeugen wissen, für »Glauben« halten. Sondern
Jesus wollte, daß die Menschen gesunden und erneuert werden dadurch, daß sie ihm *selber* begegnen, daß ihnen sein Wort: »Dir sind
deine Sünden vergeben«, nahegeht, daß sie in ihm die Gegenwart des
Vaters erfassen und aus der Unruhe in den Frieden, aus der Fremde in
die Heimat kommen.

Niemand hat so entschlossen das Wunder abgelehnt wie Jesus selbst,
sobald es zum *Glaubensersatz* werden sollte. Und dennoch wußten

alle, die ihm begegneten, daß nichts Geringeres als eben ein Wunder an ihnen geschehen war und daß sie von jetzt an nur noch im Namen dieses Wunders zu leben vermochten. Rückwärts blickend – indem sie von seiner Gestalt herkamen – wußten sie plötzlich, daß es ein Wunder gewesen war, wenn er sie aus dem Schuld-Sühne-Mechanismus, wenn er sie aus der Bindung an ihre belastete Vergangenheit herausgerissen und ihnen eine neue Zukunft geschenkt hatte, wenn er ihnen das Allerunwahrscheinlichste, nämlich die Gnade Gottes, zugesprochen und sie aus der Lebensangst in die Seligkeit unbeschwerter Kinder ihres himmlischen Vaters hinübergerissen hatte. Und wenn die großen Störungen der Schöpfung, wenn Krankheit und Tod vor ihm zurückwichen, wenn der Gelähmte sich von seinem Bett erhob und tote Augen sich öffneten, dann war das etwas anderes als nur ein medizinisches Phänomen, das auch sonst jemand hätte zustande bringen können; dann waren das gleichsam Leuchtfeuer und Blinkzeichen des kommenden Gottesreiches, das in diesem *einen* Menschen schon Gegenwart geworden und übermächtig war. Sie wußten, daß der Finger Gottes selbst sie anrührte, wenn Jesus von Nazareth seine Hand auf sie legte. Sie erfuhren, daß er nicht ein Lehrer war wie andere, sondern daß er der große Wandler war: daß er Ketten zerbrechen, Verstrickungen lösen und ein ganz neues Sein schenken konnte, so daß es ihnen den Atem verschlug.

Nun waren sie nicht mehr mit der dunklen schwarzen Wand konfrontiert, sondern ihr Leben wurde mit neuem Sinn beschenkt, und sie bekamen eine Ahnung davon, was es heißt, mit Gott im reinen zu sein und in den finstern Tälern um die Gegenwart des Hirten zu wissen.

Sicher haben alle, die die Übermacht dieses neuen Lebens erfuhren, das nicht bei sich behalten können, sondern es weitergeben müssen. Und da Jesus sie in allen Wesenstiefen ergriffen hatte, da er ihren Verstand erleuchtet, ihren Willen mobilisiert und auch ihr Fühlen belebt und mit neuen Impulsen versehen hatte, so wird eben auch ihre *Phantasie* in das Lob des Ungeheuren eingestimmt und das sehr real Erlebte sich bis ins Dichterische hinein erweitert haben, um mit den

Mitteln des Bildes immer neu die Züge seiner Herrlichkeit auszudrücken.

Was trägt es also aus, wenn sich diesem Zeugnis des Glaubens auch
legendäre Züge angegliedert haben mögen! Das Wunder des Glaubens sucht sich ja, gerade weil es so faszinierend und umwerfend ist,
in immer neuen Formen auszudrücken: Es greift zum nüchternen
Bericht des Augenzeugen, der immer neu sagen muß, was er mit Jesus
erlebt hat. Es greift zum Lied und zur Musik überhaupt, es baut him-
melstürmende Dome und prägt sich ein in Holz und Stein – und es
greift auch zur Dichtung und zur Legende, um das *eine* Wunder in
immer neuen Variationen zu bezeugen und sein Geheimnis von allen
Seiten her zu beschreiben.

Für jeden, der diese Zeugnisse entgegennimmt – ganz gleich, ob er
die Bibel liest, das Gesangbuch aufschlägt oder das Bekenntnis der
Kunst auf sich wirken läßt –, für jeden, der von alledem angerührt ist,
kommt unter allen Umständen einmal der Augenblick, wo er einfach
das *Interesse* an der Frage verliert, ob dieser oder jener Bericht photo-
graphisch getreu und objektiv richtig einem bestimmten Geschehen
entspricht, *und wo er statt dessen die Frage – die entscheidende und nun
wirklich sachgemäße Frage – zu stellen beginnt: Welche Erfahrungen des
Glaubens werden hier berichtet?* Welches reale Wunder des Glaubens
ist den Menschen aufgegangen, wenn sie diese und jene Geschichte erzählen? *Was* wollen sie bezeugen, *was* wollen sie damit bekennen?
Das ist die richtige Fragestellung. Diese Fragestellung soll auch der
Leitstrahl sein, an dem entlang wir uns in die Botschaft des heutigen
Textes hineintasten wollen.

Die Geschichte beginnt damit, daß Jesus die Jünger nötigt, in das
Schiff zu steigen, daß er die ihn umdrängende Menge entläßt und
allein ins Gebirge geht, um dort zu beten.

So ist es ja immer bei ihm: Obwohl er helfend, heilend, tröstend und
wegweisend für die anderen da ist, geht er doch nicht in seiner Arbeit
auf, ist er sozusagen das Gegenbild des bloßen »Managers«. Ehe er zu
den Menschen spricht, hat er alles mit seinem Vater besprochen. Er

kommt immer aus der Stille, wenn er ins Laute tritt. Darum ist die Luft der Ewigkeit um ihn, und die Menschen spüren, daß er von woanders kommt. Wir anderen, auch wir Christen, denken ja oft: Erst muß ich diese oder jene Terminarbeit machen; denn das ist mein Beruf, dadurch verdiene ich mein Geld. Und erst wenn ich diese realen Fundamente besorgt habe, kann ich mich dem religiösen Sektor widmen und den täglichen Kram ein bißchen verinnerlichen oder überhöhen. Jesus aber weiß: In diesem Zwiegespräch mit dem Vater, da werden die entscheidenden Weichen gestellt. Und alles, was ich dann tue, jeder Schritt, den ich mache, jedes Wort, das ich sage, ist nur eine nachträgliche Konsequenz dessen.

Die Jünger sind nun auf dem nächtlichen Wasser allein mit den Elementen und geraten in Seenot. Sie erleben vorweg in einem kleinen Manöver, was die Kirche seit Karfreitag, Ostern und Himmelfahrt als einen Dauerzustand zu bewältigen hat: Der Herr ist weg, ist ins Unsichtbare entrückt und »kaum noch wahr«. Wir aber haben das Gefühl, allein und verlassen zu sein, und müssen sehen, wie wir uns über Wasser halten und mit alledem fertig werden, was unser Lebensschifflein leck geschlagen hat oder gar verschlingen will.

Wer einmal eine kitzlige Situation auf See erlebt hat, der weiß, wie es da zugeht: Die Besatzung rennt vom Heck zum Bug, von Steuerbord nach Backbord, Kommandos werden gebrüllt, Pfiffe schrillen über Deck, die Erregung entlädt sich in saftigen Flüchen, und wenn sich einer dumm anstellt, wird er angepöbelt. Alle Sinne sind angespannt, und der Augenblick ist bis zum Platzen mit dem gefüllt, was er an Entscheidungen, Handgriffen und körperlichem Einsatz verlangt. Ist da noch Zeit zum Choräle-Singen oder zu frommen Gedanken? Das können wir nachher machen (so wird man allenfalls denken), wenn wir noch einmal davongekommen sind.

In solchen Seenöten, die uns bis zum Letzten ausfüllen, sind wir auch immer wieder als biedere Landratten des Alltags. Situationen dieser Art kennen wir alle. Du liebe Zeit! Tag für Tag müssen wir unsere Gedanken zusammenhalten, sonst geht es schief: Die Kartoffeln drohen anzubrennen, wenn ich sie über dem Geschwätz des Vertreters, der mich an der Haustür aufhält, und dem unverhofften Blitzbesuch von Tante Amanda einen Augenblick aus dem Auge lasse. Meist muß ich ja immer drei Dinge zugleich tun. Und wer einen großen Betrieb zu leiten hat und mit einigen Vorzimmerdamen armiert ist, der hat oft das Gefühl, als müsse er nicht nur dirigieren, sondern auch noch selber auf der Geige mitspielen, das Fagott blasen und einige Läufe auf dem Klavier machen, damit alles in der Reihe bleibt. Wir wissen ja, was wir alles im Kopf haben müssen, und wir kennen auch das Mühlrad, das sich darin bewegt und uns dumm und schwindlig machen kann. Haben wir denn überhaupt noch einige Gehirnzellen frei, in denen sich der Vorgang des Glaubens abspielen könnte? Ist nicht jeder Gedanke an Gott ein Abirren von dem aktuellen Thema, das uns gerade jetzt aufgegeben ist? Wenn die Fliegerbomben herunterprasselten oder wenn wir nur im alltäglichen Geschirr sind, haben wir keine Gedanken frei; der Glaube *ist* aber doch ein »Gedanke«, oder?

Alles, was ich jetzt gesagt habe, stimmt sicher. Und wenn man den Glauben ernst nimmt, hat einen das schon oft beelendet und manchmal fast irregemacht. Aber es ist wichtig, sich das klarzumachen. Denn dann wird deutlich, daß wir unser Leben nicht auf unseren Glauben gründen können. Der glänzt nämlich immer wieder durch Abwesenheit. Wie wenige Augenblicke gibt es, in denen ich bewußt und psychologisch erkennbar diesen Glauben *vollziehe*, wo ich ganz klar und eindeutig feststellen kann: jetzt glaube ich. Außerdem ist der Glaube auch sehr labil: Manchmal, an einem stillen Abend – vielleicht habe ich gerade Bachs Matthäuspassion gehört – bin ich ganz von ihm erfüllt, ja geradezu hingerissen, und wenn ich jetzt stürbe, würde ich den Himmel offen sehen. Aber am nächsten Morgen schon, wenn ich den ersten Tiefschlag durch einen scheußlichen Brief kriege, ist er wieder wie weggeblasen.
Nein: auf den Glauben können wir unser Leben nicht gründen. Auch die Jünger, die mit Angst und Seekrankheit kämpfen, leben in diesem Augenblick nicht von ihrem Glauben. Sie wissen kaum noch, daß sie Glaubende sind. Sie haben einfach keine Zeit, es zu wissen. Das ist

sehr primitiv gesagt; aber so ist es doch! Die Jünger leben in diesem Augenblick nicht davon, daß Gott in ihren Gedanken wäre (das ist er gar nicht!), sondern sie leben davon, daß *Jesus Christus* an sie denkt und daß die Stille, die sein Gespräch mit dem Vater umfängt, erfüllt ist von diesen Gedanken an die Seinen. Der Griff unseres Glaubens, mit dem wir den Herrn festhalten, mag sich lockern. Aber der, an den wir glauben, hält uns mit seinem Griff fest. Das hohepriesterliche Gebet Jesu hört nie auf, auch wenn *unser* Gebet versagt. So etwas wie »Religionspsychologie« gibt es eigentlich gar nicht, weil die entscheidenden Dinge zwischen Gott und mir gar nicht in meiner Psyche, in meinem Bewußtsein passieren, sondern im Herzen meines Herrn. Hier (nur hier) gibt es Stetigkeit und Treue, hier gibt es eine Liebe, die unablässig an mir festhält, während bei mir die Fieberkurve zwischen Glaube und Kleinglaube, Vertrauen und Zweifel hin und her spielt und auf mein trotziges und verzagtes Herz kein Verlaß ist. Ich brauche nicht zu sagen, welcher Trost es ist, das wissen zu dürfen, und wie man damit auch Zeiten überstehen kann, in denen es tot und kalt und leer in mir aussieht und der Himmel über mir bleiern verschlossen ist.

Doch nun kommt die »vierte Nachtwache«, wo Christus dicht vor unserem Lebensschifflein auftaucht. Es gibt einen Augenblick, wo wir nicht mehr allein sind und wo er plötzlich da ist, wo er unübersehbar und übermächtig vor uns steht. Es gibt kein Leben irgendeines Menschen, der sich mit ihm eingelassen hat, in dem es anders wäre. Für jeden von uns kommt diese vierte Nachtwache.

Der Text verrät uns mit keinem Wort, daß die Jünger ihn erwartet hätten, und ebensowenig, ob sie an ihm gezweifelt haben. Wahrscheinlich haben sie weder gewartet noch gezweifelt. Zu inneren Vorgängen dieser Art konnte es gar nicht kommen, weil sie ja kämpften und schufteten und ganz vom Augenblick erfüllt waren. Sie waren so wenig auf ihn gefaßt, daß sie tödlich erschraken, als er plötzlich in der finsteren Sturmnacht vor ihnen stand. Sie erkennen ihn nicht, sondern halten ihn für ein Gespenst, für ein Spukgebilde, vielleicht für eine Ausgeburt ihrer überhitzten Nerven, jedenfalls für ein Phantom.

Ist auch dieser Zug unserer Geschichte nicht so etwas wie ein Urmuster dessen, was wir alle schon an eigenen Erlebnissen mit Gott hinter uns haben? Wie manches, was uns an Schrecklichem oder Schönem in unserem Leben begegnete, war eine heimliche Botschaft, die Gott uns schickte und die er uns selbst überbrachte. Wir erkannten ihn aber nicht. Vielleicht begegnete uns ein Mensch – ein nackter, gefangener, hungernder, einer, der uns nötig hatte –, wir aber zuckten vor ihm zurück und erkannten nicht den Bruder unseres Heilandes in ihm. Daß er an Krebs dahinsiechte, stieß uns ab und erinnerte uns peinlich an die eigene Hinfälligkeit. Die melancholische oder mürrische Kollegin am benachbarten Arbeitstisch, die sich vergeblich sehnte, daß ein Wort der Güte ihren Eispanzer auftaute, wirkte so erkältend und beelendend auf mich, daß ich ihr auswich. Und derweil war doch die vierte Nachtwache angebrochen, und ein anderer kam in alledem über die Wogen zu mir. Aber ich war nicht darauf gefaßt, daß er verhüllt war in meinem leidenden oder auch abstoßenden Nächsten oder daß er sich in einem Ereignis versteckte, das wie ein Schicksalsschlag auf mich niedersauste. Ich war auf einen Choral, auf Orgelklang und fromme Gefühle gefaßt. Jeder Filmregisseur weiß ja, welches erbauliche Behagen man damit auf den Polstersitzen erzeugen kann. Aber ich ahnte nicht, daß der Herr meines Lebens in solcher Maskierung, daß er so entfremdet und als solches Phantom in mein Leben treten, daß er mir Aufgaben stellen und mir Botschaften senden würde, deren Segen so unerkennbar eingewickelt war.

Wir würden alle diese vierte Nachtwache in unserem Leben ungerührt und ahnungslos vorübergehen lassen, wenn er nicht selber zu uns spräche: »Habt keine Angst – ich bin es!« Wir erkennen den Herrn nie an seinem Äußeren. Da ist er immer verhüllt (sei es, daß er durch Elend und Wunden entstellt ist, oder sei es, daß er wie am Ostermorgen in verklärter Gestalt vor uns tritt). Wir erkennen ihn immer nur an seiner *Stimme*, wenn er uns sagt: »Habt keine Angst – ich bin es!« Wo wir diesen Zuspruch inmitten unserer Verwirrung hören, wo wir hören, daß uns die Angst genommen werden soll, daß jemand stärker ist als die bedrängenden Elemente und daß uns eine Zuflucht in allen Wettern und in all unserer Verwetterung geschenkt ist: da wissen wir, daß er nun selber da ist.

Petrus ist von diesem Augenblick fasziniert. Er hat zum erstenmal erlebt, wie das ist, so um die Gegenwart des Herrn wissen zu dürfen. Das geht uns heute nicht anders: Wer im Schrecken des Schicksals die bewahrende Hand spürt und das Wunder erlebt, auf einmal nicht mehr allein zu sein, der erfährt ebenfalls etwas von diesem elektrisierenden Neuen, das da in sein Leben gekommen ist. Der erlebt förmlich so etwas wie Neugierde und wie die Lust, mit diesem Neuen zu experimentieren. Er spürt, daß es eine abenteuerliche Situation ist, ein Christ zu sein.

Petrus hat plötzlich nicht nur keine Angst mehr vor der gischtigen Wildheit und dem Anprall der Wogen, sondern er kriegt geradezu Lust, mit den Elementen zu spielen und einmal zu sehen, wie weit man mit seinem Glauben gehen kann. Ihn juckt es, ein Experiment zu machen: »Herr, wenn du es bist, dann laß mich zu dir kommen.«

Ich hatte während des Krieges einen Freund, der als Theologe die damaligen Machthaber ungeniert angriff, verschiedene strenge Verordnungen – zum Beispiel ein Redeverbot, das ihm auferlegt war – großzügigst ignorierte und sich auch gar keine Mühe gab, seine Gegnerschaft im geringsten zu tarnen. Einer von uns sagte ihm einmal in freundschaftlicher Besorgnis und auch ein bißchen im Scherz: »Lieber Mann, du hast ein geradezu atemberaubendes Gottvertrauen und kommst mir vor wie Daniel in der Löwengrube, der unbefangen zwischen diesen Bestien herumläuft. Ob du aber nicht zu weit gehst? Gott hat uns zwar verheißen, daß wir tatsächlich keine Angst vor den Bestien zu haben brauchen. Doch du treibst es mit deinem Gottvertrauen etwas weit: Du zupfst die Löwen sogar am Bart und trittst ihnen noch auf den Schwanz. Muß man den Glauben so weit treiben? Ist das überhaupt noch Glaube? Heißt das nicht eher, Gott zu versuchen und mutwillig zu sein?«

Ich weiß noch genau, was mein Freund darauf antwortete: »Vielleicht hast du recht«, sagte er. »Das Erlebnis, wie Gott mich täglich führt und aus allen vertrackten Situationen wieder herauspaukt, wie ich

schlicht bei ihm geborgen bin: das stimmt mich in der Tat fast aben-
teuerlich. Ich beginne, ihm nachgerade alles zuzutrauen. Und manchmal überlege ich mir selber, ob das noch Vertrauen ist oder ob es
nicht fast schon in eine sehr menschliche Verwegenheit umkippt.«
Genauso hat Petrus hier das erste faszinierende Erlebnis eines Menschen, der spürt, wie alles verwandelt ist und alle Perspektiven sich
ändern, wenn man mit Christus zu rechnen beginnt. Er fordert seinen
Herrn heraus, um auszuprobieren, wie weit der Glaube trägt, ob er
sogar über das Wasser trägt.

Das alles ist ja in der Tat etwas phantastisch. Wenn mich ein Student
in der Sprechstunde fragen würde, ob er seinen Glauben einmal ausprobieren dürfe, indem er über die Alster liefe, würde ich ihm sicher auf
die Finger klopfen, würde ihn vor einer schwärmerischen, verstiegenen
Theologie warnen und ihm sagen: »Das, was Sie wollen, ist christlich
nicht ›legitim‹, das ist Aberwitz oder der Ausfluß einer Neurose!«
Jesus Christus aber klopft seinem Petrus nicht auf die Finger. Er bejaht
das etwas ausgefallene Experiment seines Jüngers und hat vielleicht
seine Freude daran, daß da jemand einmal ganz ohne theologische
Bremsen und ohne die Hemmung der Reflexion seinen Glauben
munter ausprobiert. Wer theologisch allzu gescheit ist, wer allzusehr
darüber nachdenkt, *was* er beten und wie *weit* er mit seinem Beten
gehen darf, und wer vor lauter Angst, etwas Unmögliches von Gott
zu fordern, schließlich immer nur sagt: »Dein Wille geschehe«, der
traut Gott am Ende gar nichts mehr zu. Und seine fromme Selbstbe-
scheidung ist wahrscheinlich nur ein geistlicher Vitaminmangel. Seine
theologischen Hemmungen sind in Wirklichkeit nur Ausdruck seines
Kleinglaubens.

Da ist der forsche und zum Risiko entschlossene, auch zum Reinfall
bereite Petrus dem Herrn schon lieber. Eine falsche Theologie des
Glaubens ist Gott sicher nicht so unangenehm wie eine korrekte,
chemisch reine Orthodoxie, die dem Abenteuer des Glaubens die
Flügel nimmt und im Grunde eiskalt ist. Es ist beglückend, vielleicht nicht ganz ohne Spuren eines liebenden und gütigen Humors,
daß Jesus Christus hier keine theologische Lektion über das Wesen

des Glaubens durch die Sturmnacht brüllt, sondern daß er schlicht sagt: »Gut, komm nur, lauf mal über das Wasser!«

Woran liegt es nun, daß Petrus scheitert und untergeht? Es wäre sicher falsch, wenn wir die Antwort unseres Textes auf diese Frage so formulieren würden: »Petrus hat den Glauben mit Mutwillen verwechselt. Er hat etwas Falsches getan und geglaubt.« Ob es falsch gewesen war, läßt unsere Geschichte ganz dahingestellt, und sie sagt auch mit keinem Wort, daß der Glaube nicht einmal toll und waghalsig sein und alles kirchlich-bürgerliche Normal-Christentum souverän hinter sich lassen dürfe. Nein, Petrus ist an etwas ganz anderem, er ist an einem einzigen Faktor gescheitert: er hat nämlich auf die Wellen statt auf den Herrn geblickt. Wie da plötzlich so eine voluminöse Wassermasse auf ihn niederprasselte, wie dieses H_2O unter ihm nachgab und er zum ersten Mal den Mund vollkriegte und husten mußte, da war sein Glaube dahin, da war ihm das Bild des Herrn entschwunden. *Das* war seine Katastrophe.

Denn im Grunde ist der Glaube gar nichts anderes als eine bestimmte Blickrichtung. Ein einziger falscher Blick kann mich in den Abgrund sinken lassen. Wenn ich zum Beispiel auf das blicke, was die Existenzphilosophen die »Möglichkeit« nennen, wenn ich mir also überlege, was alles an Komplikationen und Gefahren mein Leben bedrängen *könnte*, was etwa passieren *würde*, wenn ich durchs Examen falle, was geschehen *würde*, wenn meine Herzstiche zu einem Infarkt führen, wenn demnächst mein Chef pensioniert und ein neuer kommen *würde*, wenn das Kind, das wir erwarten, eine Mißgeburt sein *sollte*, wenn Berlin sich nicht mehr halten *könnte*, wenn die Chinesen die Wasserstoffbombe anwenden *sollten* – wenn ich auf alles dies blicke, was so an bedrohlichen Möglichkeiten vor mir steht, dann saugt mich der Strudel der Angst an, und dann kommt mir das Wasser in die Luftröhre. *Das* ist dann meine Katastrophe.

Darum warnt der Herr immer wieder vor dem Sorgengeist. Denn Sorgen haben bedeutet genau das, was mit Petrus hier passiert: daß ich auf die Wellen blicke statt auf den Herrn, der *über* die Wellen geht.

Blicke ich aber auf diesen Herrn, dann ist das Wasser und ist der Gischt zwar immer noch da; aber das alles darf mir nichts mehr tun. Denn ich bin von dem gehalten, dem Wind und Wellen gehorsam sind und der nicht nur die Herzen lenkt, sondern der auch der Elemente, der Natur mächtig ist; der nicht nur in Krankheit *trösten*, sondern der Kranke auch *heilen* kann.

Petrus aber weiß das alles plötzlich nicht mehr. Vor wenigen Minuten stand es bei ihm noch bombenfest. Es ist unfaßlich, wie schnell die Wolken heraufziehen und Finsternis und Kälte verbreiten können, wo eben noch Sonnenlicht, Wärme und Klarheit gewesen waren.

Doch nun erreicht das Wunder der vierten Nachtwache erst seine äußerste Leuchtkraft:

Petrus ist von seinem Glauben verlassen. Aber der Herr ergreift ihn und hält ihn fest. Petrus hat zwar einen kleinen Glauben, aber er hat einen großen Herrn. »Hand, die nicht läßt, halt du mich fest«, das ist vielleicht das letzte, was er zu denken vermag. Es ist sehr wenig. Hätte es das Apostolische Glaubensbekenntnis damals schon gegeben, er hätte es nicht mehr zusammengekriegt. Ob Jesus der Sohn Gottes war, ob es mit den Dogmen stimmte, das alles wäre in diesem Moment viel zu hoch gefragt, wo ihm das Wasser an der Kehle stand und er mehr tot als lebendig war. Es war sehr wenig, daß er nur noch schreien konnte: »Hilf!« und daß er gerade noch die richtige Adresse für diesen Schrei wußte und »Herr!« dazusagte. Aber dieses Minimum und dieser kümmerliche Rest seiner Tollkühnheit von vorhin, das genügt für Jesus Christus, um auf den Plan zu treten und ihn in seine rettenden Arme zu schließen. Denn Jesus Christus ist größer als unser Glaube. Davon leben wir. Er ist auch größer als alles, was zwischen ihn und uns treten will.

Gorch Fock, der Seemann des Ersten Weltkrieges, hat einmal nach Hause geschrieben: »Wenn Ihr hören solltet, ich sei gefallen, so weinet nicht. Denkt daran, daß auch der Ozean, in dem mein Leib sterbend versinkt, nur eine Lache ist in der Hand meines Heilandes.« Gorch Fock wußte, daß Sterben und Kummer nicht aufhören für die, die einen Heiland haben. Der Glaube dispensiert uns keineswegs von Schmerzen und Ängsten, die allem verordnet sind, was menschlich ist. Und wir Christen haben nicht die Verheißung, daß es uns leichter gemacht würde und daß Gott uns eine sturmfreie Etappe zur Verfügung stellte. Gorch Fock wußte, daß es schrecklich ist, mit einem torpedierten Schiff unterzugehen und von schwarzen kalten Strudeln erwürgt zu werden. Aber er wußte noch mehr: Er glaubte daran, daß die bedrohenden und erwürgenden Elemente nur eine Lache in der Hand seines Heilandes seien. Und darum mochte er fallen wohin immer und mochte versinken wohinunter immer: diese Hand seines Herrn war das Umfangende, war das Bergende schlechthin; und sie umschließt nicht nur den Versinkenden, sondern auch die Elemente selbst, in die er versinkt. Solange er auf diese Hand blickte, konnte es ihm in einem höheren Sinne gleichgültig sein, ob es über die Wellen ging oder ob sie ihn verschlangen.

Wir wissen nicht, welche Schicksale noch in diesem Jahrzehnt nach uns greifen, aber eines wissen wir auf jeden Fall: Auch diese Hand greift nach uns. Das ist die Botschaft dieser Geschichte. Und wie ließe sich das alles sachgemäßer, wie ließe es sich präziser sagen als mit dem Bilde des sinkenden Petrus, der ich selber bin: ich selbst mit der Fieberkurve meines labilen Kleinglaubens, ich selbst mit meiner Angst und meiner Neugier, ich selbst mit meiner Erfahrung, daß Gott immer wieder größer ist als mein Herz und daß er mir treu bleibt, wenn ich an ihm irre werde. Und wenn dann nach allen Stürmen die Wellen sich wieder glätten, wenn die Windstille zurückkehrt und ich wieder zu mir selbst komme, dann mag es mir ähnlich gehen wie den Jüngern, die niederfallen und stammeln müssen: »Wahrhaftig, du bist Gottes Sohn.«

Vielleicht habe ich andere und sehr viel ärmere Worte, um damit auszusagen, wer Jesus nun für mich ist. Vielleicht bringe ich nur hervor: »Ich weiß nicht, wer du bist, Jesus von Nazareth, aber du bist anders als ich und wir alle, und ich will wagen, mich an dich zu halten. So sei mir denn ein Halt, wenn alles um mich wankt.« Das wäre dann in der Tat weniger und ärmer, als es in den Agenden und im Katechismus steht. Doch Jesus Christus würde es hören, und für ihn wäre es genug.

WAS DAS WORT »GLAUBEN« BEDEUTET

JESUS ZOG SICH IN DEN BEREICH VON TYRUS UND SIDON ZURÜCK.
Da lief ihm eine kanaanäische Frau aus jener Gegend über den Weg.
Die ließ nicht nach, ihn unter Jammern anzuflehen: »Hab Erbarmen
mit mir, du Herr und Sohn Davids! Meine Tochter ist von dunklen
Gewalten befallen.«
Er aber antwortete ihr kein Wort.
Schließlich legten sich seine Jünger ins Mittel und drängten ihn:
»Mach doch, daß du sie los wirst! Sie jammert in einem fort hinter
uns drein.«
Doch er wehrte ab: »Mir ist nur aufgetragen, für die preisgegebene
Herde aus dem Hause Israel da zu sein.«

Sie aber drängte auf ihn ein, warf sich ihm zu Füßen und rief wieder: »Herr, hilf mir doch!«

Aber auch da gab er nur die Antwort: »Es gehört sich nicht, den Kindern das Brot wegzunehmen und es den Schoßhunden hinzuwerfen.«

Darauf die Frau: »Ja, Herr, du hast schon recht. Und doch kriegen die Hündlein etwas ab von den Krümeln und Brocken, die von den Tafeln ihrer Herren abfallen.«

Jetzt aber war es soweit – und Jesus antwortete: »Liebe Frau, du hast einen großen Glauben. Dir werde zuteil, worum du bittest!« Und ihre Tochter wurde gesund zu der gleichen Stunde.   MATTHÄUS 15, 21–28

Das Wort Jesu: »Du hast einen großen Glauben«, läßt einen aufhorchen, denn es gibt buchstäblich keinen Menschen, der sich nicht nach einem großen Glauben sehnt. Jeder von uns trägt in sich den verzehrenden Wunsch, irgendein Letztes in seinem Leben für ganz gewiß zu halten, sich auf etwas verlassen zu können und bekennen zu dürfen: Ich habe etwas, mit dem ich stehe und falle, das mich erfüllt und trägt, das meiner Seele Schwingen gibt und ohne das ich nicht mehr sein könnte. In dieser Form taucht also die Frage nach dem großen Glauben, nach dem letzten Halt unseres Daseins bei jedem auf, der ein menschliches Herz hat. Natürlich ist in dieser Form die Frage nach dem Glauben noch reichlich allgemein und verschwommen, sie ist noch gar nicht »christlich« gestellt. Aber sie ist da.

Doch es gibt noch eine andere Variante dieser Frage nach dem Glauben. Die ist schon etwas bestimmter. Sie taucht bei Menschen auf, die von dem ganzen Komplex dessen, was man Kirche und Christentum nennt, beunruhigt sind und die da klarkommen und eine Entscheidung fällen möchten. Solche Menschen, die noch am Rande stehen, aber ins Zentrum möchten und noch nicht recht wissen, wie man das macht, haben mich immer wieder gefragt: Was ist das eigentlich: »glauben«? Woran erkennt man überhaupt, ob man glaubt?

Ist das ein Gefühl, eine bombenfeste Gewißheit, eine Erleuchtung – oder was passiert einem da? Anders ausgedrückt: Bin ich nun eigentlich ein »Christ«, bin ich sozusagen »vom Bau«, oder bin ich irgend so ein undefinierbares Zwischenwesen, das in den Vorhöfen und an den Kirchenportalen herumschleicht, aber doch nicht dazu gehört und im Grunde nicht weiß, wo es seine Heimat hat? Wer bin ich eigentlich?

Ich denke an einen jungen Mann, der mich in spürbarer Bewegung fragte: »Ich möchte ja glauben und beneide alle, die einen Halt haben. Aber ich komme nicht über die Dogmen hinweg: ›geboren von der Jungfrau Maria ... auferstanden von den Toten ... aufgefahren gen Himmel ...‹ Das sind mir böhmische Dörfer, und ich käme mir unehrlich vor, würde ich einfach die Flucht nach vorn antreten, würde ich diese intellektuellen Skrupel verdrängen und mir die Erfüllung einer Sehnsucht gestatten, die mit Unredlichkeit erkauft wäre. Ich weiß, was Sie mir jetzt sagen werden (ich war offenbar nicht der erste Christ, mit dem er sich ausgesprochen hatte). Sie werden mich vielleicht an das Wort des Evangeliums erinnern: ›Selig sind, die da hungert und dürstet nach der Gerechtigkeit ...‹ O ja, diesen Hunger habe ich schon, weiß Gott, aber ich bin offengestanden nicht selig dabei. Glauben heißt doch, aus der ewigen Quelle *trinken* zu dürfen. Die bloße *Sehnsucht* nach dieser Quelle liegt aber wohl unter dem Existenzminimum des Glaubens, oder?«

Und eine Studentin fragte mich in ähnlicher Richtung. Sie sagte: »Der Glaube soll doch ein Halt sein, und ich glaube auch zu wissen, warum er ein Halt ist: deshalb nämlich, weil ich auch das Schwere und Unverstandene in meinem Leben aus einer guten Hand nehmen kann. Aber sehen Sie, bei mir ist es leider Gottes umgekehrt. Wenn ich nach einem Konzert abends nach Hause gehe, dann fällt es mir leicht, zu glauben, daß ein lieber Vater überm Sternenzelt waltet. Doch wenn es mir dreckig geht und ich diese Verbindung zu dem lieben Vater am nötigsten hätte, dann reißt sie gerade ab und ich stehe mutterseelenallein im Regen. Dann schweigt Gott. Und ein Glaube, der immer wieder an der Wand dieses Schweigens zerbricht, das ist doch kein Glaube, oder? Die bloße Sehnsucht nach Glauben ist selbst doch noch *kein* Glaube, oder?«

Was ist das also für ein merkwürdiger Vorgang oder für eine merkwürdige Eigenschaft, einen »großen Glauben« zu haben? Damit stehen wir beim Thema unserer Geschichte.

Ein solches Wort: »Du hast einen großen Glauben«, hat Jesus zu keinem seiner Jünger gesagt. Und doch hatten diese um seinetwillen alles verlassen. Nur einem einzigen Menschen hat er es außerdem noch gesagt; das war wieder eine Nebenfigur ohne Namen, nämlich der heidnische Hauptmann von Kapernaum.

Was hat diese Frau denn getan, daß Jesus ihren Glauben so rühmen konnte? – Nichts anderes als dies, daß sie Jesus begegnet ist und die Hände nach ihm ausgestreckt hat.

Es gibt auch heutzutage Leute genug, die – genau wie der soeben erwähnte junge Mann – mit diesen oder jenen »Dogmen« nicht fertig werden können, die ihre Zweifel haben und hin- und hergerissen sind. Die sollen ihre Ohren aufmachen und von dem großen Glauben hören: Denn dieser Glaube besteht nicht in einem »Für-wahr-Halten« oder in irgendeiner besonderen Antenne für religiöse Fragen; sondern er besteht in einem Ringen, in einem Gespräch mit Gott.

Man kann sehr deutlich erkennen, wie solch ein dramatisches Gespräch mit Gott verläuft: da wird laut gerufen, ja geschrien, da wird verhandelt, da wird Gott die Not dargelegt, da wird geschwiegen – da gibt es gefährliche Pausen, und es kommen Augenblicke, wo jedes Verstehen jäh abbricht, wo es Krisen gibt und man jeden Moment denkt: Jetzt muß einer von beiden aufstehen und hinausgehen – und wo endlich eine Gemeinschaft entsteht und Jesus Christus sich erhebt, um mir seine Hand für Zeit und Ewigkeit zu reichen und zu sagen: »Wohl dir, du Kind der Treue ...«

Es ist *alles* in diesem Gespräch drin: Schweigen, Ablehnung, Schwebezustände, Annahme. Leute, die so mit Jesus reden wollen, die sind mit dieser Geschichte gemeint. Wir haben von einem tiefsinnigen, ja von einem unergründlichen Bericht des Neuen Testaments zu reden.

Wie fängt es nun an, daß die Frau zu Jesus kommt?

Es heißt ganz schlicht: »Da lief ihm eine kanaanäische Frau aus jener Gegend über den Weg.« Schon diese harmlosen Worte haben ihr Gewicht. Denn indem sie herzukommt, muß sie ja Vorurteile überwinden, die ihr Volk gegenüber der Gestalt des Nazareners hegt. Sie muß sogar über die Grenze eines anderen Landes. Sie muß einen Lebensraum betreten, der »völkisch« und »weltanschaulich« durch einen Abgrund getrennt ist von allem, was sie umgibt und daheim Geltung besitzt. Es war fast so, wie wenn heute ein Araber in das verfeindete Israel hinüberschliche, um dort einen Mann von großem Ruf zu besuchen. Und endlich steckt in dem »Kommen« auch ein Wagnis: Sie kennt ihn ja nur vom Hörensagen, und dieses Gerücht könnte doch trügen. Sie könnte furchtbar hereinfallen und nimmt also das Risiko auf sich, einen Metzgersgang zu tun und nicht nur enttäuscht, sondern auch blamiert zurückzukehren.

So aber fängt jeder Glaube an. Man muß einmal zu Jesus zu kommen wagen, selbst auf das Risiko hin, eine Enttäuschung zu erleben. Wäre die Frau zu Hause geblieben, hätte sie also die Grenze nicht wagend überschritten und sich statt dessen gesagt, es habe doch alles keinen Zweck, dann wäre Jesus darum nicht weniger der Christus gewesen; sie aber hätte den Kreis seiner Segnungen nicht betreten und wäre allein und ohne Hoffnung geblieben.

Auch uns geht es nicht anders: Wir müssen die Grenze von Jahrtausenden überschreiten, um der Gestalt des Nazareners nahezukommen. Wir kennen Stratosphärenklipper, Elektronengehirne und künstliche Planeten und sollten uns mit unserer Lebensfrage einem Mann anvertrauen, der in märchenhaft fernen Zeiten am Rande der Welt auf einem Esel ritt und von unseren Problemen, von *meinen* Problemen, ebensowenig eine Ahnung hat wie Diogenes von der Konstruktion eines modernen Wolkenkratzers? Wir müssen überdies auch die Grenze des großen und lauten Geschehens um uns her überschreiten und in die tiefe Stille hinabtauchen, die um Jesus ist und die doch die Welt mehr bewegt und erschüttert als alle Weltraumraketen und alle Konferenzkräche zwischen Ost und West.

So ist sie also zu Jesus gekommen. Aber so schnell, wie sie wohl denken mochte, wird sie nun nicht mit Jesus von Nazareth fertig. Es gibt Proben, Pausen, Schweigen. Luther sagt, das Weib habe erst einige »Knüffe« aushalten müssen, ehe ihr Hilfe zuteil geworden sei. Trotz ihrer verzweifelten Bitte (es geht ja um ihr Kind!) schweigt Jesus; »er aber antwortete ihr kein Wort«. Das Schweigen Gottes ist die größte Belastungsprobe unseres Glaubens; wer wüßte das nicht?

Genau wie diese Frau und wie wir alle hat Johannes im Gefängnis gefragt und gehadert. Und es liegt ja ein großer Trost darin, daß nicht nur wir armen Leute des zwanzigsten Jahrhunderts solche gottverlassenen Frager zu sein scheinen und unter dem Schweigen Gottes leiden. Auch der Täufer bäumt sich gegen dies Schweigen Jesu auf: »Wie lange hältst du unsere Seele auf? Bist du Christus, sage es uns frei heraus, rufe es vom Himmel herunter, daß du es bist! Merkst du denn nicht, wie entsetzlich dein Schweigen auf uns wirkt? Siehst du nicht, wie viel barmherziger es wäre, wenn diese *eine* Stimme erschallen würde, so daß die Menschen hören müßten und nicht durch dein Schweigen auf die Folter gespannt und in die Qual der Unklarheit gestürzt würden? Warum sich immer wund glauben und wund zweifeln? Warum machst du keine klaren Sachen, Gott?«

Menschen würden jedenfalls nicht so lange schweigen können über all dem, was passiert. Sie könnten das viele Blut nicht sehen. Sie könnten die Stimme der Unglücklichen nicht so lange mit anhören. Aber wären sie darum barmherziger? Offenbar nicht. Die Jünger sind ja genau solche Menschen, denen das Schweigen Jesu zu weit geht und die den Jammer der Frau nicht mit ansehen können. Aber barmherziger sind sie deshalb keineswegs. Die Frau fühlt das auch deutlich, denn sonst hätte sie sich an die mürbe gewordenen und deshalb hilfsbereiten Jünger gewendet. Aber sie weiß genau: Die Jünger sind gar nicht barmherzig, wenn sie meinen Hilferufen nachgeben. Sie haben nur schlechte Nerven. Solche Leute gelten oft als besonders gemütvoll und nächstenliebend, weil sie nachgiebig sind und zur weichen Welle neigen. Aber sie sind keineswegs barmherziger. Auch der Invalide und Bettler am Wegrand, wie ich sie im Orient zu Scharen sah, glaubt ja nicht an das Erbarmen der Menschen; sonst würde er seine Verstümmelungen nicht so offen entblößen, um Steine zu rühren!

Die Frau hält sich lieber an den schweigenden Jesus als an die Menschen. Offenbar will eben Gottes Schweigen mit anderen Maßen gemessen sein als das Schweigen der Menschen. Das kanaanäische Weib greift *hinter* dies Schweigen. Diese Frau weiß: »und ob es währt bis in die Nacht und wieder an den Morgen, so soll mein Herz an Gottes Macht verzweifeln nicht noch sorgen.« So ist es manchmal mit dem Schweigen Gottes über unseren Gebeten: Hinter der Dunkelheit werden die höheren Gedanken gedacht, wird Stein um Stein in Gottes Weltplan, in unseren Lebensplan gefügt, auch wenn wir nur ein wirres Durcheinander von Steinen und Schicksalsbrocken sehen, das unter einem schweigenden Himmel zusammengewürfelt wird. Wie viele sinnlose Schicksalsschläge brechen hernieder! Da wird gelebt, gelitten, *Unrecht* gelitten, gestorben, massakriert, anonym vernichtet – und das alles unter einem schweigenden Himmel, der nichts dazu sagt.

Das größte Schweigen ist das Kreuz gewesen. Da durfte die Nacht der Finsternis ihr letztes Aufgebot gegen Gottes Sohn entsenden; da waren die Dämonen losgelassen und die grausigsten Urinstinkte seit Adams Fall entfesselt. Gott aber sagte nichts dazu. Nur ein Sterbender schrie laut in dies Schweigen hinein und fragte, warum, ja warum ihn denn Gott verlassen habe. Gott schwieg auch dann noch, als selbst die stumme Natur in einer erschütternden Geste zu reden begann und der Sonne ihren Schein entzog. Die Gestirne schrien, aber Gott schwieg. Doch gerade hier enthüllt sich auch das große *Geheimnis* dieses Schweigens: Eben diese Stunde, da Gott mit keinem Wort und keiner Silbe antwortete, war die Stunde der großen Weltenwende, war die Stunde, wo der Vorhang im Tempel zerriß und Gottes Herz mit all seinen Wundern vor uns aufgetan wurde. Indem er schwieg, hat Gott mit gelitten; indem er schwieg, ist er die Bruderschaft des Todes und der Tiefe mit uns eingegangen und hat um alles gewußt (während wir meinten: er ahnt von nichts oder er ist gar tot) und hat hinter dunklen Kulissen das Werk seiner Liebe getan. Von dieser Golgathanacht des Schweigens leben wir alle. Was wären wir ohne das Kreuz? Was wären wir ohne das Wissen, daß Gott seinen Sohn in die schweigenden Abgründe und dunklen Täler zu uns schickt, daß er uns ein Gefährte des Todes wird – während darüber seine »höheren Gedanken« gedacht werden und schon mit Macht auf Ostern zudrängen, um dort jene Erfüllungen zu bringen, von denen wir keine Ahnung haben.

Wahrhaftig: Gottes Schweigen ist anders als das Schweigen der Menschen. Als Jesus schlafend und schweigend im Schiff lag, war er gütiger und seine helfende Hand war näher und gewisser, als die Jünger in ihrem Angstgebrüll es ahnten. Es gibt kein Schweigen der Gleichgültigkeit bei Gott (und auch damals nicht bei Jesus), sondern nur die höheren Gedanken – und *niemals* nur schweigendes Schicksal.

Das weiß diese Frau. Darum steht sie das Schweigen durch, und ihre Hände sinken nicht herab.

Nun folgt der zweite »Knuff« und damit eine erneute Probe des Glaubens. Das Schweigen wird plötzlich gebrochen. Man hört nur ein dumpfes Sprechen. Und daraus heben sich zwei Sätze heraus, nämlich einmal: »Mir ist nur aufgetragen, für die preisgegebene Herde aus dem Hause Israel da zu sein«, und ferner: »Es gehört sich nicht, den Kindern das Brot wegzunehmen und es den Schoßhunden hinzuwerfen.«

Das heißt doch ganz schlicht und scheinbar brutal: Du gehörst nicht zu den Kindern, die mir allein aufgetragen sind.

Zwischen diesen dunklen Sätzen gellt nur der jähe Aufschrei: »Herr, hilf mir doch!« – und dieser schrille Aufschrei ist eingehüllt und scheinbar erstickt von der Macht des göttlichen Schweigens.

Was hat Jesus damit sagen wollen? Zunächst steckt darin ein geschichtlicher Hinweis: Es gehört zur Ordnung des göttlichen Heilsplans, daß sein Werk beim Volke Israel beginnen sollte. An dieser untersten Stelle der großen Menschheitslast, bei diesem »störrischen und halsstarrigen Volke« (Lessing) sollte er den Hebel ansetzen. Und erst, wenn das geschehen und erledigt war, sollte sein Werk weitergehen.

Noch war diese erste Aufgabe nicht vollendet. Die »Völker« – das Kontingent der allgemeinen Menschheit – waren noch nicht an der Reihe. Darum war Jesus für diese Frau sozusagen noch gar nicht *da*. Er war noch gar nicht für sie »zuständig«. Mit anderen Worten, diese Frau muß wissen: Gott ist wohl gut, aber er ist *mir* nicht gut. Jesus Christus ist wohl der Heiland, aber er ist nicht *mein* Heiland. Es gibt wohl so etwas wie eine »Gemeinschaft der Heiligen«, aber ich gehöre nicht dazu.

Haben wir ähnliches nicht alle schon einmal erlebt? Mancher wüßte es vielleicht zu bekennen: Wie gütig ist dieser ferne Jesus von Nazareth! Ich möchte wohl auch in seinem Frieden wohnen. Manches gute Wort von ihm hat mir in schweren Stunden wie eine Mutterhand über die Stirne gestrichen und mich zurecht gebracht. Und vielen mag es, wenn sie heute diese Worte hören, so gehen, wie es Faust in der Osternacht ging, als er in einem sehr gefährlichen und verzweifelten Augenblick seines Lebens, wo schon der Giftbecher seine Lippen berührte, plötzlich die Osterglocken vernahm, die ihn mit dem Erinnerungszauber seines Elternhauses und seiner Kindheit umgaben. Für viele mögen diese Worte *auch* ein solcher Trost, *auch* ein solcher Zauber sein, der von ferne herübergrüßt.

Aber dann kommt das unerbittliche Wissen: »Ich gehöre nicht dazu.« Warum nicht? Da sind so viele Rätsel an seiner Gestalt. Da ist das Kreuz, da ist die Auferstehung, da sind die »Dogmen«. Wie gerne möchte ich in seinem Frieden wohnen, aber mit soundso vielem an Kirche und Christen werde ich nicht fertig. Gewiß: Ich möchte seine guten Worte wie Balsam in mich aufnehmen, aber ich möchte das andere nicht alles mitschlucken. Und endlich (das ist vielleicht das letzte Bedenken, warum man sich nicht dazu zu zählen wagt): Ob ich den Christenstand durchstehen könnte, wenn er aus allen vier Windrichtungen angefochten ist, wenn Gott immer wieder so entsetzlich unrecht zu haben scheint und Menschentrotz triumphiert, wenn der Glaube an Liebe und Gerechtigkeit immer wieder kompromittiert und der liebe Vater überm Sternenzelt zum Traum der Kinder wird? Ob ich das alles durchstehen könnte? Glücklich – denkt er vielleicht bei sich selbst –, wem ein solcher Glaube gegeben ist, der das alles bestehen kann. Aber *mir* ist das nicht gegeben, *ich* gehöre nicht dazu.

Wie viele werden so sprechen und darum das kanaanäische Weib verstehen: Ich gehöre nicht dazu, ich *kann* nicht dazu gehören. Und manche glauben es auch genau zu wissen, *warum* sie nicht dazu gehören. Sie sagen: Es liegt alles daran, ob einer glauben kann oder nicht. Entweder man *hat* diesen Glauben oder man hat ihn nicht. Entweder man hat so etwas wie eine religiöse Begabung oder sie ist einem versagt. Ich kann einfach nicht glauben, ich habe diese Begabung nicht, ich bin davon ausgeschlossen. Glücklich, wer sie hat!

Ich denke an die vielen Straßen, auf denen ich mit guten Kameraden im Kriege marschiert bin, und an manche Abendstunde in unserer Kaserne. Oder an besinnliche Stunden an Deck unter schweigendem südlichem Himmel. Immer wieder schlossen die nächtlichen Gespräche, die sich um die Gestalt Jesu gedreht hatten, mit diesem Wort: »Ich kann nicht, ich gehöre nicht dazu.« Und sie stehen in dieser Stunde vor mir, meine guten Gefährten, an deren Blick man es sah, daß sie beim Gespräch über Jesus von Nazareth von fern in ein Land blickten, von dem sie meinten, daß es ihnen verschlossen sei. »Weißt du«, sagte dann wohl einer, »es ist mir nicht gegeben, ich habe nicht das Zeug dazu. Ich möchte das glauben, was du glaubst; ich fühle, daß es die rechte Straße ist, die du gehst. Aber du mußt mich zurücklassen, ich bin aus anderem Holz geschnitzt. Ich gehöre nicht dazu.«

Sie stehen in diesem Augenblick alle vor mir, diese Gefährten vieler Gespräche. Mancher, der ähnlichen Geistes ist, mag dies hier lesen und hören – und sagen: Mir ist es nicht gegeben. Ich gehöre nicht dazu. Wer so denkt und empfindet, nehme die Bereitschaft dieser Frau zur Kenntnis – dieser Frau, die nicht nur *meinte*, sondern der es aus maßgeblichem Munde *gesagt* wurde: Du gehörst nicht dazu. Wie hat sie sich geholfen, und worin bestand der »große Glaube« dieser Frau, mit dem sie diese Abfuhr meisterte?

Auf keinen Fall bestand dieser Glaube doch darin, daß sie ein besonderes Talent gehabt hätte, Dogmen und sogenannte Zwangsglaubenssätze zu schlucken (davon hören wir nichts). Und auch nicht darin bestand dieser Glaube, daß sie eine besondere religiöse oder metaphysische Begabung besessen hätte oder daß sie zu unkritisch oder intellektuell harmlos gewesen wäre, um durch diese und jene Skrupel, Bedenken und Zweifel belastet zu sein.

Ihr Glaube bestand in nichts anderem, als daß sie bis zum Beweis des Gegenteils vertrauend daran festhielt: Der kann mir helfen; daß sie nichts anderes tat, als zu rufen und nach diesem Heiland zu hungern und zu dürsten.

Das ist eben schon Glaube, etwas von dem Hunger und Durst nach dieser hohen und helfenden Gestalt in sich zu spüren und das nun auch zuzugeben und zu Jesus hinzulaufen. Sind nicht gerade die Hungernden und Dürstenden und Heimwehkranken von diesem Jesus selig gepriesen worden? Und hat er nicht gerade über die sein »Wehe« gerufen, die über der Sattheit und Sicherheit ihres korrekten Dogmenglaubens gar nicht mehr imstande waren, zu bekennen: »Nichts hab ich zu bringen; alles, Herr, bist du!« Die Menschen, die ein hungerndes Herz und einen zerschlagenen Geist haben, die sind die Lieblinge Gottes.

Man kann nun mit diesem Hunger und Durst, mit dieser Sehnsucht, von der wir alle wissen, zweierlei anfangen (und das ist wichtig zu verstehen): Man kann entweder dieses Suchen und Hungern nach Frieden in sich unterdrücken, statt es herauszulassen. Man kann es verdrängen und mit dem täglichen Kleinbetrieb unserer Werktage und ihrer Sorgen und Freuden erschlagen. Man kann es sogar vom Fernsehschirm oder mit rhythmischer Dauerberieselung zudecken lassen, so wie ein überstarker Störsender einen anderen überlagert.

Oder: Man kann es wagen, ganz einfach zu diesem Jesus hinzugehen, wie es diese Frau tat. Wir sollten dieses Wagnis einmal auf uns nehmen. Denn eines steht fest – Augustin hat es so ausgedrückt –: »Wir würden Gott nicht suchen können, wenn er uns nicht schon gefunden hätte.« Daß diese Frau nicht locker ließ, lag daran, daß der Herr nicht locker ließ – mitten in seinem Schweigen.

Das Gespräch geht nämlich weiter. Im nächsten Augenblick erreicht es den Höhepunkt. Alles hält den Atem an. Wie wird die Frau nun darauf reagieren, daß Jesus sagte: Zwischen uns beiden steht eine Wand? Ob sie nun wohl auf ihre Not als Mutter hinweist? Ob sie gar ihren »großen Glauben« als Empfehlungsbrief emporhält, oder ob sie es so macht wie der Krüppel am Wegrand: ob sie auf das Mitleid Gottes spekuliert? Ob sie dem verfällt, was Walter Flex einmal die »Gebetspanik der Feigen« nennt, ob sie zu weinen anfängt und auf die Tränendrüse drückt? Nein: es geschieht etwas völlig Unerwartetes, ja Ungeheures. Sie sagt: »Ja, Herr!« Das heißt: »Ich muß dir recht geben, wenn du schweigst. Du hast ganz recht, wenn du an mir vorübergehst. Es ist keineswegs selbstverständlich, daß du mir hilfst. Du hast das Recht, vorüberzugehen, Jesus von Nazareth. Ich habe keinen Anspruch an dich.«

Es ist gut, sich die ungeheure Tragweite dieser Äußerung klarzumachen. Denn damit ist nichts Geringeres gesagt als dies: Es ist keineswegs selbstverständlich, daß ich von Gott angenommen werde. Es ist nicht selbstverständlich, daß du am Kreuz für mich gestorben bist. Wir, die Christen in Deutschland und Europa, haben uns allmählich in bedenklicher und bedrohlicher Weise daran gewöhnt, daß uns die Gnade Gottes nachgeworfen wird. Heinrich Heine hat voller Zynismus in diesem Sinne von der Vergebung Gottes gesagt: C'est son metier, das ist die Branche Gottes. Nein, die Vergebung ist keine Branche Gottes. Gott ist kein Gnadenfunktionär von uns Menschen, der für Hilfen in allen Lebenslagen zuständig wäre. Es ist ja alles so namenlos anders, als es ein verblasenes christliches Abendland für selbstverständlich zu halten sich angewöhnt hat. Das Reich Gottes wird uns nicht nachgeworfen und wie »sauer Bier« ausgeboten. Die Gnade Gottes kann auch schweigen. Wir können sie durch nichts beanspruchen. Es kann sehr wohl sein – und ich kann Gott keinen Vorwurf machen –, wenn ich in meiner Todesstunde in eine düstere Nacht versinke und die *eine* Gestalt, die allein mit durch das dunkle Tor könnte, bleibt aus. Es ist keineswegs die »verdammte Pflicht und Schuldigkeit« Jesu Christi, meine Sünde zu tragen und mich über die schwarzen Grenzpfähle des Todes zu bringen. Daß uns Christus annimmt, ist alles andere als eine Selbstverständlichkeit. Und ich wage es zu sagen: Kein noch so korrekter Kirchenchrist wird in das Himmelreich kommen, der sich nicht in seinem ganzen Leben immer wieder wundert, daß ihm nun doch Erbarmen widerfahren ist. »Ich hatte nichts denn Zorn verdient, und sollt bei Gott in Gnaden sein?« Sollte?

Es beginnt schon eine junge Schar von Christen unter uns aufzustehen, die der hohlen Tröstungen des Existentialismus und versnobter Schöngeisterei müde geworden und heimgekehrt ist. Sie haben manchmal sogar das Vaterunser und die Zehn Gebote nicht gekannt und haben das alles zum ersten Mal erlebt. In deren Augen steht das Verwundern, daß es so etwas wie Christus überhaupt gibt, oft deutlicher und realistischer geschrieben als in den Augen derer, die aus gesicherter Vätertradition kommen. Ich meine das Verwundern darüber, daß es wirklich noch etwas anderes gibt als den großen, unverbindlichen Herrgott über den Sternen und daß es die Herabkunft und die Vergebung und die Schmerzen Gottes für seine Kinder gibt. Vielleicht, daß Gott uns das christliche Abendland in seiner Saturiertheit erst einmal wie einen Teppich unter den Füßen wegziehen muß (so wie das im Osten bereits ist), damit wir solche Verwunderten, weil im Sturze Aufgefangenen werden.

Das alles steckt in dem »Ja, Herr!« Das kümmerliche Weiblein wird damit der Gnade gerecht, die auch vorübergehen kann. Es dürfte deshalb noch längst nicht rufen: »Weh dir, ich bin auf dich hereingefallen.«

Wir nähern uns jetzt dem Ende dieses dramatischen Gesprächs. Die Frau fährt fort: »Und doch kriegen die Hündlein etwas ab von den Krümeln und Brocken, die von den Tafeln ihrer Herrn abfallen.«

Und *doch!* Darin liegt scheinbar ein Widerspruch, nachdem sie vorher bedingungslos *ja* gesagt hatte. Macht sie nicht einen Rückzieher, und fängt sie nicht an, inkonsequent zu werden?

In dieser Inkonsequenz – wenn man das so sagen soll – liegt das ganze Geheimnis des Gebets. Im Vaterunser geschieht ja genau dasselbe.

Dort sagen wir ebenfalls: »Dein Wille geschehe«, und damit wiederum nichts anderes als: »Ja, Herr«. Und trotz dieses Ja bitten wir dann doch weiter, bitten um unser tägliches Brot und um viele andere Dinge. Wie klärt sich dieser Widerspruch auf? Ich sagte schon, wir stoßen hier auf das tiefste Geheimnis des Gebets.

Wir wissen ja doch, zu *wem* wir sagen: »Dein Wille geschehe«, wenn wir Gott bitten, daß er seinen Willen verwirklichen und unseren Willen darunter beugen möchte. Diese Bitte »Dein Wille geschehe« bedeutet ja nicht: Ich muß mich halt fügen; da kann man nichts machen; da muß man Fatalist werden. Nein, dieses »Ja, Herr« ist mit fröhlichem Unterton gesprochen, denn diese Frau weiß, mit *wem* sie es zu tun hat. Und wenn sie ja sagt, legt sie in dieses Wort »ja« ihr ganzes Vertrauen, daß er es schon recht macht, wie immer er es nun machen wird. Denn dieses Ja ist auch das Ja zu Jesu Liebe, wenn auch zu seiner verborgenen Liebe, die *hinter* seinem Schweigen steht und die trotz seines Vorübergehens darauf wartet und brennt, in Herrlichkeit und Beglückung hervorzubrechen und dem »Kind der Treue« sein göttliches »Wohl dir« zuzurufen.

Darum wird diese Frau nicht zurückzucken, wenn die Kreuzesnacht kommt und alle anderen fliehen. Sie wird nicht irre werden, wenn die Verfolgungen kommen, wenn der Terror regiert, wenn Gott zu alldem schweigen wird und auch in den Getreuen die Liebe zu erkalten beginnt. Sie wird auch dann wissen, daß die höheren Gedanken über der Welt gedacht werden und daß sie Wege des Friedens für mich erdenken. Und weil die Frau den Mut hat zu diesem »Ja, Herr«, darum kann sie nun fröhlich weiter bitten: »... und doch ...«. Dieses »und doch« heißt dann genauer: Ich habe nicht verdient, daß ich zu dir gehören darf, ich habe keinen Anspruch auf dich; du *kannst* vorübergehen, du Heiland von Nazareth. Aber wirst du es wirklich können? Wirst du es fertigbringen, an einem Menschen vorüberzugehen, der auf alle seine Trümpfe verzichtet, auf die Trümpfe: Lebensleistung, sittliche Makellosigkeit, ja selbst auf den Trumpf eines »großen Glaubens«? Wirst du an einem Menschen vorübergehen können, der auf alle diese Trümpfe verzichtet und alles, aber auch alles von deiner Liebe und deinen reichen Händen erwartet? Wirst du das fertigbringen, du Heiland von Nazareth?

Und seht, Jesus kann es nicht! Luther hat von dieser Frau gesagt: »Das Weiblein hat Jesum gefangen in seinen eigenen Worten« – vor allem in dem Wort, daß er die Hungernden und Dürstenden und geistlich Armen liebe und daß er ein demütiges Herz nicht verachten wolle. Das Weib hat das getan, was kein Mensch je gekonnt hat: Es hat den Heiland gefangen in seinen eigenen Worten. Es hat ihm »den Sack seiner Verheißungen vor die Füße geworfen« – und über diesen Sack kann der Heiland nicht steigen.

Nicht ihr großer Glaube hat gesiegt. Sondern sie hat gesiegt, weil sie den Heiland beim Wort nahm. Sie hat das Herz Gottes gegen das Schweigen Gottes siegen lassen. *Darum* hatte sie einen großen Glauben. Und darum wird diese Frau einmal nicht die Letzte sein im Himmelreich.

So wollen wir diese tiefe Geschichte in unser Leben hineinnehmen und an uns selber wahrmachen. Wir wollen mit dem Herrn ringen, wie das kanaanäische Weib mit ihm gerungen hat, auch wenn er zu schweigen scheint. Wir wollen ihn nicht lassen, er segne uns denn. Wir wollen ihm unsere leeren und sehnsüchtigen Hände zeigen. Und er, der seinen Kindern Brot und keine Steine gibt, der einer armen Frau Gnade gab, obwohl sie keine Kirchenchristin war und von keinem Menschen beachtet wurde, dieser Herr wird auch denen Gnade geben, die nicht zu glauben wagen, daß sie Berufene und Erwählte sind und die doch stündlich bitten: »Ja, Herr« und »Erbarme dich unser«.

WIE WERDEN WIR VON DER SKEPSIS ERLÖST?

THOMAS, EINER VON DEN ZWÖLF JÜNGERN – ER HATTE DEN BEINAMEN »Zwilling« – war nicht dabeigewesen, als der Auferstandene zu ihnen hereintrat. So erzählten ihm denn die anderen: »Wir haben den Herrn gesehen!«

Da erwiderte Thomas: »Wenn ich nicht mit eigenen Augen die Löcher der Kreuzesnägel sehe – und wenn ich nicht mit diesem meinem Finger die Nägelspuren betaste – und wenn ich nicht mit eigener Hand seine Seitenwunde berühre, bin ich nicht imstande, das zu glauben.«

Nach acht Tagen nun waren die Jünger wieder einmal in jenem

Raume versammelt, und diesmal war Thomas dabei. Da kommt Jesus – die Türen waren übrigens verschlossen –, tritt mitten unter sie und sagt: »Friede sei mit euch!«

Danach zu Thomas: »Komm einmal mit deinem Finger hierher, sieh dir auch diese meine Hände an … und nun lege deine Hand auch noch an meine Seite. Wehre dich doch nicht so gegen den Glauben, Thomas, glaube doch!«

Da antwortete Thomas: »Mein Herr und mein Gott!« Jesus aber sagte: »Du bist zum Glauben gekommen, weil du mich gesehen hast. Selig aber sind die Menschen, die nicht sehen und doch glauben.«

JOHANNES 20, 24–29

Es gibt eine kleine Kölner Miniatur aus dem 13. Jahrhundert (sie befindet sich in dem 1250 erschienenen Evangeliar aus Groß-St.Martin in Köln, Bibliothèque Royale, Brüssel), die uns die entscheidende Begegnung Jesu mit dem Zweifler Thomas zeigt: Christus, der von seinen Jüngern gefolgt ist, tritt gerade aus dem Kirchenportal, während Thomas draußen steht und eben dabei ist, seine Hand prüfend in die Nägelmale Jesu zu legen. In dieser Szene sind einige Beiläufigkeiten überaus bezeichnend:

Einmal recken sich Jesu Arme wie Kreuzesbalken über Thomas. Es ist, wie wenn der unglücklich Suchende, ohne es zu ahnen, schon unter dem Kreuze stünde. Er ist bereits, während er noch zweifelt, von jener Segensgebärde Jesu umfangen.

Bezeichnend ist auch die aufgewühlte Spannung in den Zügen des Thomas. Sie scheint zu sagen: Auf das, was sich in den nächsten Augenblicken herausstellen wird, kommt alles an. Davon hängt nichts Geringeres ab als dies, ob ich gerettet bin oder ob ich mich als einen Bankrotteur entlarve, der einer gigantischen Illusion auf den Leim gegangen ist.

Am erstaunlichsten aber ist noch eine letzte Andeutung des Malers: Thomas, obwohl draußen stehend und noch im Stadium unbewältigten Zweifels, trägt einen Nimbus, einen Heiligenschein – er ist schon umstrahlt von einer Glorie, die den übrigen Jüngern noch mangelt, obwohl sie doch in der Geborgenheit der Nachfolge zu leben scheinen.

Welch eine Gestalt ist das, die so von Verzweiflung und Verheißung gleichermaßen umschlossen ist? Ich will versuchen, das Bild dieses Mannes in einigen Strichen nachzuzeichnen.

Es handelt sich hier um eine von den Geschichten im Neuen Testament, die sich in keine Theologie einfügen und sich auf keine Formel bringen lassen. Denn wie sollte ein theologischer Lehrsatz aussehen, den man aus dieser Geschichte herausdestillieren wollte? Könnte man etwa die These bilden (und sie dann als Quintessenz dieser Geschichte bezeichnen): »Der Glaube bedarf einer Bestätigung durch die Erfahrung, durch Sehen und Fühlen; man kann nicht etwas für wahr halten, das man nicht mit allen Mitteln der Vergewisserung (also zunächst einmal durch Augenschein und durch Betastung) festgestellt hat.« – Offenbar weigert sich unsere Geschichte strikt, in eine solche Formel gepreßt zu werden. Denn Jesus lehnt es ja gerade ab, daß der Glaube auf solchem Erfahrungsbeweis beruht: »Selig sind die Menschen, die nicht sehen und doch glauben!«

Oder sollte man vielleicht gerade aufgrund dieses Jesus-Wortes die *umgekehrte* These bilden können: »Der Glaube ist gar kein rechter Glaube, wenn er sehen und erfahren will. Der rechte Glaube muß blind sein. Er muß voller Risiko, ganz ohne Rückversicherungen und gleichsam geblendet dem Herrn zu Füßen stürzen.«

Doch auch mit dieser These klappt es nicht. Denn Jesus *läßt* den Thomas ja sehen und fühlen. Das mag inkonsequent, das mag theologisch fragwürdig sein. Aber so hat Jesus nun einmal gehandelt; und so setzt er unsere Versuche, die Sache gleich theologisch einzuordnen, außer Gefecht.

Aber es ist gut so, sich einer Geschichte zu stellen, die man nicht recht unterbringen kann. Die erzieht einen ganz bestimmt zum Hören und zur Hinnahme von Überraschungen, zur Vorbehaltlosigkeit. Und außerdem (auch das ist gut!) erinnert eine so inkonsequente, aller lehrmäßigen Formulierung so abholde Geschichte daran, daß die Heilige Schrift immer größer ist als unser Denken (auch als unsere Theologie!), daß ihr eine Sprengkraft innewohnt und daß ihr Reichtum einfach nicht von uns eingefangen und in unsere noch so fleißigen und klug gegrabenen Denkkanäle geleitet werden kann, sondern daß sie uns immer neu mit ihrer Fülle und ihren Brandungen überflutet und den alten Adam des theologischen Besserwissers in dieser Flut ersäuft.

Wir wollen nun zunächst die Gestalten in Augenschein nehmen, die in unserem Text auftauchen:

Daß der Zweifler Thomas schließlich zum Glauben kommt, das liegt nicht zuletzt am Wunder der Gemeinde. Ihr müssen wir zuerst unser Augenmerk widmen: Thomas ist bestimmt nicht das gewesen, was man ein »förderndes Mitglied« der Gemeinde oder einen »Renommierchristen« nennen könnte. Er war nach heutigen Begriffen eher das, was man als einen »Randsiedler« oder vielleicht sogar als einen »Linksintellektuellen« bezeichnet. In entscheidenden Krisenaugenblicken der Gemeinde hat er nicht gerade Stehvermögen bewiesen. (Durch diesen Vorwurf brauchen sich aber die »Linksintellektuellen« nicht getroffen zu fühlen!) Gewiß: er hat sich nicht von der Gemeinde der Jünger getrennt. Aber er war eben auch keine Säule. Er war kein Mann, dem ein aufrüttelndes, tröstendes, ermutigendes Wort je geschenkt gewesen wäre.

In gewisser Hinsicht war er allerdings auch wieder treu. Er war sogar bereit, mit Jesus zu sterben. Trotzdem aber ging eine lähmende Hoffnungslosigkeit von ihm aus. Er sprach immer wieder das aus, was die anderen in ihren bängsten Augenblicken kaum zu denken wagten: Wofür kämpfen und predigen wir? so fragte er. Wir wissen nicht, was bei diesem ganzen Abenteuer herauskommen wird, in das wir doch unser Leben investiert haben. »Wir wissen nicht, wohin du gehst, und den Weg wissen wir auch nicht« so sagte er wörtlich und hat damit laut vor sich hingedacht (Johannes 11,16; 14,5).

Die anderen wissen wohl ebensowenig, ob sie nicht einer verlorenen

Sache dienen. Thomas aber *sagt* es offen, daß er es nicht weiß. Und indem es ausgesprochen wird, ist den Gespenstern der Angst und der Melancholie Tür und Tor geöffnet.

Wir wissen doch, wie das mit solchem Aussprechen ist: Wir haben etwa eine gute Predigt gehört – nicht so gut und nicht so vollmächtig, wie das ist, was Jesus sagt, aber doch eine gute, aufrüttelnde Predigt. Auf einmal sagt einer von uns (und seine Worte fallen schwer in den Raum): »Gewiß, eine gute Predigt! Aber draußen quellen die Massen aus den Fabriktoren und haben sie nicht gehört. Was soll mit uns werden, wenn die Massen ohne Hirten bleiben und wenn der Säkularismus alles Fragen nach Gott erstickt? Was soll uns eine gute Predigt, wenn uns keine Erweckung geschenkt wird? Steuert nicht eben doch alles auf den Termitenstaat, auf die Roboter und das Kollektiv zu? Wohin geht Jesus? Ist nicht am Ende doch alles vergeblich gewesen – und kommt nicht die Nacht, da niemand wirken kann?«

So etwas wirkt lähmend, auch wenn wir es selbst schon hundertmal im stillen gedacht haben. Und so hat Thomas wohl dauernd gewirkt. Schließlich ist er den Zusammenkünften der Jünger ganz ferngeblieben. Er ist einer geworden, der nicht einmal mehr »Opposition« macht, sondern der sich wie ein wundes Tier in seinen Winkel verkriecht.

Man würde verstehen, wenn die Jünger, wenn also die Gemeinde nun gesagt hätte: »Gott sei Dank, daß wir diesen Bremsklotz, diesen negativen Nörgler los sind!« Aber das haben sie eben *nicht* gesagt, sondern sie sind ihm treu geblieben, sie hielten ihn auf dem laufenden darüber, was sie mit Jesus erlebt hatten. Und sie sagten es ihm offenbar so, daß er sich von ihrer Brüderlichkeit getragen wußte und es über sich gewann, dann doch in der entscheidenden Stunde wieder bei ihnen zu sein.

Hier jedenfalls war einmal die Gemeinde *nicht* die Gesellschaft der neunundneunzig Gerechten, die so gerne unter sich sind, um einen ungestörten Erbauungsverein zu gründen. Hier ertrug man auch den unbequemen Mann, von dem man empfindlich gestört wurde und der immer an den Grenzen der Häresie entlangwandelte. Man verhielt sich also nicht wie ein Verein oder eine Partei, die auf homogene Geschlossenheit bedacht ist, oder wie eine chemisch gereinigte Konfessionskirche, die niemanden aus der Reihe tanzen läßt. Man beachte: Diese Leute ertrugen einen Mann, der am Grunddogma der Christenheit, an der Auferstehung, zweifelte und dem heute eine sich selbst ernst nehmende Kirche ein Lehrzuchtverfahren an den Hals schicken würde, wenn er einer ihrer Amtsträger wäre. Wenn sie das meist doch unterläßt, dann in der Regel nicht, weil sie den anderen »mittragen« würde, sondern sicher nur deshalb, weil sie sich selbst vielleicht nicht allzu ernst nimmt und weil sie sich sagt: »Im allgemeinen volkskirchlichen Rummel kommt es auf einige skeptische Vertreter des ›Links-Außen‹ nicht an. Wir anderen sind ja gutes Kraut und werden das bißchen Unkraut schon verkraften, bis die Sache am Jüngsten Tage in Ordnung kommt und wir dann zur Rechten Gottes endlich, endlich wieder ungestört unter uns sind.«

Das ist wohl der Grund, warum keine Erweckung und kein beunruhigtes Aufhorchen unter uns ausbricht. Darum gibt es unter uns so wenig Thomas-Wunder. Wer sich nämlich nur als Mitläufer bezeichnet und einer freundlichen Duldung überantwortet sieht, fängt kein Feuer. Thomas aber hat der Urgemeinde sicher einen Schmerz darüber angemerkt, daß sie ihn nicht *ganz* bei sich haben durfte und daß er sich von dem Segen ausschloß, dessen sie selbst teilhaftig wurde. Er trug an seinem Herzen schwere Wunden, aber gerade darum bewegte es ihn wohl und zog ihn an, daß seine Brüder ihrerseits auch Schmerz um *ihn* litten. Denn im Reiche Gottes gilt der Satz: »Wunden müssen Wunden heilen.« Wem von uns gibt es denn noch einen Stich durchs Herz, wenn wir die gerne gebrauchte Formel »die da draußen …« oder »die Randsiedler der Kirche …« verwenden? Haben wir unsere Umwelt nicht fast alle einfach klassifiziert in Christen und Heiden, Gläubige und Zweifler, Aktiv-Tragende und Indifferente? Wer Menschenseelen retten will und sich mit Zweiflern und Weltmenschen abgibt, muß einen Schmerz in sich tragen. Sonst »trägt« er den anderen nicht, sondern er »toleriert« ihn nur. Und wenn er ihn toleriert, dann *läßt* sich der andere auch tolerieren, das heißt, er bleibt neutral und ist sicher *nicht* zur Stelle, wenn Jesus sich anschickt, durch die verschlossene Tür zu kommen. Aber ich fürchte, er kommt dann gar nicht mehr durch diese Tür. Und hinter der ungesegneten, hermetisch verschlossenen Tür jammern dann die Leute *ohne* Thomas nach einer Erweckung, nach einer neuen Dynamik des Geistes, die das Feld der Totengebeine aufrütteln soll. Sie schmieden strategische Pläne, treiben Public Relations, organisieren Großkonferenzen, machen Beat und Jazz in der Kirche und lassen sich allerhand Werbegags einfallen. Aber es passiert nichts. Das Pfingstwunder bleibt aus. Kann es denn kommen?

Da ist nun Thomas, der Zweifler, selbst. Dieser Thomas, das sind ja wohl wir, oder das ist wenigstens »eine« Stimme in uns. Sehen wir genau zu, *wie* er zweifelt. Es gibt nämlich einen Zweifel, der eine Verheißung hat, und einen Zweifel, der keine Verheißung hat.

In der Geschichte von der Auferweckung des Lazarus wird uns zum ersten Male vom Zweifel des Thomas berichtet (Johannes 11,16). Da ist es so: In Jerusalem beginnen sich mehr und mehr die feindlichen Gewalten gegen den zu formieren, von dem Thomas ebenso wie alle anderen angenommen hatte, daß er die Theokratie bringen und ein Reich des Friedens aufrichten würde. Kann es denn – das ist die Zweifelsfrage! – mit dieser Annahme seine Richtigkeit haben, wenn der Druck des Messias nun, statt sich durchzusetzen, ja zu triumphieren, nur Gegendruck erzeugt und wenn dann in dunklen, gedrückten Stunden obendrein der Eindruck aufkommt, daß der Gegendruck sogar stärker wächst und daß dann im gleichen Maße die eigenen Chancen der erhofften »Christianisierung« schwinden? Was sind das für düstere Prognosen, die das Herz umkrallen wollen? Und wenn sie stimmen: Ist dann nicht auch die Diagnose falsch, daß Jesus der Weltüberwinder sei?

Mit solchen marternden Gedanken schlägt sich der Grübler Thomas herum. Das macht ihn melancholisch. Und nun bringt ein letzter Tropfen diesen Eimer der Schwermut zum Überlaufen: daß nämlich Lazarus stirbt, daß also der Freund Jesu stirbt, daß folglich, mit anderen

Worten, einer da ist, der stärker ist als Jesus. Und dieser Stärkere ist eben der *Tod*. Wenn der den Freund Jesu als Beute mitschleppt, dann wird er auch ihn selbst noch fangen.

Vielleicht hat dieses Erlebnis dazu beigetragen, daß Thomas dann später auch die Auferstehung des Herrn nicht zu glauben vermochte. Golgatha war die Probe aufs Exempel: Da hatte der Tod das Fazit gezogen und hatte nun auch den Freund des Lazarus geholt. Wer vor dem Tode kapitulieren mußte, der konnte nicht der Heiland der Welt sein. So argumentiert und kalkuliert Thomas. Und also zweifelt er.

Aber es war doch eine besondere Art von Zweifel, von dem Thomas bewegt war. Das Besondere daran ist, daß er nicht wegging, sagen wir einmal: zu den Pharisäern oder zu der Philosophie oder zu einer sonstigen Weltanschauung, die ihm Sicherheit geben konnte. Wir alle wollen doch etwas Sicheres. Thomas auch. Aber er ging eben nicht weg, sondern Thomas sagte: »Kommt, laßt uns mit ihm sterben!« Das ist wohl das trostloseste Wort, das in der Bibel steht. Hier sprach einer, der leere Hände hatte und ohne Hoffnung war.

Aber wenn Jesus nun die Armen selig preist: Sollte dann nicht auch auf denen eine Verheißung ruhen, die arm im *Glauben*, die hoffnungslos und schwermütig sind? Das muß wohl bei Thomas so gewesen sein. Denn seine Hoffnungslosigkeit verführte ihn nicht dazu, daß er nach anderen Hoffnungen Ausschau hielt, sondern er war bereit, an seiner Hoffnungslosigkeit zu sterben und in Treue unterzugehen.

Wir müssen nun zu verstehen versuchen, daß in dieser Art der Hoffnungslosigkeit schon die göttlichen Verheißungen wirksam sind. Doch dazu müssen wir zuerst die Hoffnungslosigkeit des Thomas noch genauer untersuchen. Denn mit dem bisher Gesagten haben wir das tiefste Geheimnis seiner Hoffnungslosigkeit immer noch nicht erfaßt. Thomas wollte ja nicht nur sterben, er wollte nicht nur etwas Negatives, sondern er wollte doch die hoffnungslos verlorene Chance *seines* Lebens an die verlorene Chance des Nazareners binden. Er war nicht nur bereit zu sterben, sondern *mitzusterben*, eben mit *ihm* zu sterben, auf den er seine ganze Hoffnung gesetzt hatte. Wenn ich aber mit einem anderen zu sterben bereit bin, dann übergebe ich mich ihm ja bis ins Letzte, dann wage ich meine ganze Existenz an ihn. Und genau das tut Thomas hier. Darum war es eine Hoffnungslosigkeit, über der die Wolke des Segens stand. Er band sein Schicksal nicht deshalb an Jesus, weil er dadurch reich, glücklich, relativ befriedigt zu werden hoffte und vielleicht sogar einen Ministerposten im messianischen Reich erwarten konnte. Er ließ sich mit Jesus nicht ein, um etwas anderes damit zu erreichen.

Thomas würde sich auch, wenn er heute lebte, mit Jesus sicher nicht einlassen, um den christlichen Westen oder das sogenannte Abendland zu retten, um etwa eine Gegenideologie wider den Osten zu haben. Alle diese Dinge, auf die er *auch* hoffen mochte (die Rettung seines Volkes durch den religiösen Führer Jesus, der Friede unter den Menschen, die Propaganda einer weltverändernden Liebesgesinnung), das alles war für ihn wie ein Traum zerstoben, wie ein sehr *schöner* Traum. Auch Thomas hatte ihn ganz gewiß geträumt. Es gibt ja keinen Christenmenschen, der ihn nicht irgendwann einmal träumte.

Nein, Thomas war ganz hoffnungslos. Er hielt nicht mehr deshalb zu Jesus, weil er etwas damit zu erreichen hoffte. Sondern er hielt es mit ihm, weil er ihn liebte, weil er ihm die Treue halten, weil er mit ihm sterben wollte. Gerade die völlige Hoffnungslosigkeit hatte ihn ganz auf das Eigentliche, auf das Zentrum, auf die Person des Heilandes selbst geworfen.

Ich möchte uns nur wünschen, daß auch wir eine Dosis dieser göttlichen Hoffnungslosigkeit in uns hätten, die noch gar nicht weiß, welche Segenswolke über ihr schwebt, und die nicht ahnt, von welcher Hand sie gehalten ist.

Halten wir doch ruhig einmal – als Brüder des Zweiflers Thomas! – unserer heimlichen Hoffnungslosigkeit stand: der Sorge zum Beispiel, daß *keine* Erweckung mehr über unser Land hinwegbraust, daß Säkularismus und Indifferenz weiterwachsen, daß die Vermassung fortschreitet, daß der Herrenname Jesu immer mehr durch die Tatsachen widerlegt wird und daß nur ein paar alte Leutchen noch um die Altäre herumhocken. Machen wir uns mit einem tapferen, heroischen, verzweifelten Ruck einmal los von allen Träumen einer Rechristianisierung oder von optimistischen Kirchenstatistiken. Machen wir uns einmal klar, daß wir als Christen vielleicht entsetzlich einsame Vögel sein werden und daß das letzte alte Weiblein, das uns noch zuhört (sogar in diesem Lande der Reformation!), eines Tages stirbt und daß dann die Prediger von einst hausieren gehen können. Trösten wir uns einmal *nicht* damit, daß eben dies das »Ärgernis« sei, das Jesus vorausgesagt habe. Sondern sehen wir dem kalten, schleichenden, beklemmenden Gedanken entgegen und tapfer ins Auge, daß dies eine *Widerlegung* Jesu Christi sein könnte, daß er uns also, wie es Jean Paul einmal ausdrückte, als Waisen ohne Vater zurückließe und daß er selber ein armer Waisenknabe gewesen sei, daß wir also einer gigantischen Täuschung aufgesessen wären.

Hören wir ja nicht vorzeitig mit unserem Zweifel auf. Verdrängte Zweifel sind nicht gut. Sie schwelen unter der Decke. Und unser Glaube soll doch nicht das Produkt einer Verdrängung sein. Halten wir dieser äußersten Hoffnungslosigkeit stand – wie Thomas. Denn die Anfechtung lehrt, aufs Wort zu merken. Aber dann, wenn wir so zweifeln, sollten wir nicht davonlaufen oder sterben wollen oder uns die Kugel durch den Kopf schießen. Sondern dann sollten wir uns als Letztes sagen: Gut, dann will ich eben mit ihm sterben. Hat er sich geirrt, gut; dann will ich mich auch irren, dann will ich mich zu seinem Irrtum bekennen, dann will auch ich mir nicht zu gut sein für diesen Irrtum und mit ihm in den Abgrund stürzen. *Wenn ich das so sage, habe ich mich auf Jesus geworfen, wie das kein Mensch tun kann, der heimlich von anderen Hoffnungen lebt.* Dann bin ich gerade ganz und bis ins letzte sein Jünger, *nur* sein Jünger und kein heimlicher Anhänger einer christlichen Kultur oder einer wirksamen christlichen Gegenparole gegen den Osten, die mich im Grunde zu nichts verpflichten würde. Dann hat mich gerade und ausgerechnet meine völlige Hoffnungslosigkeit in seine Arme getrieben.

Darum sind auch die Hoffnungsarmen gesegnet. Denn nur sie haben ihr Schicksal ja an Jesus gebunden, wenn auch verzweifelt gebunden. Und Jesus betrügt uns nicht; unsere Hoffnungen aber trügen alle.

Unser Leben ist voller Enttäuschungen: Unsere Pläne erfüllen sich nicht, wir haben lange Durststrecken in unserem Leben zu überwinden, und viele Menschen, denen wir trauen, halten das nicht, was sie versprechen. Aber Jesus trügt nicht.

Wir sollen ihm ruhig – meinetwegen verzweifelt – die Verantwortung zuschieben, das unter Beweis zu stellen. »Zeige mir, was an dir ist«, so dürfen wir ihm sagen, »und wenn nichts an dir ist, hat alles andere im Leben auch keinen Zweck mehr.« Und Jesus zeigt, was an ihm ist.

Mich lockt es, hier die Geschichte von Verzweifelten, von Thomas-Naturen zu erzählen, in denen dieses Experiment mit Jesus gewagt wurde. Ich will es nicht. Aber eines steht fest: Die hoffnungslos Zweifelnden haben eine entscheidende Chance: ihnen sind alle Stützen zerbrochen. Sie stützen sich nur noch auf Jesus selbst und wissen auch hier nicht, ob diese Basis hält. Aber indem sie diese letzte Stütze ausprobieren, haben sie es eben mit Jesus *allein* zu tun. Und das ist die größte Chance unseres Glaubens. Nun hat Jesus, und nur er, das Wort. Und er spricht tatsächlich: »Selig sind die Armen, selig die Hoffnungs-Armen, selig sind die Zweifelnden, die mit mir sterben wollen. Denn mit solchen Leuten will ich gerade leben.«

Manchmal mag es tröstlich sein, wenn wir ganz am Ende sind und alle menschlichen Möglichkeiten zerschlagen werden und alle Flucht- und Auswege blockiert sind. Dann kann ein Augenblick kommen, wo wir sagen: Das ist das Ende. Nun hat Gott ganz allein die Verantwortung. Jetzt kann ich mich nur noch wie ein Kind ins Dunkle fallen lassen.

Haben wir also verstanden, daß Thomas' Zweifel eine ganz bestimmte »Rasse« von Zweifel ist? Daß es jedenfalls kein blasierter Zweifel ist, der von Selbstsicherheit strotzt, und erst recht nicht jener verlogene snobistische Zweifel, der nur unverbindlich disputiert und sich in Wirklichkeit bloß aus der Affäre ziehen möchte?

Thomas zieht sich ja gerade *nicht* aus der Affäre. Thomas wirft sich mit allem, was er ist, in die Waagschale. Er ist bereit, an seinem Zweifel zu sterben und sein altes Leben gerade nicht an den fragenden

Augen Jesu vorbeizuretten. Es ist ein sehnsüchtiger, nach Wahrheit hungernder Zweifel. Und darum gilt ihm nicht nur die Verheißung: »Selig sind die Armen ...«, sondern auch: »Selig sind, die da hungert und dürstet ...«

Wir mußten einen Blick auf die Vorgeschichte unseres heutigen Textes werfen. Denn nur dann können wir den Sinnzusammenhang richtig erkennen, in dem er steht. Er ist nämlich der letzte Akt im Drama des Zweifels: er schildert den Augenblick, wo er auf seine Höhe kommt, wo aber auch alle Verheißungen in Erfüllung gehen.

Thomas ist also wieder bei der Gemeinde. Er ist sozusagen »herbeigeliebt« worden. Die Jünger haben ihm erzählt: »Wir haben den Herrn gesehen. Er ist durch die verschlossenen Türen gekommen.« Dieser Bericht *allein* kann aber der tiefen Redlichkeit dieses Zweiflers nicht genügen. Und das ist wieder ganz typisch für ihn:

»Er ist durch die verschlossenen Türen gekommen, sagtet ihr?« so fragt Thomas. Es könnte ein Geist gewesen sein. Und Geister, die man zu sehen glaubt, sind meistens der Herren eigener Geist, so denkt Thomas. Dem Zweifler genügt also auch dieser Hinweis nicht. Er will nur glauben, wenn die Gegenwart des Auferstandenen eine *Realität* ist und wenn es nicht bloß um »Gedanken« und »Geister« geht, die den wirklichen Realitäten zum Verwechseln ähnlich sehen können.

Während er nun so zweifelt, kommt Jesus wieder durch die verschlossene Tür und spricht: »Friede sei mit euch!« Er sagt nicht: »Friede sei mit euch *außer* Thomas, denn der hat ja keinen Frieden, sondern er hadert mit mir.« Nein, er schließt den einsamen Zweifler in seinen Friedensgruß ein. Und nicht nur das, sondern er redet ihn auch sofort an, fordert ihn auf, die Hände in seine Wundmale zu legen.

Das ist eine großartige und tröstliche Sache. Hier wird deutlich, welches Verhältnis Jesus zu diesem armen Zweifler, zu *uns* armen Zweiflern hat:

Erstens nämlich: Er zürnt ihm nicht um seines Haderns willen, son-

113

dern gibt zu verstehen: »Ich weiß um dich.« Das ist das letzte, was wir festhalten dürfen, wenn uns der Zweifel überkommt: Jesus weiß um uns, und er zweifelt nicht zurück. Er zweifelt noch lange nicht an *uns*, wenn wir an *ihm* zweifeln. Er hat ja auch unseren Zweifel auf sich genommen. Hat er ihn nicht furchtbar in seinem Kreuzesschrei durchgemacht und ausgesprochen: »Mein Gott, mein Gott, warum hast du mich verlassen?« Genauso, wie er unsere Schuld und unseren Tod auf sich genommen hat, hat er auch unseren Zweifel getragen.

Zweitens: Jesus wartet nicht, bis Thomas ihn auffordert, sondern ungefragt ist er plötzlich da, auch mit seiner Antwort, und zwar in einer Weise, wie Thomas sich es nicht hat träumen lassen. Auch hier gilt: »Er wird sich so verhalten, daß du dich wundern wirst.«

Und drittens: Jesus kommt ihm nicht mit einer »Theorie« über den Glauben. Er sagt dem Thomas nicht: »Du, Thomas, dein Anliegen ist theologisch nicht ganz legitim. Die mir gegenüber angemessene Haltung ist ja gar nicht das Sehen, Fühlen, Erfahren, sondern das blinde Glauben.«

So reden wir Theologen immer wieder in unseren Disputen. Darum glauben uns auch so wenige Leute. Es wäre wohl was Wahres dran, wenn Jesus so gesprochen hätte, denn der Glaube ist tatsächlich unabhängig von der Bestätigung durch Fühlen und Sehen. Aber diese Wahrheit wäre für Thomas in diesem Augenblick eine Überforderung gewesen. So weit war er noch nicht, daß er eine solche Wahrheit hätte verkraften können. Würde er heute leben, dann gäbe es von Kant oder Jaspers her allerhand darauf zu erwidern, und im Handumdrehen wäre eine fulminante Debatte entstanden, die sicher in ihrem Ausgang – wie die meisten Debatten – dem Hornberger Schießen geglichen hätte.

Jesus tut vielmehr etwas ganz anderes. Er tut das schlechthin Unerwartete. Er läßt sich herab zu diesem armen Zweifler. »Das Sehen macht's wahrhaftig nicht«, mag Jesus denken. »Thomas ist noch ein Anfänger, ein Amateur des Glaubens. Er ist ein armer Zweifler, der noch gar nicht begriffen hat, worum es eigentlich geht.« Doch das hindert Jesus nun nicht, auf diesen armen dilettantischen Anfänger im Glauben einzugehen. Jesus verhält sich sozusagen nicht »legitim«, wie er es müßte, wenn er entsprechend den Rezepten der dogmatischen Lehrbücher handeln würde, in denen er unter der Überschrift »Christologie« vorkommt; und im theologischen Examen hätte er sicher einen Minuspunkt bekommen. Denn bitte: Bedeutet die Forderung des Thomas nicht doch, daß er dem Herrn in aller Unschuld eine *Bedingung* stellen will: »Es sei denn, daß du das und das tust – sonst will ich nicht an dich glauben?« Darf man denn so sprechen? Nein, man darf es nicht, es ist nicht legitim, aber Jesus tut das Illegitime, tut das, was dem Satze: »Allein aus Glauben«, ziemlich massiv widerspricht. Er »zeigt« sich ihm, er läßt sich ein bißchen schauen und fühlen.

Daß er Mensch geworden ist, heißt ja, daß er den Menschen in seiner Tiefe abholen will. Seine Bewegung geht immer nach unten. Und so läßt er sich denn hier *noch* einmal herab, geht *noch* ein Stückchen tiefer: nicht nur zur Höhe des menschlichen Herzens, sondern gar bis zu den Fingerspitzen.

Sollten wir uns das nicht als Zeugen Jesu merken? Da ist vielleicht einer, der von der Korrektheit eines orthodoxen Glaubens keine Ahnung hat, der dafür um so mehr Unfrieden und Angst im Herzen hat. Sollen wir dem gleich mit Kierkegaard kommen oder ihm einen Vortrag über die Heilige Dreifaltigkeit oder die Geheimnisse der Prädestination halten? Oder sollten wir nicht auch einmal »erzählen«, wie das ist, wenn man Jesus in sein Leben hineinnimmt: daß man dann so etwas wie Frieden kriegt, daß das eine sehr schöne Sache ist, daß man dann überhaupt mit neuen Augen in die Welt blickt –?

Das könnte dann nach Gefühl und subjektiven Erlebnissen schmekken. Und in einer solchen Aussage wären denn auch ganz sicher *nicht* die letzten Geheimnisse des Glaubens enthalten. Aber wir wären uns, wenn wir so redeten, jedenfalls nicht zu gut gewesen, auf den armen Glaubensdilettantismus eines solchen Menschen einzugehen. Und vielleicht verstünde er uns. Es wird dann immer noch Gelegenheit sein zu sagen: »Du, es kommt beim Glauben nicht auf das subjektive

Gefühl, es kommt nicht auf das Sehen und Erfahren an. Vielmehr gilt: Selig sind, die nicht fühlen und doch glauben.« Aber das sagt Jesus eben am Schluß und nicht am Anfang. Es kommt viel auf die Reihenfolge von Milch und fester Speise an. Wir sollten bei Jesus selbst ein wenig in die Schule gehen, um zu lernen, wie wir es unserem Nächsten sagen.

Und nun sehe man hin und wundere sich: Thomas wird zum Glauben überwunden. Er sagt: »Mein Herr und mein Gott!«

Was hat ihn denn nun eigentlich umgeworfen? Sollte es wirklich die einmalige besondere Möglichkeit gewesen sein, daß er Jesus hat anfassen dürfen und daß ihm ein Erfahrungsbeweis für die Realität des Auferstandenen zuteil wurde? Das wäre eine schlimme Sache für uns. Denn uns steht das alles ja nicht mehr zur Verfügung, und Thomas müßte für uns zum Gegenstand einer historischen Anekdote werden. Oder hat ihn vielleicht etwas ganz anderes überwunden: dies nämlich, daß er Jesu Herablassung erfuhr und daß er nun überwältigt war davon, wie einer da seinen armen Zweifel nicht verschmähte, wie jemand hier *neben* ihn trat und sich nicht in seiner Auferstehungsglorie *über* ihn stellte, so daß er die unendliche, ihn suchende und ihm nachgehende Liebe spürte? Ließ Jesus nicht die treue Jüngergemeinde einfach stehen und ging ihm, ganz allein ihm nach, an dem er doch gar nichts hatte?

Ich glaube, daß die Frage, was von beidem den Thomas überwunden hat, ganz klar zu beantworten ist.

Würde ihn das Fühlen und Erfahren und Sehen überwunden haben, dann hätte er wie bei einer ärztlichen Diagnose feststellen müssen: Ja, es stimmt. Die Nägelmale sind echt und sind zu spüren; er ist es. Er ist tatsächlich auferstanden und lebt. Er hätte also in der »dritten Person« von Jesus reden müssen: »Er« lebt, »es« stimmt. Eben das tat er aber nicht, sondern er sagte »du« zu ihm, er sagte: »Mein Herr und mein Gott!«

Das Fühlen und Befühlen und Erfahren war auf einmal ganz gleichgültig geworden. Es wird uns nicht einmal berichtet, ob Thomas von dem Angebot Jesu überhaupt Gebrauch gemacht hat, ob er also *wirklich* seine Hände in die Wundmale gelegt habe. Das alles tritt auf einmal zurück. Es ist zum mindesten unwesentlich geworden und ist entweder gar nicht geschehen oder braucht jedenfalls nicht mehr erwähnt zu werden. Beruht also des Thomas Glaube auf dem Sehen? Wäre sein Herz ohne die Zuhilfenahme seiner Fingerspitzen geistlich tot geblieben? Und sind wir Ärmsten des zwanzigsten Jahrhunderts nicht erst recht verraten und verkauft, weil wir die Fingerspitzenkontrolle nicht mehr ausüben können?

Aber des Thomas Glaube beruht nicht auf dem Sehen und Fühlen. Denn wenn er sagt: »Mein Herr und mein Gott ...«, dann spricht er ja damit unendlich viel mehr aus, als er gesehen und gefühlt hat; er sagt ja *mein* Herr. So etwas kann bloßes Sehen und Betasten niemals aus sich hervorbringen. Auch wenn ein Historiker, um einen Parallelfall zu konstruieren, zu der wissenschaftlichen Einsicht käme, daß die historische Dokumentation der Auferstehung Jesu schlechthin lückenlos und einwandfrei wäre: würde er dann wohl mehr erleben als ein großes Erschrecken, als das fassungslose Staunen über eine historische Einmaligkeit? Er würde auf diese Weise nie zu dem Bekenntnis kommen: Mein Herr und mein Gott. Daß Thomas nicht einfach sagt: »Es stimmt«, sondern »mein Herr«, das zeigt, daß er den Herrn nicht an physischen Kennzeichen, sondern an seiner Liebe wiedererkannt hat, ähnlich wie das wohl Maria am Ostermorgen getan hatte.

Daß Jesus sich dem Sehen und Fühlen darbot, wird damit auf seinen wahren Rang zurückgeschraubt. Das war sozusagen ein erstes Auslösendes, das war das liebevolle Eingehen auf eine Glaubenshemmung. Aber das war nicht die Ursache des Glaubens. Es gibt ja solche Aufräumearbeit auch in unserer Verkündigung. Sie ist ein Magddienst und hat noch nichts mit der Entstehung des Glaubens selbst zu tun.

Ich denke etwa daran, daß Herr X in seinem Leben einigen Christen begegnet ist, die einfach Nieten waren und ihn bitter enttäuscht haben. Wie mancher hat auch durch einen Pfarrer, durch dessen Egoismus, durch den Widerstreit zwischen Verkündigung und Leben eine Verwundung erfahren, die ihm das ganze Christentum unglaubwürdig macht und verleidet. Auch das ist natürlich kein stichhaltiger Einwand gegen den Glauben. Denn es kommt ja nicht auf die unvollkommenen Menschen, sondern auf den Herrn selber an. Aber dieser absolut richtige Hinweis nützt dem Herrn X ebensowenig wie es dem Thomas geholfen hätte, wenn man ihm – wieder vollkommen richtig – davon gesagt hätte, daß der Glaube selbständig ist und unabhängig von der Erfahrung.

Und nun begegnet dem Herrn X in der Gefangenschaft oder im Kreis seiner Kollegen oder irgendwann in den Ferien ein Christ, der gar nicht viel spricht, der aber ganz und gar echt ist, dem man die Jüngerschaft sozusagen ansieht. Man erkennt das an der Art, wie er mit einfachen Menschen umgeht, an seiner Treue, an seiner Selbstlosigkeit und anderen Dingen, die teils moralischer, teils nicht ganz definierbarer Art sind. Herr X sagt: »Man fühlt dem Herrn Y an, daß sein Glaube eine Lebensmacht, daß er dadurch engagiert ist.« Und nun ist er auf einmal bereit, seine Skepsis zu überprüfen und jedenfalls hinzuhören, wenn dieser Mann ihn abends in einen Kreis mitnimmt, in dem man vielleicht einen Bibelabschnitt meditiert oder über Glaube und Nihilismus miteinander spricht. Nehmen wir einmal an, Herr X geht nun öfter mit, vielleicht nur aus persönlicher Anhänglichkeit, nicht aus Glaubensdurst. Nehmen wir einmal an, er sagte sich: »Mein Freund, der Christ, mag ein Phantast sein, aber jedenfalls ein Phantast von Format und Konsequenz und ohne einen falschen Ton. Die etwaige Illusion, die er als seinen ›Glauben‹ bezeichnet, die kann für mich auch nicht zu schlecht sein. Es mag Unsinn sein, aber gut, dann will ich eben mit ihm scheitern.«

Nehmen wir einmal an, er käme auf eine so hintertrepplerische Art zu den ersten Glaubensschritten, zu einem allererstem Berühren des Gewandes Jesu; und er wüchse nun von da aus Stück um Stück, weil eben ein anderer mit auf den Plan getreten ist. Meinen Sie nicht, sein Freund würde ihn eines Tages vornehmen und zu ihm sagen: »Du! Genauso wie es falsch war, daß du dich durch diesen Christen, dem du begegnetest und der vielleicht versagt hat, vom Glauben abbringen ließest, genauso ist es auch falsch, wenn du nur deshalb glaubst, weil du ein bißchen von der Herrlichkeit Jesu in mir abgebildet findest. Selig sind, die keinen solchen Menschen sehen – die vielleicht in einem modernen Tyrannengefängnis hocken und nur mit Robotern zusammenkommen –, selig sind, die nicht sehen und doch glauben.«

So mag es auch dem Thomas gegangen sein: Daß Jesus sich ihm zeigte, das war ein erstes Auslösendes, ein rührend liebevolles Eingehen auf die Skepsis des Thomas, die das gar nicht verdiente. Er wollte nicht mit ihm diskutieren, sondern ihn bei der Hand nehmen. Und dann am Schluß dieser Begegnung, aber wirklich am Schluß, nachdem die Liebe und das Abholen ihren Dienst getan haben, da bindet er ihn von der Nichtschwimmerangel, von jenem Hilfsseil des Sehens und Fühlens los. Nun muß er sich freischwimmen. Und wie gesagt: Vielleicht hatte Thomas auch vorher schon die Angelschnur gar nicht ergriffen, sondern hatte die ersten Züge seines Glaubens tapfer gemacht, weil er den sah, unter dessen Augen er nun war.

Möchten wir alle dahin kommen, einmal »mein Herr und mein Gott« sagen zu dürfen, nachdem wir lange genug gezweifelt oder in halber Verblendung nur vom »Christentum« oder vom »christlichen Abendlande« gesprochen haben.

Möchten wir auch in den Augenblicken schlimmster innerer Unruhe diesen *einen* Gedanken festzuhalten vermögen, daß Jesus selbst dann um uns weiß und uns nicht fallenläßt. Selig sind die Hoffnungsarmen, denn gerade sie sollen sagen dürfen: »Mein Herr und mein Gott.«

Und möchten wir endlich, wenn wir ihn kennenlernen und seine Jünger geworden sind, uns nicht über die zweifelnden Thomasse um uns herum erheben. Wir wollen nicht mit ihnen diskutieren, sondern ihnen ein wenig von der Herrlichkeit Jesu zu zeigen versuchen, so wie sie es eben verstehen, vielleicht ohne Worte und mit der schlichten Sprache der Tat. Und wir sollten keine Angst haben, ob jedes Wort dabei schulgerecht und von chemisch reiner Orthodoxie ist. Der, zu dem wir da reden, soll ja kein »Dogma« unterschreiben! Er ist doch nur eingeladen, dem Meister zu begegnen und seinen Frieden zu empfangen.

Wir wollen nicht müde werden, darum zu bitten, daß der Herr zu uns und den anderen Zweiflern kommt und in seiner unermeßlichen Güte sagt (wie er es beim Tode des Lazarus aussprach): »Diese Krankheit« – auch der Zweifel kann ja eine Krankheit sein! – »ist nicht zum Tode, sondern zur Ehre Gottes. Gerade die, die am Ende sind und denen alle Chancen zerschlagen werden, sollen die Träger der Verheißung sein. Sie sollen mit Wundern überschüttet werden, von denen sie sich nichts träumen lassen. Und während sie gebannt nach einem Fluchtweg Ausschau halten, bin ich durch eine ganz andere Tür schon eingetreten und stehe neben ihnen.«

WIE MAN LERNT, MIT GOTT ZU REDEN

JESUS SAGTE: BITTET! ES WIRD EUCH GEGEBEN. SUCHET! IHR WERDET finden. Klopft an! Es wird euch aufgetan. Denn jeder, der bittet, nimmt in Empfang; wer sucht, kommt an sein Ziel; und wer anklopft, dem öffnet sich die Tür.

Wo gäbe es einen Vater, der nur einen Stein herausrückt, wenn ihn sein Sohn um Brot bittet? Oder der ihm mit einer Schlange aufwartet, wenn er einen Fisch will? Oder mit einem Skorpion, wenn er ein Ei haben möchte? Und ihr seid doch immerhin Leute, die nicht in Ordnung, die ihrer Bestimmung entfremdet sind.

Wenn aber selbst ihr euren Kindern etwas Gutes zuzuwenden wißt:

wieviel mehr wird dann erst euer himmlischer Vater die gute Gabe
seines Geistes, wieviel mehr wird er sich selbst zur Verfügung stellen,
wenn er darum angegangen wird.   LUKAS 11, 9–13

Lord Melbourne, der Premier der Königin Victoria, traf in seinen
letzten Jahren einmal mit dem Erzbischof von Canterbury zusammen.
Der Bischof führte dabei ein Gespräch mit ihm über Trost und Hilfe
des Gebets. »Well«, sagte Melbourne, »nur zwei Fragen hätte ich:
Zu *wem* soll man beten, und um *was* soll man beten?«
Der Staatsmann hat damit sehr genau die beiden Grundfragen angesprochen, die jeden denkenden Menschen bewegen, wenn er sich das
Gebet zur Frage, zum »Problem« werden läßt. Dabei ist es zunächst
gar nicht wesentlich, ob dieser Mensch ein ungläubiger Thomas oder
ein sogenannter praktizierender Christ ist. Jeder von beiden hat vielmehr seine Spezialfrage auf dem Herzen. Der »ungläubige Thomas«
(also der Skeptiker, der Säkularisierte oder der Atheist) stellt seine
Frage so: Angenommen einmal, daß es Gott überhaupt gäbe – sollte
ich dann im Ernst dessen gewiß sein, daß man mit ihm *reden* kann?
Wäre das nicht der größenwahnsinnige Versuch, Gott beeinflussen zu
wollen, und hieße das dann nicht, sich selber maßlos zu überschätzen
und Gott zu einem Popanz unserer kleinen Kümmerchen und
Wünsche herabzuwürdigen? Oder noch anders: Hieße das nicht, daß
man auf eigenes Nachdenken über eine schwierige Situation, auf die
eigene Bereitschaft zu aktivem Eingreifen verzichtete und statt dessen
die bequeme Tour wählte, nur »den lieben Gott walten« zu lassen? –
Wenn es also schon so etwas geben soll wie ein Gebet, dann kann es
höchstens ein nachdenkliches und besinnliches *Selbstgespräch* mit der
eigenen Brust sein, ein »Bedenken von Welt«, wie es ein amerikani-
scher Theologe ausdrückt (van Buren). Wir wiegen uns dann gleichsam nur in der »Illusion«, so etwas wie einen Gesprächspartner im
Himmel zu haben, der uns hört.
Vielleicht sollte man, so denkt der Skeptiker, diese Illusion tatsächlich
in Kauf nehmen. Denn auch das nur *scheinbare* Gebet kann immerhin

eine ganz gute Meditationsübung sein, die uns inmitten der allgemeinen Zerstreuung und Wirrnis des Lebens eine gewisse innere Konzentration schenkt und der zentrifugalen Richtung entgegenwirkt. Doch wird der denkende Mensch nie übersehen können, daß er eben nur so tut, »als ob« er mit Gott spräche, und daß er dieses »als ob« im Sinn einer produktiven Selbsttäuschung in Kauf nimmt.

Aber nicht nur der Skeptiker, sondern auch der *Christ* stellt in Augenblicken des Zweifels fest, daß er gewisse Vorbehalte gegenüber dem Gebet hat. Lord Melbourne hat diese Vorbehalte in seiner zweiten Frage angedeutet: »Um *was* sollen wir eigentlich beten?« Sagt Jesus nicht selbst: »Euer Vater im Himmel weiß, wessen ihr bedürfet, ehe denn ihr ihn bittet«? Wenn aber Gott derart allwissend ist, kann es dann überhaupt sinnvoll sein, mit Gebetswünschen zu intervenieren und allerhand Desiderien und Vorschläge zu äußern? Begnügt man sich dann nicht besser damit, daß man schlicht sagt: »Dein Wille geschehe«, oder auch: »Ich nehm es, wie er's gibet«? Auch der Christ muß sich ja immer wieder darüber wundern und kann es kaum fassen, daß Gott den Seinen Einfluß auf sich einräumt und daß wir mit ihm reden dürfen wie die lieben Kinder mit ihrem lieben Vater.

Wenn wir nun über das Geheimnis des Gebets ein wenig nachdenken wollen, muß ich doch am Anfang ein rotes Warnlicht aufflammen lassen:

Theoretisch und von außen her kommt man nämlich auf keinen Fall dahinter, was beim Beten passiert. Der bloße Zuschauer, der Nichtengagierte, bleibt rettungslos vor den Kulissen. Georg Bernanos sagt einmal in seinem Roman »Tagebuch eines Landpfarrers«: »Wie können doch Menschen, die kaum Erfahrungen mit dem Gebet gemacht haben, mit solcher Leichtfertigkeit davon reden? Ein Trappist oder ein Kartäusermönch wird sich jahrelang abquälen, um ein Mann des Gebets zu werden, und da will der erstbeste hergelaufene Leichtfuß über die Bemühungen eines ganzen Lebens urteilen? ... Hielte sich wohl jemand für berechtigt, von oben herab über Musik zu urteilen, wenn er nur gelegentlich einmal mit den Fingerspitzen die Tasten eines Klaviers angeschlagen hat? Und wenn ihn eine Symphonie von Beethoven oder eine Bachsche Fuge kalt läßt, während er auf den Gesichtern der Leute um sich herum den Widerschein hoher Wonnen erblickt – wem wird er dann mißtrauen, wenn nicht sich selbst?«

In der Tat: Sollten die mächtigen Beter in der Geschichte des Reiches Gottes – von Elia bis Bodelschwingh – alle Narren gewesen sein? Sollte es bloß Autosuggestion gewesen sein, wenn Mose bezeugen konnte, daß Gott mit ihm geredet hat wie mit einem Freunde? Ist die Beglückung ihrer Herzen, die sie in der Zwiesprache mit dem Gegenstand ihrer Zuversicht – eben mit dem himmlischen Vater – erlebten und die sie den Frieden einer unfaßlichen Geborgenheit erfahren ließ, nur seelische Euphorie gewesen, die sie dann nach außen projizierten? Oder sind wir anderen mit unseren verstummten Herzen und unserer Gebetslosigkeit vielleicht die Versager und die Betrogenen?

Ich habe nun in meinem Leben viel zu oft mit ehrlich und vergeblich Suchenden gesprochen und habe auch selbst viel zu tief in solchen Nöten gesteckt, um nicht an dieser Stelle eine sehr ernsthafte Gegenfrage zu hören. Dieser Einwand könnte so lauten: »Ich selbst kann zwar nicht beten. Und doch bin ich nicht einfach wie ein Blinder, der von der Farbe zu sprechen wagt, wenn ich mir ein Urteil über das Beten gebildet habe. Denn ich habe ja schließlich meine Erfahrungen mit dem Beten gemacht. Leider sind sie nur negativ und ziemlich bitter gewesen: Manchmal hat die Verzweiflung in mir ein Stoßgebet ausgelöst. Im Gefangenenlager hat der irrsinnige Hungerschmerz mich nach Brot schreien lassen. Im Luftschutzkeller, wenn die Erde um uns bebte und die Flächenbrände rings um uns ausbrachen, hat sich ein notvolles ›Herr, hilf mir!‹ aus meinem Munde gepreßt. Gewiß: ein paar Brotreste habe ich dann schon gekriegt, und aus dem unterirdischen Verlies bin ich schließlich auch wieder herausgekommen. Doch als ich dann so gesättigt und gerettet war, verstummte automatisch auch das Bedürfnis nach jenem Gebetsschrei. Es war wieder stumm in mir. Und was im Augenblick der Gefahr so etwas wie ein Gebet gewesen sein mochte, erschien mir im Rückblick als bloßer Ausdruck einer Panik. Ich konnte das einfach nicht mehr nachvollziehen.«

Wer von uns hätte Ähnliches nicht ebenfalls erlebt? Und doch kann uns gerade diese Erfahrung, wenn wir sie durchdenken, auf das eigentliche Geheimnis des Gebetes führen.

Was geschieht denn eigentlich in mir, wenn ich mich als jemand, der sonst der Welt des Gebetes fernesteht, in der Not plötzlich dabei ertappe, daß ich durch ein Stoßgebet Verbindung mit Gott aufnehme? Wenn wir ehrlich sind, müssen wir einräumen, daß es uns dabei nicht darum geht, die *Hand* des Vaters zu suchen und im Windschatten seines Friedens vor jenen Stürmen geborgen zu sein, die uns umtosen. Wir reden eigentlich gar nicht den *Vater* dabei an, sondern nur unseren knurrenden Magen oder die Bomben, von denen wir bedroht sind, oder das Krebsgeschwür in unserem Leib, das wir fürchten. Ist das Brot dann da und sind wir wieder satt, ist die Geschwulst wegoperiert und unser Wohlbehagen wieder zurückgekehrt, so ist die Gebetsfrage für uns plötzlich nicht mehr aktuell. Sie schläft einfach wieder ein. Offenbar war es nicht der Geist Gottes, der uns hatte rufen lassen: »Abba, lieber Vater!«, sondern unsere Nerven waren es, die uns das Brot und die Granaten und das Geschwür als falsche Götter vorgegaukelt haben. Unsere Nerven haben uns veranlaßt, in Form eines Stoßgebetes nichts Geringeres als einen kleinen Beschwörungszauber zu vollziehen.

Wer aber zu beten (wirklich zu »beten«) entschlossen ist, der muß nach der *Hand* Gottes greifen, nicht nach den *Pfennigen* in seiner Hand. Wem es nur um die Pfennige geht, dem wird die Hand gleichgültig, nachdem er seinen Tribut empfangen hat. Denn dem war die Hand nur Mittel zum Zweck, damit sie ihm sein Trinkgeld gab oder ihn durch eine Gefahr hindurchriß. Danach stößt er die Hand wieder zurück. Denn sie ist nun nichts mehr nütze, sie hat ihre Schuldigkeit getan und kann sich zurückziehen.

Verstehen wir also, daß ein Gebet nichts Geringeres als eine Gotteslästerung sein kann? Ist es denn etwas anderes als Lästerung, wenn mir Gott nur Mittel zum Zweck ist? So etwas rächt sich. Wenn wir Gott zum bloßen Popanz unserer Wünsche machen (auch wenn das auf die fromme Tour und in Gestalt eines Gebetes geschieht), dann verschließt er seinen Himmel, und wir sehen uns in das Schweigen unseres unerlösten Lebens zurückgeworfen. Wir sagen dann vielleicht, wenn es so stumm um uns wird: »Gott schweigt«, oder auch: »Gott ist gar nicht da.« – Er ist wohl *wirklich* nicht mehr da, tatsächlich: Er ist wirklich nicht mehr da –, aber keineswegs deshalb, weil es ihn nicht gäbe, sondern – wie Léon Bloy einmal sagt – weil er sich »zurückgezogen hat« (Dieu se retire). Auch Paulus kann Andeutungen in ähnlicher Richtung machen. Wir haben um eines Augenblickserfolges willen, vielleicht weil unsere Nerven uns einen Streich spielten, die segnende Hand Gottes zurückgestoßen und uns nach den Pfennigen gebückt, die ihr dabei entfielen.

Ich hörte einmal von einem Kind, das fürchterlich schrie, weil es seine Hand in die Öffnung einer sehr kostbaren chinesischen Vase hineingepreßt hatte und sie nun nicht mehr herausbrachte. Eltern und Nachbarn rissen aus Leibeskräften an dem Kinderarm, während das arme Wesen immer lauter brüllte. Schließlich blieb nichts anderes übrig, als die schöne teure Vase zu zerschlagen. Und jetzt, angesichts des traurigen Scherbenhaufens, stellte sich heraus, woran es gelegen hatte, daß das Kind so hoffnungslos darin hängengeblieben war. Seine kleine Faust umspannte einen kümmerlichen Pfennig, den es auf dem Boden der Vase erspäht hatte und den es in seinem kindlichen Unverstand nicht loslassen wollte.

Genauso wie dieses törichte kleine Kind verhalten wir Menschen uns immer wieder gegenüber Gott: Um eines armseligen Pfennigs willen, den wir haben und an uns reißen wollen, wird das kostbare Behältnis unserer Gotteskindschaft zertrümmert. Würden wir nur im Ernst und mit allen unseren Kräften dies höchste Gut, Gottes Kinder zu sein, *wollen*, dann bekämen wir auch die Pfennige, dann bekämen wir auch die Heilung, die Bewahrung in der Not und alles andere wie nebenbei *mit*. Wer bloß in der Not betet und im übrigen Gott einen guten Mann sein läßt, ist darum auf alle Fälle der Betrogene. Denn er zahlt einen viel zu hohen Preis. Er opfert die kostbare Vase für den Pfennig der Augenblickshilfe.

Genau das war übrigens auch der Schmerz Jesu nach der wunderbaren

Wüstenspeisung, als er den Leuten sagte: »Ihr suchet mich nicht darum, daß ihr Zeichen gesehen habt, sondern weil ihr von dem Brot gegessen habt und seid satt geworden« (Johannes 6,26). Er hatte die Menge wunderbar gespeist, damit sie hinter diesem Geschehen das wahre Brot des Lebens erblicken sollte, damit sie die Hand des Vaters kennenlernte, die sie fürsorgend geleitet, jene Hand, der Milde und Erbarmen entquellen. *Ihnen* aber blieb dies Geschehen verschlossen. Es wurde ihnen nicht »transparent«. Und so übersahen sie diese Hand und gierten nur nach den »fünf Gerstenbroten und den zwei Fischen«. Hätten sie hinter der Gabe den Geber und hinter den Broten den Heiland erblickt, so wäre *diese* Erfahrung ihnen treu geblieben und hätte sie auch weiterhin durch ihr Leben geleitet. Sie würden dann für immer gewußt haben: Wir mögen uns auf Durststrecken in der Wüste dahinschleppen, aber unser Vater ist bei uns. Er kann uns Oasen mit frischem Wasser besorgen. Er kann uns auch, selbst wenn wir weiter darben müssen, mit seinem Frieden umfangen, so daß uns der Durst nichts mehr tun kann. Doch dieses Geschenk, das ihnen in der Stunde des Wunders angeboten war, schlugen sie aus. Sie sagten nicht, als ihr Schrei nach Brot Erfüllung fand: »Soli Deo gloria« oder »Ehre sei Gott in der Höhe«, sondern sie strichen sich über ihren wohlgefüllten Magen und murmelten nur ein sattes »Mahlzeit!« Dann standen sie auf, um zu spielen, und hatten alles vergessen.

Unser Text spricht nun über die Frage, worum es beim wirklichen und wahren Beten geht. Er illustriert das mit dem Bilde eines Sohnes, der seinen Vater etwas bittet. Das also ist die Voraussetzung: daß wir es beim Beten mit unserem *Vater* zu tun haben und daß wir seine Kinder sind. Ohne diese Voraussetzung hat alles keinen Sinn. Und weil Jesus Christus uns den Vater zeigt, weil dieser Vater in ihm an unsere Seite getreten und *da* ist, darum ist er auch stets bei unserem Beten dabei, darum bitten wir »in seinem Namen«.

Und nun wird uns mit souveräner Eindeutigkeit gesagt – es klingt geradezu apodiktisch und unbedingt! –: »Bittet! Es wird euch gegeben. Suchet! Ihr werdet finden.« Kein irdischer Vater gibt ja seinem

Kinde einen Stein, wenn es ihn um ein Stück Brot bittet. Wieviel weniger tut das euer himmlischer Vater.

Ja – tut er das wirklich um so viel weniger?

Wie oft haben wir um etwas gefleht und es eben *nicht* bekommen! Stehen an unserer Lebensstraße nicht zahllose Leichensteine *un*erhörter Gebete? Wissen wir nicht alle um bittere Enttäuschungen und Augenblicke, wo keine Rede noch Antwort war, als wir inbrünstig baten, und wo wir allein und enttäuscht im Leeren zurückblieben?

Um eine Antwort auf diese bedrängende Frage zu finden, müssen wir den sehr feinen Unterschied zwischen »Bitten« und »Wünschen« bedenken. Es gibt wohl vergebliche Wünsche, es gibt aber auf keinen Fall vergebliches Bitten. Viele unserer oft fromm klingenden Gebete sind nur rein gefühlsmäßige Wünsche. Jesus hat den Heiligen Geist aber nicht denen verheißen, die sich etwas wünschen, sondern denen, die ernsthaft bitten und zielbewußt suchen. Wenn jemand sagt: Es wäre wohl hübsch, wenn Gottes Gnade und Wahrheit in meinem Herzen regierten oder wenn er mir ein Auto oder eine Villa dedizierte, dann ist das kein Gebet, sondern frommer Schleim. Wer »bittet«, der richtet ja keine Wünsche an Unbekannt, sondern der wendet sich an eine genaue Adresse und der klopft an eine ganz bestimmte Tür.

Man kann das an den alten Kirchengebeten beobachten. Als junger Mensch habe ich nie recht begriffen, warum hier immer so langatmige und feierliche Anreden gebraucht werden: »Herr unser Gott, lieber himmlischer Vater«; und dann kommt noch ein Relativsatz: »... der du das und das bist und das und das tust.« Schließlich wird noch betont, daß er auch der Vater unseres Herrn Jesus Christus sei – und erst dann kommt allmählich und etwas umständlich zur Sprache, was man von ihm will: den Frieden in der Welt, gedeihliche Witterung und Trost für die Einsamen und vieles andere. Beinahe geht einem aber bei den umständlichen und zeremoniell klingenden Anreden schon die Puste aus, so daß man bei der eigentlichen Bitte fast ausgepumpt ist.

Mir ist erst sehr allmählich klargeworden, was die alten erfahrenen Beter damit wollen, wenn sie so umständliche Anreden an den Anfang stellen: Sie wollen nämlich zunächst einmal und vor allem anderen das Angesicht Gottes suchen. Sie wollen genau die Adresse ausmachen. Und wenn sie »alle ihre Sorgen auf ihn werfen« möchten, dann fangen sie nicht damit an, ehe sie bei diesem Werfen genauestens das *Ziel* ins Auge gefaßt haben. Denn sie wissen: das eben ist das Wichtigste beim Beten, daß wir damit bei Gott *ankommen* und daß wir die Verheißung haben, dann auch angenommen und gehört zu werden. Diese Gewißheit habe ich aber nur dann, wenn ich sehr präzise gezielt habe und wenn ich dessen gewiß bin: Gott selbst ist es ja, der mich dazu ermächtigt, so vor ihn hinzutreten, und ich darf mich auf meinen Bruder Jesus Christus berufen, der mir die Hände faltet und der mit mir vor meinen Vater tritt.

Ich sagte soeben, auf diese Weise *gäbe* es überhaupt keine unerfüllten Gebete. Das möchte ich in einer kurzen Überlegung begründen: Natürlich habe ich ebenso wie jeder andere Beter immer wieder erfahren, daß Gott mir gerade das *nicht* gegeben hat, worum ich ihn bat. Aber Jesus sagt ja auch gar nicht (wenn man genau hinsieht!), daß der, der seinen Vater um Brot bittet, nun unter allen Umständen auch Brot bekäme. Sondern er sagt nur, daß er unter keinen Umständen einen Stein bekommt. Damit will er sagen: Der Vater läßt mich auf keinen Fall sitzen. Vielleicht habe ich Gott um etwas ganz Törichtes gebeten. Vielleicht erwartete ich eine Gehaltserhöhung, während Gott besser weiß als ich, daß ich der Bescheidung bedarf und daß mein Ehrgeiz einen Dämpfer braucht. Aber wie tröstlich, wie schön ist es nun gerade, daß ich auch um solche törichten Dinge bitten darf, daß ich so reden kann, wie mir der Schnabel gewachsen ist, und daß ich nicht wie ein frühreifes altkluges Kind in gestelzten Worten daherreden muß, die viel reifer und weiser sind, als ich selbst es bin.

Ich kann im übrigen auch gar nicht »gescheit« mit meinem himmlischen Vater reden. Das hat einen sehr tiefen Grund. Denn um sozusagen »legitime« Bitten vorbringen zu können, die vor Gottes Augen bestehen können, müßte ich imstande sein, dem Herrn der Geschichte in die Karten zu blicken, und etwas von jener Weisheit besitzen, die ihn die Ereignisse steuern läßt und selbst das von Menschen »böse Gemachte« noch seinen Zielen dienstbar zu machen weiß. Einst sang man angesichts der Armeen Napoleons, die in den Weiten des winterlichen Rußland umgekommen waren: »Mit Mann und Roß und Wagen hat sie der Herr geschlagen.« Man sang also von einem Gottesgericht, und in dieser Richtung werden sich auch viele Gebete der Zeitgenossen damals bewegt haben. Ob ein Franzose aber nicht vielleicht der Ansicht sein konnte, dieser Untergang sei nicht ein Gericht über Napoleon, sondern vielmehr ein Gericht über Europa, das nun des napoleonischen Ordnungsprinzips verlustig gehe? War also in Napoleon eine Zuchtrute zerbrochen, oder war ein Retter, ein Repräsentant ordnender Mächte vernichtet?

Um die Hintergründe der göttlichen Weltregie zu kennen und damit nun das wirklich »Notwendige« und das »Richtige« von Gott haben zu wollen, müßte ich geradezu ein Super-Geschichtsphilosoph, ja ich müßte ein Prophet sein. Nur dann könnte ich, wenn man so will, »korrekt« beten und meine Bitten mit dem Willen Gottes konform werden lassen. Doch das verlangt Gott gar nicht von mir. Ich darf frank und frei und ungeniert sagen, wie ich mir die Zukunft vorstelle und wie ich sie gestalten will, und darf nach diesen etwas kindlichen Vorstellungen – »kindlich« jedenfalls an den Maßen der Ewigkeit gemessen! – meine Bitten einrichten.

Weil ich aber weiß, wie unreif dieses mein Bitten und wie unerfüllbar es darum für den ist, der viel besser als ich selbst meine wirkliche Notdurft kennt, darum soll ich am Schluß dann auch einen dicken Strich unter mein Bittgesuch machen und sagen: »Aber nicht mein, sondern dein Wille geschehe.« Ich weiß ja, zu *wem* ich das sage und *wem* ich mich damit anvertraue und in die Hand gebe: daß es mein Vater ist, der schon weiß, wessen ich bedarf, ehe denn ich ihn bitte, der mir dann das Nötige auch gibt und der mich selbst in dem, was mir zunächst befremdlich und wie Nichterhörung erscheinen mag, seine Gabe, seine Antwort und seine Erfüllungen erkennen läßt.

Man kann aber das Wort: »Dein Wille geschehe«, auch ganz vertrauenslos und gotteslästerlich sagen:

Gotteslästerlich wird diese »Ergebung in Gottes Willen« dann, wenn wir uns damit vom eigenen Nachdenken und Handeln dispensieren wollen und statt dessen sagen: Wir haben als Menschen keine Verantwortung – weder für die Notstandsgesetze noch für Vietnam, weder für die Rassenfrage noch für die Mitbestimmungsprobleme in den Betrieben. Gott wird die Sache, wenn ich sie nur vertrauensvoll an ihn delegiere, schon recht machen (oder reichlich jovial gesagt: »schon schaukeln«). Das alles wäre gerade gotteslästerlich, obwohl es fromm klingt.

Wer vielmehr im Ernst betet und mit Gott ringt, macht dabei eine eigentümliche Erfahrung:

Er erfährt nämlich, daß ihm die Dinge dabei auch *selber* wichtig werden und daß das Gebet nicht ohne sachliches Denken, nicht ohne Ringen um richtiges Handeln und um praktikable Lösungen denkbar ist. Was ich nämlich Gott als wichtig in meinem Gebet vortrage, kann mir selbst ja nicht gut gleichgültig sein. Wenn ich *Gottes* Engagement erbitte, muß ich mich auch *selber* engagieren. Wenn ich betend mit Gott um die Rettung eines Menschen ringe, dann wird mich dieser Mensch auch selbst aufs tiefste angehen. So ist Beten immer zugleich eine Einweisung in ganz hartes Nachdenken und verantwortliches Handeln.

Ich kann die Bitte: »Dein Wille geschehe«, aber noch auf andere Weise gotteslästerlich mißbrauchen, dann nämlich, wenn ich im Grunde schicksalsgläubig bin und mir sage: Es kommt doch alles so, wie es kommen muß. Darum soll Gott machen, was er will: Sein Wille geschehe; sein Wille rolle ab! Gerade hier aber käme doch alles darauf an, daß ich weiß, zu *wem* ich sage: »Dein Wille geschehe!« –, ob ich es zum *Schicksal* sage und mich dann in einem ohnmächtigen amor fati willenlos treiben lasse, oder ob ich es zu meinem *Vater* sage und dann damit ausdrücken will: »Nun mache aus meinem dummen Gebet das, was deinem Ratschluß frommt. Ich *mußte* ja mit dir reden, Herr, wenn auch töricht, weil ich dich liebhabe und nicht schweigen kann, seitdem du mein Herz gewonnen hast. Ich danke dir, daß ich mit meinen Nöten und Vorschlägen zu dir kommen darf und daß du sogar *erwartest*, mein Herz von mir ausgeschüttet zu bekommen. Doch nun verwandle das, was ich töricht bat, in das, was mir und meinem Nächsten zum Besten dient und was du allein kennst. Und wenn du mir den *einen* Menschen, um dessen Leben ich dich bat, nehmen willst, so gib, daß ich dann auch die Einsamkeit als dein Geschenk annehme und die Spuren deines Segens auch darin entdecke.«

Wenn ich sagen sollte, was mir das größte Geschenk ist, das uns im Betenkönnen zuteil wird, dann möchte ich sagen: Das größte ist, daß wir durch die Zwiesprache mit unserem Vater in seine Nähe kommen, daß wir seinen Frieden inmitten aller Unruhe schmecken und einen Halt gewinnen gegenüber allem, was uns umdrängt und zu Boden werfen möchte.

Wenn uns Gott ein Gebet gelingen läßt und sein Angesicht dann über uns leuchtet, haben wir manchmal beim Amen schon die Wünsche vergessen, die uns ursprünglich ins Gebet getrieben haben. Sie sind auf einmal unwesentlich geworden, weil es uns überwältigt, zu wissen, daß uns auf *jeden* Fall das widerfahren wird, was uns zum Besten dienen muß.

So kommt es nicht darauf an, ob uns ein Unglück trifft oder nicht, sondern ob wir den Ort der Zuflucht kennen und den Raum unter dem Schatten seiner Flügel (Psalm 57,2). Es kommt nicht darauf an, ob wir uns verfolgt und alles gegen uns zu haben wähnen, sondern ob wir das Haupt zum Freunde haben und geliebt bei Gott sind.

Das Turmgebälk der Michaeliskirche mochte in Feuerstürmen niederbrechen und verkohlen. Aber nachher kam ein Künstler und schnitzte aus den so schwer verwundeten und verkohlten Balken einen Engel mit einem tröstenden und unsagbar ruhigen Antlitz. So ist auch Gott ein Künstler, der trotz unseres Flehens manches in unserem Leben zerbrechen läßt, woran unser Herz hängt. Denn seine Gedanken sind höher als unsere Gedanken. Doch dann baut er aus den Trümmerbalken unseres Lebens Brücken und Stege, auf denen er uns über alle Abgründe geleitet. Und keine Tiefe darf uns verschlingen.

WAS GOTT MIT DEM SINN DES LEBENS
ZU TUN HAT

KAUM WAR JESUS AUF DER STRASSE UND WOLLTE WEITERZIEHEN, DA stürzte ein Mann herbei, sank vor ihm auf die Knie und stellte ihm die Frage: »Guter Meister, was muß ich nur tun, um ewiges Leben zu gewinnen – ewiges Leben, das mir verbürgt ist und dessen ich gewiß sein kann?«

Da erwiderte ihm Jesus: »Wie kommst du dazu, mich ›gut‹ zu nennen? Niemand ist gut – nur Gott allein. Im übrigen kennst du doch die Gebote: Du sollst nicht töten, du sollst die Ehe nicht brechen, du sollst nicht stehlen, du sollst nicht falsch Zeugnis ablegen, du sollst niemandem seinen Lohn vorenthalten, ehre Vater und Mutter!«

»Meister«, gab darauf der Mann zurück, »alles das *habe* ich doch gehalten – schon von Kindesbeinen an!«

Da sah Jesus ihn voller Liebe an und sagte dann: »Eines fehlt dir noch zur Vollkommenheit: Mach dich auf und verkaufe alles, was du hast. Gib dann das, was dabei herausspringt, denen, die nichts haben. So wirst du zu einem Schatz kommen, der im Himmel für dich bereitliegt. Und dann auf! und tritt ein in meine Nachfolge.«

Dieses Wort aber bewirkte, daß der Mann sich entsetzte. Voller Traurigkeit ging er dann weg, denn er war sehr reich.

Da schaute Jesus im Kreis umher und wandte sich zu seinen Jüngern: »Wie schwer haben es Menschen, die über viel verfügen, Gott über sich verfügen zu lassen und zum ewigen Leben zu finden!«

Dieser Satz ließ die Jünger nahezu ihre Fassung verlieren. Da fuhr er noch einmal fort: »Wie schwer ist es in der Tat, Eingang ins Reich Gottes zu gewinnen! Eher schlüpft ein Kamel durch ein Nadelöhr, als daß einer, der viel hat, ins Reich Gottes dringt.«

Da gerieten die Jünger vollends außer sich und fragten einander: »Wer kann dann überhaupt noch gerettet werden?«

Nun sah Jesus sie noch einmal an und sagte: »Menschlich gesehen, ist es auch unmöglich, nicht aber für Gott. Es gibt nichts, was Gott unmöglich wäre.«   MARKUS 10, 17–27

Wie kommt es, daß in einem Menschen auf einmal die Frage nach dem ewigen Leben, nach dem Wesentlichen aufbricht? Es kann irgendein junger Mensch sein (wie in unserer Geschichte), der plötzlich von dieser Frage umgetrieben wird. Sie taucht nicht immer so auf, daß das Stichwort »ewiges Leben« dabei gebraucht wird. Vielleicht sind es ganz andere Chiffren, unter denen diese Frage gestellt wird. Der junge Mensch könnte zum Beispiel fragen: Wer hat eigentlich recht mit seinem Leben: Albert Schweitzer, der eine große akademische Karriere schwimmen läßt, der an einer Traumvilla nicht interessiert ist und statt dessen in den Busch geht, um sich mit unappetitlichen Krankheiten der Eingeborenen zu beschäftigen – *oder* der Erfolgsunternehmer mit seinem Straßenkreuzer und dem mosaikausgelegten Swimmingpool? Worauf kommt es an? Kommt es darauf an, daß man einen Dienst tut und selber dahinter verschwindet, *oder* kommt es auf Prestige, Karriere, Erfolg und im äußersten Fall darauf an, daß man auf dem Titelblatt einer Illustrierten erscheint? Was ist das Wesentliche, worum letztlich alles geht?

Indem der junge Mensch so fragt, hat er – mehr verschlüsselt als im Klartext – die Frage nach dem ewigen Leben gestellt.

Aber auch der alte Mensch stellt diese Frage. Vielleicht hat er sich eben zur Ruhe gesetzt. Den Platz im Büro nimmt nun ein anderer ein. Niemand wartet mehr auf ihn. Er kann bis Mittag schlafen. Keinen Menschen kümmert das. Die alten Kollegen sind nett zu ihm, wenn er einmal hereinschaut. Aber er spürt: wenn er da ist, hält er sie nur auf; er geht sie nichts mehr an. Und nun fragt sich der alte Mensch: Wofür habe ich eigentlich gelebt? Habe ich irgend etwas Wesentliches in meine Scheunen eingebracht, von dem ich nun zehren kann und was mich erfüllt? Oder habe ich mich betrogen, als ich meinte, es käme nur auf die Leistung an, und bin nun verlassen und überflüssig, wo ich nur noch vegetiere und *nichts* mehr leiste? Indem der alte Mensch diesen Schock des Ausrangiertseins erleidet, hat er wiederum – mehr unbewußt als im Klartext – die Frage nach dem ewigen Leben gestellt: die Frage nämlich nach dem, worauf es eigentlich im Leben ankommt und was nicht mit erlischt, wenn meine produktiven Funktionen in der Gesellschaft aufhören.

Auf welches Ziel hin lebe ich eigentlich? Das ist die Frage, um die man nicht herumkommt.

Natürlich kann man diese Frage auch überhören. Du lieber Himmel, was haben wir alles um die Ohren! Ich bin doch heilfroh, wenn ich mein heutiges Pensum auf meinem Schreibtisch wegarbeite. An jenes Plusquamfuturum, an das letzte *Ziel*, bei dem dies alles einmal enden soll, zu denken, habe ich keine Zeit. Das ist der Luxus der Faulenzer oder das Hobby der Beschaulichen. Und doch hat Albert Einstein einmal gesagt: »Wir leben in einer Zeit der vollkommenen

Mittel und der verworrenen Ziele.« Wir haben Eisschränke und Fernsehgeräte, wir haben soziale Einrichtungen, die das Leben erleichtern und absichern. Das alles sind doch Mittel, die das Leben lebenswerter machen sollen. Aber was wollen wir mit alledem? Wie beklemmend vollkommen und intelligent arbeitet ein Fernsehapparat oder ein Tonfilmgerät! Aber welche Courths-Mahler- oder Förster-aus-dem-Silberwald-Schnulzen können nun mit Hilfe dieser intelligenten Apparaturen auf den Schirmen erscheinen! Bedurfte es wirklich dieses riesigen technischen Aufwandes, um solche atemberaubenden Banalitäten auszusagen? Ist dieses fade Gestammel das Ziel, dem uns diese technische Perfektion entgegenführt? Was haben wir damit erreicht? Um welche Ziele geht es uns eigentlich?

Rührt nicht aus dieser Fehlanzeige – daß wir nämlich kein Ziel mehr haben, daß wir den Sinn des Lebens in alledem nicht entdecken können – die Langeweile? Der Komfort unserer Welt ist immer nur im ersten Augenblick attraktiv. Im nächsten Augenblick ist er uns selbstverständlich und wird fade. Und daß die Halbstarken sich einige etwas abwegige Dramatisierungen des Lebens verschaffen, ist nur ein Symptom dieser Langeweile.

Aber auch der fromme Kirchenchrist kann diese Frage nach dem ewigen Leben stellen. Der junge Mann, der in unserer Geschichte auftritt, ist so etwas wie ein Kirchenvorstand, wie das Mitglied einer Synode. Er ist auf konfessionellem Gebiet führend. Auch einem solchen Mann kann es passieren, daß er plötzlich fragen muß: Wo finde ich eigentlich in all dem Dogmenkram irgendein pulsierendes Leben? Wo finde ich etwas, was mich überwältigt und was stärker ist als der Trübsinn, der mich manchmal überfällt? Wie oft habe ich in meinem Leben die Weihnachtsbotschaft gehört: »Ich verkündige euch große Freude!« Ich kenne alle diese Worte in- und auswendig. Und doch hat es mich noch nie mitgerissen, noch nie von meinem Sitz hochgelupft. Und richtig froh und warm bin ich auch noch nicht dabei geworden. Wie oft habe ich beim Abendmahl gehört: »Dir sind deine Sünden vergeben.« Ich habe das ernst genommen und wollte einen neuen Anfang machen. Aber am nächsten Tag ging die alte Ochsentour wieder los; ich habe doch aufs neue getan, was ich an den Altären bitter bereute. Wo sitzt denn das berühmte Leben aus Gott, das einen mitreißt und umschmilzt? Vielleicht geht es mir gar nicht zuerst um »Wahrheit«. So intellektuell und »hochgestochen« bin ich wahrscheinlich nicht. Aber um *Leben* geht es mir, um eine Realität, die ich spüren, vor der ich kapitulieren muß und die mir mit einem Schlage klarmacht: *Das* ist es, *darauf* kommt es an! Ich ersticke in religiöser Routine und dresche das leere Stroh eines christlichen Vokabulars. Man darf es ja nicht laut sagen – so denkt der Kirchenchrist vielleicht –, aber es hängt mir manchmal zum Halse heraus.

In dieser Verfassung – es ist unser aller Verfassung – kommt dieser junge Mann also zu Jesus. Es kann passieren, daß einem diese Frage wichtiger und erregender ist als das Problem der fälligen Wechsel und als der knurrende Magen, den es nach einem guten Mittagessen juckt. So ist es bei diesem jungen Mann: er läuft nämlich herzu und wirft sich vor Jesus nieder.

Man muß sich diese Szene klarmachen, um ihre Tragweite zu ermessen: Jesus ist umdrängt von Menschen. Meist sind es einfache Leute aus dem Volk. Es ist schon ein bißchen genierlich, wenn ein Mann in gepflegter, aristokratischer Garderobe mitten in diesem etwas ordinären Haufen auftaucht. Aber er taucht nicht nur auf, er wirft sich vor Jesus nieder. Das ist eine Sensation. Zu so etwas entschließt man sich nur, wenn es um nicht viel weniger als das Leben selbst geht. Nur wenn man bis zum äußersten von etwas erfüllt ist, wird es einem egal, welchen Eindruck man auf die anderen Leute macht und ob man sich vielleicht kompromittiert. (Wir sahen, daß auch der Zöllner Zachäus in ähnlicher Weise über seine blamable Situation erhaben ist.) Heute kommt es vielleicht vor, daß jemand sich beim Ansturm auf die Kassen eines Fußball-Länderspiels so vordrängt, weil er besessen ist von der einen Idee, daß er das sehen muß, und es ihn darum gar nicht kümmert, ob die anderen Leute in der Schlange sich über ihn mokieren.

So ist denn dem reichen Jüngling alles egal, was um ihn herumsteht und vorgeht. Für ihn gibt es nur diesen *einen* Mann Jesus und diese *eine* Frage, die sein Schicksal geworden ist. Was passiert nun?

Man sollte meinen, Jesus sei ebenso wie seine Jünger beglückt gewesen: Endlich einmal ein Mann aus der Führungsschicht seines Volkes und nicht nur immer die kleinen Leute. Endlich einmal jemand, der kein Geld will oder nur ein bißchen unverbindlich diskutieren möchte; oder jemand mit all dem körperlichen Weh und Ach, der nur den Wunderdoktor in ihm sucht. *Endlich, endlich einmal ein Mensch mit einer wesentlichen Frage!*

Wie mancher Seelsorger, dessen Sprechzimmer erfüllt ist von lauter Leuten mit alltäglichen Routinesachen, verzehrt sich in dem Wunsch, daß doch nur *einmal* jemand zu ihm käme in der Woche – nur ein einziger! –, der ihm eine solche Frage stellt und den die große Unruhe um das Wesentliche treibt.

»Guter Meister«, sagt der Mann, »was muß ich nur tun, um ewiges Leben zu gewinnen? Sage mir etwas von dem Sinn meines Lebens, denn ich bin an ihm irre geworden; und dann lege mir auf, was du willst! Ich will jede Last tragen, auch ein elftes oder zwölftes Gebot für die Elite (noblesse oblige!), wenn ich nur das Gefühl habe, daß ich im Einklang mit mir selbst und mit meiner Bestimmung bin. Ich ertrage das Leben nicht mehr, wenn ich kein Thema habe, für das ich lebe. Ich ersticke an der Sinnlosigkeit. Und laß dich bitte nicht dadurch täuschen, daß es mir äußerlich gut geht. Guter Meister – bitte!«

Muß ihn Jesus jetzt nicht von der Erde hochreißen und ihm sagen: »Ich danke dir, daß du mit dieser Frage gekommen bist. Es macht mich glücklich, daß mir ein suchender Mensch in dir begegnet.« – Aber Jesus reagiert befremdlich anders, als wir es erwarten. Er hat eigentlich nur eine »kalte Dusche« für diesen jungen Sucher übrig. Er lehnt es nämlich ab – muß das wirklich das erste Wort sein? –, »guter Meister« von ihm genannt zu werden. »Niemand ist gut – nur Gott allein.«

Warum sagt Jesus das? Warum sagt er es in diesem Augenblick? – Offenbar sieht der reiche Jüngling so etwas wie einen *Lehrer* in Jesus, der über gewisse Patentrezepte verfügt, um ihm in seiner Lebensproblematik zurechtzuhelfen. Der junge Mann scheint zu denken, man könne an Gott *vorbei* zu einer Lösung dieser Probleme kommen. Jesus ist für ihn so eine Art »Frau Irene« (der übrigens, wenn ich das sagen darf, mein voller Respekt gehört). Sieht man sich einmal die Leserfragen an, die in diesen Kummerspalten unserer Zeitungen auftauchen, so sind sie doch alle auf denselben Ton gestimmt: Ich leide unter meiner Einsamkeit. Wie komme ich zu lebendigen mitmenschlichen Kontakten? Mein Mann hat sich von mir gelöst und geht fremd. Wie kann ich meine Ehe heilen? Niemand tanzt mit mir. Wie kann ich mich beliebt machen?

Frau Irene und ihre Kollegen reagieren auf diese Fragen mit oft sehr hilfreichen Vorschlägen. Sie geben einen vernünftigen Rat, was geändert werden könnte, und man spürt auch einen warmherzigen Helferwillen. Aber natürlich wäre ein solcher Seelenarzt überfordert, wenn man mehr von ihm verlangen wollte, als daß er ein bißchen an den Symptomen herumdoktert, und wenn man eine Heilung von den Wurzeln erwarten würde. Doch auch ein guter Rat und ein bißchen Herumkorrigieren am Lebensstil sind nicht zu verachten.

Jesus aber verfährt ganz anders mit diesem jungen Mann. Er lehnt gleichsam die ganze Ebene ab, auf der man mit »guten Ratschlägen« zu arbeiten pflegt. Wer sich in die Behandlung Jesu begibt, muß mit einem scharfen Messer an seine Wurzeln rühren lassen: »Wenn du von mir ein bloßes Rezept für deine Lebensfragen haben willst«, so läßt er den jungen Mann wissen, der da vor ihm kniet und ihn mit brennender Erwartung anblickt, »dann bist du bei mir an den Falschen geraten. Bitte sage deshalb auch nicht ›guter Meister‹ oder ›hochzuverehrender Herr Doktor‹ zu mir, als ob ich im Besitz solcher Patentregeln wäre, mit deren Hilfe man sein Leben bewältigen kann. Die Fragen deines Lebens lassen sich nämlich nicht lösen, wenn du dich an der *einen* und *entscheidenden* Frage vorbeidrückst, wie du zu Gott stehst. In ihm allein ist das Gute, das du suchst; er ist das Ziel, das du verfolgst, und der Sinn, nach dem du dich verzehrst. Niemand ist gut – nur Gott allein.«

Vielleicht kommt es dem einen oder anderen von uns spanisch vor, daß Gott hier nicht nur im Sektor des frommen Innenlebens, sondern daß er hier als ein sehr realer Faktor auftaucht, der entscheidend in alles hineinwirkt, was in unserem Leben unbewältigt, fragwürdig und besorgniserregend ist: daß Gott mit unserer Ehe, mit unserem beruflichen Leben, mit unserer Einsamkeit und mit unseren Angstzuständen zu tun haben soll. Um unsere Geschichte zu verstehen, müssen wir einen Augenblick über diese Frage nachdenken:

Warum fühle ich mich denn einsam und unverstanden? In der Regel lasse ich dieses Gefühl ja nicht aufkommen. Da ist der Fernsehapparat am Abend, und morgen habe ich eine Party. Ich fühle mich natürlich sehr äußerlich, nur an der Peripherie meines Wesens dadurch engagiert, aber immerhin: man vergißt sich dabei etwas. Doch auf einmal ist der Apparat kaputt, oder ich habe einen Schnupfen und kann nicht ausgehen. So muß ich allein sein. Dann weiß ich nichts mehr mit mir anzufangen, und die Leere meines Lebens elendet mich an und läßt mich ins Grübeln kommen. Wer steht mir denn eigentlich wirklich nahe? Wer wäre denn wirklich für mich da, wenn es mir einmal dreckig ginge, wo entstände denn wirklich eine Lücke, eine unausgefüllte Stelle, wenn ich ausfiele? Vielleicht stelle ich dann, wie es mir neulich jemand erzählte, die Zeitansage des Telefons an, nur um eine menschliche Stimme zu hören.

Wie anders wäre das, wenn ich beten könnte, wenn also ein Du da wäre, das mir sagt: »Fürchte dich nicht«, oder »Ich habe dich bei deinem Namen gerufen, du bist mein«, oder »Friede sei mit dir«. Ob also meine Einsamkeit nicht wirklich etwas damit zu tun hat, daß ich Gott verloren habe? Und ob nicht auch meine Ehe, meine Freundschaften, die ich nicht habe und die ich doch so gerne schlösse, nicht anders würden, wenn ich gelassener wäre, wenn ich mehr in mir selber ruhte, wenn ich weniger mißtrauisch und verkrampft wäre, kurz: wenn ich aus dem Frieden Gottes käme und wenn von mir die Gelöstheit eines Menschen ausstrahlte, der sich von Gott versorgt und mit einem befreiten Gewissen beschenkt weiß? Ob nicht wirklich alles ganz anders aussähe, wenn *diese* Frage, wenn die *Gottesfrage* bei mir bereinigt wäre?

Das also ist der Grund für die merkwürdig abweisende Geste, mit der Jesus den überhitzten Lebensproblemen des jungen Mannes begegnet: »Bitte, ich bin kein Fragekastenonkel; bitte, ich habe keine allgemeinen Lebensrezepte. Du mußt schon die Fundamente deines Lebens neu begründen, du mußt mit der Frage beginnen, wer und was Gott für dich sein soll, wenn ich dir helfen soll.«

Jetzt scheint nur noch ein einziger Schritt zu fehlen, damit man in eine muntere religiöse Diskussion eintritt – in eines jener Gespräche, die dann wohl ausgehen wie die meisten Auseinandersetzungen dieser Art, nämlich wie das Hornberger Schießen. Doch Jesus diskutiert nicht, sondern er kommt mit unerbittlichen und sehr verbindlichen Ansprüchen. Es mit Gott zu tun bekommen, das ist keine fromme Gefühligkeit, sondern das heißt, vor seine Gebote gestellt zu sein, das heißt, die Zone einer unbedingten Verbindlichkeit zu betreten. So zählt er denn die Gebote auf: Du sollst nicht töten, du sollst nicht ehebrechen usw. Nimm Gott ernst, will er damit sagen, das ist alles. In diesem Experiment wirst du dann ganz von selbst den »Sinn« finden und dem ewigen Leben nahe kommen.

Der reiche Jüngling ist über diese Antwort wohl sehr schockiert gewesen: »*Ich* schlage mich mit den letzten Lebensdingen herum, und er verweist mich wie ein Elementarlehrer auf die Sprüchlein des Katechismus. Er gibt mir die Milchflasche, wo ich Brot haben müßte. Ich habe doch *Probleme*, Jesus von Nazareth, *Probleme* habe ich! Du aber führst mich in den Kindergarten.«

Doch das alles *denkt* der junge Mann wohl nur, ohne es zu sagen. Er ist beherrscht genug, um sich mit einer kurzen Antwort zu begnügen, die nur leise die Enttäuschung andeutet: »Das habe ich doch alles gehalten von meiner Jugend auf; ich *habe* Gott ernst genommen, glaube mir. Und dennoch bin ich an eine Grenze gekommen, wo ich nicht mehr weiter weiß. Das alles hat mich eben *nicht* zum Frieden geführt. Hätte ich das Gefühl, auf diese Art mit Gott klargekommen zu sein, stünde ich ja gar nicht hier!«

Dieser reiche Mann ist ganz sicher *mehr* als ein »religiös Interessierter«, als ein bloßer Sucher, der sich eigentlich – wie Faust – ganz wohl dabei fühlt, daß er nichts letztlich Verpflichtendes findet, sondern im geistigen Abenteuer steckenbleiben und in der Trübe des Unverbindlichen fischen kann. Nein: dieser Mann ist unerbittlich mit sich selbst gewesen. Er hat nicht nur ein bißchen Religionsphilosophie getrieben und mit der Gottesfrage gespielt, sondern er hat die Sache mit Gott so ernst genommen, daß er seinen Bankrott hier vor fremden Augen und in halber Öffentlichkeit erklärt und daß ihn die kompromittierende Situation, in die er sich begeben hat, völlig kalt läßt.

Aber – das ist doch nun die Frage: Lebt dieser Mann nicht in einer merkwürdigen Selbsttäuschung? Ist es denn überhaupt möglich, einfach so zu sagen: Ich habe die Gebote Gottes gehalten?

Nach außen hin, in der Tatschicht unseres Lebens, gibt es ja vielleicht so etwas. Er hat wohl wirklich keinen massiven Ehebruch begangen, und er hat auch wohl keine silbernen Löffel gestohlen. Ob er aber nie bei sich selbst beobachtet hat, was *hinter* den Kulissen seines äußerlich korrekten Tuns vorging: wie er da gehaßt hat und seinen Bruder in Gedanken umbrachte, auch wenn er ihm äußerlich die Hand gab? Und wie er ein Weib ansah, ihrer zu begehren, und im Herzen die Ehe brach? Wie er in tollen Anfällen von Neid – äußerlich sah man das freilich nicht! – seinem Nächsten alles das raubte, was der andere an Gaben und Gütern besaß und wonach er selber gierte? Adalbert Stifter sagt einmal in seiner Novelle »Zuversicht«: »Jeder von uns hat eine tigerartige Anlage, und niemand weiß, zu welcher Untat er in einem Nervenfieber fähig wäre, wenn alle Hemmungen verschwunden sind.« – Ob der reiche Jüngling nie bedacht hat, was so – vom Auge der Menschen unbemerkt, aber von Gott wahrgenommen – in seinem Herzen rumorte und tobte und wie er hinter den Kulissen alle Gebote Gottes Stück für Stück und der Reihe nach sabotierte? Ist er nicht ein armer Amateur der Gottesfrage, hat er nicht einen blinden Fleck im Auge, daß er all das so massiv übersehen und im Brustton der Überzeugung sagen konnte: »Ich habe alle Gebote gehalten von meiner Jugend auf? Ich habe Gott immer ernst genommen.«

Sicher ist das der wunde Punkt in seinem Leben. Aber gerade da ist es erstaunlich zu sehen: Jesus wühlt nicht in dem, was dieser Mann falsch gemacht hat und worin er irrt. Vielmehr heißt es ganz schlicht, ehe das Gespräch weitergeht: Da sah ihn Jesus voller Liebe an. – Ich finde, das ist eine der tröstlichsten Stellen des ganzen Neuen Testaments. Jesus liebt mich nicht erst, wenn ich etwas richtig mache, wenn ich also vollkommen und fit bin. Längst ehe es soweit mit mir ist und auch wenn es nie dahin kommt, *bin* ich schon geliebt. Er hat immer die Initiative.

Ich bin vielleicht ein junger Mensch, der noch gar nichts mit ihm anfangen kann. Ich habe nur einen großen Hunger und Durst und viele Fragen auf dem Herzen. Und weil ich noch sehr hilflos bin, probiere ich bei Nietzsche herum, lasse ein paar Verse von Gottfried Benn auf meiner Zunge zergehen, nasche ein bißchen bei Sartre und schmökere auch einmal – warum denn nicht – ein bißchen im Evangelium herum. Mal sehen, was mich da anspricht, mal sehen, ob das bei mir ankommt! Was anders soll ich denn in meiner Hilflosigkeit auch machen, als das alles einmal Revue passieren lassen? Und indem ich das so tue (vielleicht bei einer Zigarette, auf dem Teppich liegend oder auf der Couch hockend) und während alles noch sehr verschwommen ist und unklare Konturen hat, da steht Jesus mir schon gegenüber, sieht mich an und liebt mich. Alles, was ich tue – auch wenn es ganz falsch ist und wenn ich immerfort die falschen Knöpfe drücke –, ist von dieser Liebe umschlossen und umfangen und getragen. Ich komme nie aus dem Kraftfeld dieses liebenden Blickes heraus.

Das muß man wissen und festhalten, wenn Jesus nun im nächsten Augenblick zum Angriff übergeht. Denn das tut er. Man muß es sich gefallen lassen, daß Jesus auch hart sein kann und daß er uns Widerstände entgegensetzt und daß er in nichts, aber auch in gar nichts dem femininen, schmachtlockenumhangenen Mannsbild gleicht, das der christliche Kitsch aus ihm gemacht und mit einem Heiligenschein zusammenmontiert hat. Wenn er aber so den Angriff wider den reichen Jüngling führt, muß man das immer vor dem Hintergrund dieses *einen* Wortes sehen: »Jesus sah ihn voller Liebe an.« Der Angriff selbst besteht in einem einzigen Satz: »Eines fehlt dir noch zur Vollkommenheit: Mach dich auf und verkaufe alles, was du hast. Gib dann das, was dabei herausspringt, denen, die nichts haben. So wirst du zu einem Schatz kommen, der im Himmel für dich bereitliegt. Und dann auf! und tritt ein in meine Nachfolge.«

Es ist merkwürdig, daß es bei Jesus immer nur um *eines* geht: »Eins ist not«; »Eins fehlt dir«. Jeder von uns wüßte doch an jedem seiner Finger wer weiß wieviel Nummern einer Liste aufzuführen, die lauter Größen enthielte, die ihm zur Vollkommenheit seines Glücks noch fehlen und die ihm not zu sein scheinen. Jesus aber ist der große Vereinfacher. Für ihn reduziert sich alles, was wir zu hoffen und zu fürchten haben, auf die Ziffer »Eins«: Es gibt im Grunde in meinem Leben nur *ein* Problem, nur *einen* wunden Punkt, nur *eine* Möglichkeit der Heilung. Je nachdem, was ich mit diesem einen und Elementaren anfange, regelt sich alles andere wie von selbst.

So sagt er auch dem reichen Jüngling: »Eines fehlt dir.« Aber wie frappierend ist nun das, was ihm hier als fehlend bezeichnet wird: »Verkaufe alles, was du hast!« Darauf war der junge Mann nicht gefaßt. Solch einen Schwabenstreich durfte man ihm nicht zumuten. Es ist zum zweiten Male wie eine kalte Dusche. Er gehört ja zur Intelligenzschicht und beginnt sofort zu kalkulieren: »Wohin kämen wir denn, wenn solch ein Ausverkauf zur Vollkommenheit gehören würde? Ist das nicht Wahnsinn? Wenn ich alles verkaufen würde, um vollkommener zu sein, dann würde ich doch die anderen, die ich zu diesem Kauf animiere, nur noch *un*vollkommener machen! Dann müßten meine *Kaufpartner* doch die moralischen Unkosten für meine Veredelung tragen! Welche Milchmädchenrechnung! Oder – so kalkuliert er weiter – wenn nun alle alles verkaufen würden, was sie hätten, wo wären dann noch die Käufer? Zu welcher verrückten Wirtschaftsordnung kämen wir dann? Das ist doch irreal, Jesus von Nazareth, das kannst du keinem Mann von Verantwortung und gesunden Sinnen zumuten!«

So steht denn der junge Mann auf, enttäuscht, verwirrt und mutlos. Wie hatte er diesem Mann vertraut, und wie ernst war es ihm gewesen! Er hätte zu den Zehn Geboten, die er von Jugend auf gehalten hatte, noch ein elftes und ein zwölftes Gebot mit verschärften ethischen Trainingsvorschriften entgegengenommen. Er wäre gern bereit gewesen, stundenlang in einem verdunkelten Zimmer zu beten oder zweimal in der Woche einen Fastentag einzulegen, wenn ihn das dem ewigen Leben nähergebracht hätte. »O ja«, so denkt er, »ich bin zum äußersten Ernstfall entschlossen. Statt dessen kommt er mit diesem Nonsens, mir im Namen Gottes alles das zu nehmen, was mir der Segen Gottes eingebracht hat. Wie ein versponnener Sektierer macht er ein Attentat auf die Ordnung der Welt.«

Ob dieser Mann sich aber jetzt nicht zum zweiten Male täuscht? Ob er nicht verstehen und hören will, was Jesus ihm mit der Geheimschrift seiner merkwürdigen Aufforderung zu sagen hat? *Was* hat Jesus ihm denn sagen wollen? Offenbar hatte er doch dieses gemeint:

Kein Zweifel, mein Lieber, daß du Gott ernst nehmen wolltest und daß du es dir schwergemacht hast. Gerade deshalb frage ich dich jetzt, ob du Gott *wirklich* und *radikal* ernst genommen hast. Ging es dir nicht nur deshalb um die Religion, weil du innere Ruhe suchtest? Oder weil dir das Leben schal und leer vorkam und du nun einmal an *dieser* Stelle einen Versuch machen wolltest? Oder weil du merktest, daß dir der Ruf eines frommen Mannes gesellschaftliche Vorteile einbringen könnte, daß du dein soziales Prestige, zu dem dir dein Besitz verhalf, dadurch noch weiter erhöhen würdest? War Gott dir am Ende nicht auch nur Mittel zum Zweck (so wie wir ihn heute gerne benutzen, um den östlichen Gespenstern eine christliche Ideologie entgegenzusetzen oder das christliche Abendland geistig mit ihm zu untermauern)? Hast du die Religion nicht in dieser Absicht deinem Leben einfügen wollen? Sehr ernsthaft, sehr anständig, ganz gewiß. Aber hat Gott dir je mehr bedeutet als einen frommen Lebenszusatz, als den letzten Schliff für deinen Lebensstandard, als religiöse Kultur? »Versuche doch einmal«, so gibt Jesus zu verstehen, »die Probe aufs Exempel zu machen: Bist du bereit, alles für Gott hinzugeben? Nur dann, wenn du das könntest, wäre erwiesen, daß er dir dein ein und alles ist, daß du ihm *ganz* vertraust und ihn *rückhaltlos* ernst nimmst.«

In jener merkwürdigen Aufforderung Jesu, er möge alles verkaufen, was er hat, steckt also die Aufforderung zu einem Experiment: »Lege einmal alles, was dir im Leben wert und teuer ist, auf die linke Schale deiner Waage. Lege also in diese Schale die Kultur deines Lebensstils, an der du sehr hängst (und ich habe auch gar nichts dagegen!). Lege weiter hinein deine Freundschaft, dein gesellschaftliches Ansehen, deine geistige Begabung. Und dann lege in die rechte Waagschale das Gewicht, das *Gott* in deinem Leben hat. Und nun sieh zu, welche von beiden Waagschalen sinkt.« – Das ist die ernsteste Probe, das ist das tödliche Experiment. Denn nun wird sichtbar, daß die Waagschale mit allem, was mir im Leben teuer und lieb ist, sinkt und das größere Gewicht hat, daß Gott also zu leicht befunden wird.

Da steht der junge Mann traurig auf und geht enttäuscht von dannen, »denn er war sehr reich«, er war ein begabter Mann, und die linke Waagschale seines Lebens war sehr schwer. Er wollte die Religion als ein zusätzliches Aroma, er wollte zu allem, was sein Leben reich machte, noch den inneren Besitz seelischer Vertiefung und Weite. Darum suchte er im Grunde doch nicht das ewige Leben, sondern er suchte Gott als ein Lebenselixier, das ihn der Langeweile des Reichen entreißen und ihm innere Bewegtheit schenken sollte. Gott sollte ihm ein letzter, krönender Lebenszusatz sein, er sollte ihm ein Mittel zum Zweck des Lebens, aber er sollte nicht selber das Leben sein.

Für diesen Preis aber läßt Gott sich nicht kaufen. Wer sich nicht der Härte des »alles oder nichts« stellt, für den ist Gott nicht zu sprechen. Darum sind die Reichen und Begabten vielleicht die am meisten Gefährdeten. Ein voll beladenes Kamel kann nicht durch das Nadelöhr eines engen Stadttores gehen. Manchmal hat es ein armer und unbegabter Mensch leichter, nur schlicht die Hand aufzuhalten, damit Gott ihn beschenkt. Oder ein Kind hat es leichter, weil es selber nichts hat und keine Ansprüche stellt.

»Wer kann dann überhaupt noch gerettet werden?« fragen deshalb die Jünger erschüttert. Sind wir irgendwo nicht alle reiche Menschen – Leute nämlich, die irgend etwas in ihrem Leben haben, worauf sie stolz sind und woran sie ihr Herz gehängt haben? Stehe ich mir so nicht selber im Wege, wenn ich zu Gott gelangen will, und zwar gar

146

nicht nur mit meinen finsteren Trieben, mit den gemeinen Anwandlungen meines Herzens, sondern gerade auch mit dem Großen in meinem Leben: mit meinen Gaben, mit meinem geistigen Format und dem Schwingentragenden, was mich beseelt – ?

Ja, so ist es; und eben dies ist das Geheimnis des Reiches Gottes. Es ist freilich auch seine Größe. Oder ist es nicht groß und mitreißend, daß an *dieser* Eingangspforte und an *diesem* Nadelöhr niemand größer ist als der andere, daß hier alle gleich sind: Leute, denen Gott alle Lasten *und* Gaben ihres Lebens erst abnehmen muß, damit sie Kinder werden, die sich nur noch beschenken lassen?

Als Jesus Christus am Kreuz hing, als er niemanden und nichts mehr hatte, als seine Jünger verstreut waren in alle Winde und selbst sein Gewand der würfelnden und bechernden Soldateska in die Hände gefallen war, da war er seinem Vater am nächsten. Da gab es nichts mehr, was zwischen ihm und seinem Vater gestanden hätte. Und er neigte sein Haupt und befahl sich in die ewigen Hände. Hier hatte er *nichts* mehr, und darum konnte ihm der Vater *alles* sein. Durch dieses »stirb und werde« muß jeder hindurch, der das ewige Leben haben will.

Wir schaffen es freilich nicht, wir können unsere eigenen Fäuste nicht aufbrechen, mit denen wir gewaltsam festhalten, was unser ist. »Menschlich gesehen ist es auch unmöglich.« Weiß Gott: Es *ist* unmöglich. Aber bei Gott sind alle Dinge möglich.

Der reiche Jüngling hat es auch nicht geschafft und ging traurig weg. Wir kennen seine weitere Geschichte nicht. Ob aber dieser Eine, der ihn angesehen und liebgewonnen hatte, ihn nicht eines Tages einholte? Ob es nicht vielleicht nur ein letzter Fluchtversuch war, zu dem er jetzt aufbrach ...?

Wie immer es auch mit mir stehen mag: ob ich nun hoffe, bei diesem Nazarener die Lösung meiner Fragen zu finden, oder ob ich enttäuscht bin und über solche Geschichten nur verwundert den Kopf schütteln kann – von Einem aber sollte ich mich anrühren lassen: Jesus Christus hat auch mich angeblickt und liebgewonnen. Nun mag ich mich wenden, wohin immer ich will. Es gibt keinen Ort, den diese Liebe nicht erreichte, und es gibt keinen Raum, den diese Arme nicht umfingen.

II

WIEDER LIEBEN KÖNNEN

WO IST MEIN MITMENSCH?

EIN SCHRIFTGELEHRTER ERHOB SICH EINMAL, UM JESUS IN EINE FALLE ZU locken. Er begann mit der Frage: »Meister, was muß ich nur tun, um ewiges Leben zu gewinnen – ewiges Leben, das mir verbürgt ist und dessen ich gewiß sein kann?«

Da stellte Jesus ihm die Gegenfrage: »Was steht denn dazu in den Büchern des Gesetzes? Was gibt es da zu lesen?«

Als Antwort zitierte der Schriftgelehrte: »Liebe Gott, den Herrn, von ganzem Herzen, mit allen Fasern deines Lebens und mit dem ganzen Einsatz deiner Kraft und deiner Vernunft – *und*: Liebe deinen Nächsten wie dich selbst!«

»Deine Antwort ist richtig«, stellte Jesus fest. »Handle entsprechend, dann wird dir das ewige Leben schon zuteil.«

Der Schriftgelehrte aber wollte noch einmal begründend auf seine Frage eingehen und verteidigte sie: »Und wer *ist* dieser mein Nächster?« wandte er sich an Jesus, »*wer* ist dieser mein Mitmensch?«

Jesus erwiderte darauf in Form einer Erzählung:

Es war einmal ein Mann, der wanderte von Jerusalem nach Jericho. Unterwegs – in der judäischen Wüste – fiel er in die Hände von Straßenräubern. Sie rissen ihm die Kleider vom Leib, schlugen ihn zusammen, machten sich dann aus dem Staube und ließen ihn halbtot liegen.

Nun traf es sich, daß ein Priester auf demselben Wege daherkam. Kaum hatte der ihn erblickt, schlug er schon einen weiten Bogen um ihn und machte, daß er weiterkam.

Genauso war es bei einem Leviten: Als der auf die Stelle stieß, wo der Verwundete lag, wich er in gleicher Weise aus und umrundete ihn. Schließlich kam noch ein Samariter – ein Ungläubiger also – des Weges. Als der seiner gewahr wurde, überkam ihn herzliches Mitleid. Er trat sogleich zu ihm, verband seine Wunden und linderte seine Schmerzen durch Öl und Wein. Dann hob er ihn auf sein eigenes Lasttier, brachte ihn in ein Gasthaus und war auch da noch um ihn besorgt.

Am folgenden Morgen holte er zwei Silbermünzen hervor und gab sie dem Wirt. »Ich vertraue ihn deiner Fürsorge an«, sagte er dazu; »und wenn du noch weitere Unkosten hast, möchte ich selbst dafür einstehen und sie dir ersetzen, sobald ich wieder vorbeikomme.«

»Was meinst du nun wohl«, so schloß Jesus, »wer von diesen dreien ›der Nächste‹ für den geworden ist, der da in Räuberhand fiel?«

Da erwiderte der Schriftgelehrte: »*Der* war ihm der Nächste, der sich seiner erbarmte – mit der *Tat* erbarmte.«

Jesus aber sagte: »Dann los und mache du es genauso!«

LUKAS 10, 25–37

Im Mittelpunkt dieser Geschichte, die wir alle kennen, steht die Frage des Schriftgelehrten: »Wer ist mein Nächster?«

Oft meinen wir, die Fragen der biblischen Menschen seien antiquiert, wir müßten sie erst umdenken (»umfunktionieren«, wie man heute zu sagen pflegt), um jene Schicht in ihnen auszuloten, in der sie uns angehen.

Von der Frage: »Wer ist denn mein Mitmensch?« gilt das wohl kaum. Zu ihr haben wir einen unmittelbaren Zugang. Sie gilt für Etablierte und für Zigeuner; sie gilt für Schriftgelehrte und Zöllner; sie gilt für die Leute des antiken Israel und für die Menschen des Atomzeitalters. Und eben noch hat Jürgen Becker in seinem (Anti-)Roman »Ränder« diese Frage auf die knappe Formel zusammengedrängt: »Du. Und wer ist das?«

Wir können nun heute nicht die ganze Weite unseres Textes ausmessen, sondern wollen uns mit dieser *einen* Frage begnügen, weil sie eben unsere Frage ist: »Du. Und wer ist das?«

Daß man seinen Nächsten lieben solle, das hieß für das damalige Bewußtsein nichts anderes als dies: »Nimm *die* Stellung zu deinem Mitmenschen ein, die Gott selbst zu ihm hat.« Da Gott ihn in seinem Herzen trägt, wirst du auch deinerseits Gott nahe bleiben, wenn du deinem Mitmenschen nahe bleibst (und umgekehrt).

Dieses Gebot der Nächstenliebe war also dem Schriftgelehrten sozusagen in Fleisch und Blut übergegangen. Es war dem Gesprächspartner Jesu genauso selbstverständlich, wie uns Heutigen der Satz ist, daß »der Mensch«, daß also das Gesetz der Humanität die oberste Richtschnur unseres Handelns zu sein habe. Dieser Satz ist ja fast schon zum rhetorischen Klischee unzähliger Festreden geworden. Er gehört längst zu den sogenannten Selbstverständlichkeiten. Jedes Kind kennt ihn.

Wenn Jesus seinem Gegenüber nun die höchst einfache Antwort gibt: »Tu dieses Selbstverständliche, mach mit ihm Ernst und dein Leben wird sich erfüllen« – dann sieht sich der Schriftgelehrte sozusagen kompromittiert und einer ziemlich blamablen Situation überantwortet. Denn schließlich hatte er mit seiner Frage doch ein Fundamentalproblem zur Sprache gebracht, das Theologen und Philosophen gleichermaßen in Atem hält. Er hatte nach dem ewigen Leben und nach Grund, Ziel und Sinn menschlicher Existenz gefragt. Das war nicht nur eine elementare Lebensfrage, sondern zugleich auch ein hochintellektuelles Problem. (Die Situation ist in dieser Hinsicht ähnlich wie in der Geschichte vom reichen Jüngling.)

Und nun soll diese Frage, statt in die Höhen der Reflexion zu führen, mit einem Hinweis auf das Selbstverständliche abgetan werden!? Nun sollte es einfach heißen können: »Du brauchst nicht groß über den Lebenssinn zu *spekulieren*, sondern du brauchst nur das fast Banale zu *tun*, du brauchst nur für deinen Mitmenschen dazusein, dann *bist* du diesem Sinn schon zugeordnet. Dann fändest du jenen Sinn nicht nur, sondern dann erfülltest du ihn zugleich. Denn in den Gefangenen, Hungernden und Nackten will dir Gott selbst begegnen. Bist du diesen allen nahe, dann hältst du dich auch in der Nähe *Gottes* auf und bist also mit Grund, Sinn und Ziel deines Lebens in Kontakt.« »Was ihr getan habt einem unter diesen meinen geringsten Brüdern, das habt ihr mir getan« (Matthäus 25,40), so wird der Herr es gegen Ende seines Lebens noch einmal ausdrücken. »Wer den Bruder hat, der hat mich«, auf diese kürzeste Formel ließe sich das Geheimnis bringen, in dem unser Lebenssinn verborgen ist.

Das ist in seiner Einfalt genauso verblüffend wie eine Äußerung, die Gerhard Nebel einmal tut, wenn er die Gestalt einer Krankenschwester schildert, die ihm großen Eindruck gemacht habe, weil sie völlig in sich ruhte, weil sie ausgeglichen war und Frieden und Behütung ausstrahlte. Dazu bemerkt er: »Die Selbstaufopferung – also das Ganz-für-den-Nächsten-da-Sein – ist das einzig wirksame Heilmittel für Neurosen und Depressionen.« Auch dieses Rezept ist fast frappierend einfach: Wer unter Depressionen leidet, wird in unendliche Akte des Nachdenkens und Grübelns entführt. Er sinniert über das, was ihn da ängstet, was ihn als Leere umstellt oder an zukünftigen Schrecken auf ihn zukommt. Damit geht es aber nie zu Ende, denn dieses Grübeln verfolgt eine falsche, eine ausweglose Fährte. Es kreist nämlich immer nur um ihn selbst. Er fragt ja fortgesetzt: »Wo finde *ich* meine Erfüllung, wo finde *ich* meinen Frieden?« Solange ich mich aber selbst so zum Thema mache und die ganze Welt sich um meine Person bewegen lasse, finde ich gerade keine Ruhe.

Ich erinnere mich an eine Gesprächsrunde, in der wir über die menschlichen Lebensalter sprachen. Einer aus diesem Kreis erwähnte dabei eine ältere Frau seines Bekanntenkreises und sagte von ihr: »Sie hat es gut; sie braucht für niemanden mehr zu sorgen und kann ganz ihren Interessen leben.« Ich war darauf so keck, die Frage zu stellen: »Ist diese Dame nicht vielleicht etwas wunderlich? Ist sie eigentlich glücklich dabei? Ist es nicht schrecklich, für niemanden mehr sorgen zu dürfen?« Und die Antwort lautete dann: »Es ist tatsächlich so: Sie fühlt sich gar nicht wohl; sie hat hundert Wehwehchen, und der Arzt sagt, es sei psychisch bedingt.« Sie kreiste also um sich selbst, und ihr Leiden war gerade die Sinnlosigkeit ihrer Existenz. Selbst das Grübeln und Sinnieren über den Grund dessen, was sie da in immer neuen Gestalten bedrückte, konnte den Bannkreis dieser Zirkelbewegung nicht sprengen, sondern riß sie nur noch tiefer in den Strudel hinein. Die Lösung ihrer Lebensfrage hätte dort gelegen, wo es ihr gelungen wäre, »selbstvergessen« zu sein. »Der lebt am allerbesten«, sagt Luther einmal, »der sich nicht selbst lebt; und der lebt am allerärgsten, der sich selbst lebt.« Nur wer selbstvergessen ist, findet den Frieden Gottes und ist dann im Sinn seiner höheren Gedanken auch geborgen. Ich kann Gott eben nur dort erreichen, wo er für mich dasein will: in meinem Mitmenschen, dem ich selbstvergessen helfe, für den ich da bin und den ich liebe. Genau das meinte Nebels Satz: »Die Selbstaufopferung ist das einzige Heilmittel gegen Neurosen und Depressionen.« So einfach scheinen die Rezepte zu sein, wenn es um die letzten Lebensfragen geht.

Der Schriftgelehrte findet sich nun in der peinlichen Lage, daß sein so geistvoll eingeleiteter Dialog (»Was muß ich nur tun, um ewiges Leben zu gewinnen?«) mit einer unbeschreiblich einfachen, ja fast trivialen Anweisung endet. Sollte nicht nur Gott, wie man gesagt hat, im »Detail« stecken, sondern sollte die Gottesfrage überhaupt ins

Alleralltäglichste eingewickelt sein? Dann müßte man in der Tat ihre Lösung ganz woanders suchen, als das die Philosophen und die Weltanschauungsdebatter üblicherweise tun. Die letzten quälenden Lebensfragen könnten dann nur dort zur Ruhe kommen, wo man sich selbst und seinen Terminkalender vergißt – wie das der barmherzige Samariter ja tatsächlich tut – und wo man für diesen seinen Mitmenschen da ist, in dem Gott selber uns begegnen will.

Kein Wunder, daß der Schriftgelehrte sich angesichts solcher Einfalt nun um eine intellektuelle Rechtfertigung bemüht und zu verstehen gibt: Wenn es so einfach wäre, Jesus von Nazareth, dann wäre ich wohl selbst schon darauf gekommen. Dann hätte ich dich gar nicht erst zu konsultieren brauchen! Siehst du denn nicht, daß mitten in deinem so simplen Lebensrezept ein *neues* Problem lauert? Du läßt mich wie einen Schulbuben ganz einfach den Katechismus aufsagen und das Gebot wiederholen: »Liebe deinen Nächsten.« Aber dieses Gebot, das so einfach klingt, ist doch voller gedanklicher Fußangeln: Bitte, wer *ist* denn mein Nächster? Ist das mein Kind oder mein Nachbar? Ist es mein Kollege oder Konkurrent? Sind es die Hungernden in Biafra oder die von der Kriegsfurie Verfolgten in Südostasien? Sind die Nächsten und die Fernsten gleichermaßen von diesem Gebot gemeint? Ich bin verwirrt von der unübersehbaren Skala der Möglichkeiten, vor die mich dieses Gebot stellt, Jesus von Nazareth! Muß man denn hier nicht Dringlichkeitsgrade der Hilfsbedürftigkeit feststellen? Muß es nicht kasuistische Ausführungsbestimmungen für ein so allgemein gehaltenes Gebot geben? All das muß doch vorher geklärt werden, Jesus von Nazareth – *vorher*, also *ehe* ich mit der konkreten Nächstenliebe beginnen kann! Du hast meine Probleme mit simplen Katechismussätzen abgetan. Jetzt zeige ich dir mit einer einzigen Frage, daß damit gar nichts geholfen ist, sondern daß gerade hier erst die schwersten Probleme beginnen. Und diese meine einzige Frage lautet: »Wer *ist* denn mein Nächster? Wo finde ich ihn?«

So hat der Schriftgelehrte Zeit gewonnen, bis er mit dem Gebot der Nächstenliebe Ernst machen muß. Er hat zwischen sich und die harte Nötigung zur Tat das Polster einer Diskussion eingebaut. Vielleicht kann man jetzt alles zerreden und damit um das Ernst-Machen herumkommen. Das ist womöglich seine heimliche Hoffnung.

Wir wissen, daß und wie der Herr ihm diesen Ausweg versperrt. Seine Geschichte vom barmherzigen Samariter endet ja mit einer verblüffenden Umkehrung dieser Frage, wer mein Nächster sei. Und diese Umkehrung lautet so: Wer unter diesen dreien (Priester, Levit und Samariter) hat sich seinerseits als Nächster verhalten? Wer war *seinerseits* dem der Nächste, der in Räuberhand gefallen war?

Darauf kann es nun in der Tat keine andere Antwort geben, als der Schriftgelehrte sie notgedrungen denn auch gibt: »Der die Barmherzigkeit an ihm tat, der hat sich als Nächster verhalten.«

Folglich lautet die entscheidende Frage nun nicht mehr: »Wer ist denn mein Nächster?«, sondern: »Wem bin *ich* der Nächste, wo bin *ich* gefordert? Wo setzt jemand seine Hoffnung auf *mich* –: seine Hoffnung darauf, daß ich Zeit für ihn habe, daß er mich überhaupt interessiert, daß ich das Abstoßende an ihm überwinde, daß ich hinter seiner Eitelkeit die innere Leere, hinter seiner Aggressivität seine heimliche Verzweiflung bemerke, mit der er nicht fertig wird?«

Die Frage: »Wem bin *ich* der Mitmensch« oder – in der Formulierung Luthers – »Wem soll ich der Christus sein?« – diese Frage ist in der Tat eine Dienstanweisung, die kein Zerreden und kein Problematisieren mehr duldet, sondern die mich augenblicklich in Anspruch nimmt. Sie definiert mich selbst ja als den Nächsten. Die theoretisierende Frage: »Wer ist denn mein Nächster?« führt mich in unendliche Reflexionen, so daß es zu keiner Verbindlichkeit, zu keinem »Engagement« mehr zu kommen braucht. Die Frage: »Wem bin *ich* der Nächste?« legt mich dagegen auf ein Sofortprogramm fest. In diesem Augenblick, wo ich das sage, ist jeder schon in diesem Wort gefangen. Nur wenn ich mir darüber klar bin, daß die Frage, wer mein Nächster sei, bei dieser Dienstanweisung endet und daß sie nicht in das Ausweichmanöver der unendlichen Diskussion führen kann, darf ich auch *dieser* Frage weiter nachgehen. Und unter dem Schutz dieser Warnung wollen wir das jetzt einen Augenblick tun.

Mir will es nämlich so scheinen, als ob die Frage des Schriftgelehrten, wer denn mein Mitmensch sei und wie ich folglich meine Nächstenliebe an den Mann bringen könne, für unsere Generation noch neue und besondere Akzente gewinnt. Um der Ehrlichkeit willen müssen wir fragen, ob wir das Gleichnis des barmherzigen Samariters auf unsere Situation so einfach anwenden können.

In einigen Punkten spricht uns diese Geschichte in der Tat ganz unmittelbar an: Der Levit und der Schriftgelehrte machen einen weiten Bogen um den armen Kerl, der unter die Räuber gefallen ist. Was damit gesagt sein soll, verstehen wir ohne Kommentar. Wir wissen ja aus dem eigenen Leben, daß wir das Unglück um uns her weithin übersehen. Wenn wir uns klarmachen würden, mit was alles die Menschen um uns herum sich herumschlagen – in unserer Familie, in unserem Büro, in unserer Werkstatt –, und wenn wir uns den Jammer der Hungernden, der Erniedrigten und Beleidigten in aller Welt klarmachten, so würde es uns fast erdrücken. Darum verdrängen wir es und tun so, als ob wir es nicht sähen. Im Dritten Reich haben wir vor den Judensternen und vor den KZ-Gerüchten Augen und Ohren verschlossen. Denn *wenn* wir es gesehen und gehört hätten, wären gefährliche Pflichten des Protestes daraus erwachsen. Diesen Protesten aber, die gefährlich gewesen wären, wollten wir uns nicht aussetzen. Darum machten wir genau wie der Priester und der Levit einen weiten Bogen um das schreiende Unrecht und taten, als ob wir es nicht gesehen hätten. Die Anklage gegen unsere Lieblosigkeit, die das Gleichnis enthält, spricht uns in der Tat unmittelbar an. Liebe macht ja nicht nur erfinderisch im Ersinnen von Abhilfen, sondern sie macht zunächst einmal »finderisch«. Sie läßt uns das Elend des Mitmenschen *sehen*. Ehe die Liebe unsere Hände in Bewegung setzt, öffnet sie die Augen. Und wenn wir nichts sehen und nichts hören, so daß wir von einem Selbstmord oder einem Nervenzusammenbruch in unserer nächsten Umgebung überrascht werden, dann ist das genau die Heuchelei, von der das Gleichnis spricht. Nicht weil wir es nicht gewußt und gesehen hätten, haben wir die rettenden Akte unserer Liebe unterlassen. Sondern es ist genau umgekehrt: Weil wir keine Liebe hatten, haben wir nichts gesehen und waren wir nicht finderisch.

Dies alles rührt uns, wie gesagt, ganz unmittelbar an. Dazu bedürfen wir keiner Kommentare und keiner umständlichen Übertragungen in unsere Gegenwart.

Doch das gilt nicht von allen Bereichen unseres Textes. Ist es denn nicht eine patriarchalische und damit vergangene Welt, die uns da vorgeführt wird? Und wenn es so sein sollte: Können wir dann dieses Gleichnis ohne Kommentar in unsere ganz andere Situation übertragen?

Hier begegnen sich doch zwei Individuen auf sozusagen »freier Wildbahn«: der zerschlagene Mann im Wald und der Samariter. Wo aber gibt es diese freie Wildbahn noch in unserer durchorganisierten Gesellschaft? Wo gibt es überhaupt jene unbebaute Zone, in der noch Raum ist zu unmittelbarer Mitmenschlichkeit? Leben wir nicht in einer verwalteten Welt der Apparaturen? Für alle Formen menschlicher Misere ist ja irgendeine Institution zuständig: Wenn jemand auf der Straße zusammengefahren wird, kommt das polizeiliche Verkehrskommando oder der Unfallwagen. Für Brände ist die Feuerwehr, für materielle Nöte sind die Sozialämter, für Epileptische ist Bethel, für geistig Behinderte ist die Sonderschule und für alles zusammen ist der Wohlfahrtsstaat zuständig. Ist das die Welt, in der die Samaritertat eines einzelnen noch Chancen hat, in der sie überhaupt aktuell ist? Ist die hier praktizierte Nächstenliebe nicht an eine vergangene Gesellschaftsordnung gebunden? Das ist die Frage.

Man könnte auf diese Frage und Feststellung wohl nicht törichter reagieren als so, daß man ein Loblied auf die gute alte Zeit anstimmte, in der es noch keine Großorganisationen und keinen Wohlfahrtsstaat gab, wo deshalb noch die freie und spontane Hilfsaktion von Mensch zu Mensch möglich gewesen sei, während sich bei uns die trennenden Apparaturen zwischen Ich und Du schöben. Es wäre schrecklich, wenn das Gleichnis Jesu uns nicht, wie es doch seine Absicht ist, zum Engagement führen, sondern zu einem romantischen Lob der guten alten Zeit verführen würde.

Wo ist also mein Mitmensch *heute*, das heißt: in dieser modernen Welt der Apparaturen? Wie können wir *heute* Liebe an den Mann bringen? Wir nehmen die Botschaft Jesu nur ernst, wenn wir sie auch in dieser neuen und veränderten Situation hören.

Kein Geringerer als Karl Marx hat gezeigt, daß Armut und Massenelend in der gesellschaftlichen Struktur begründet seien. Die kapitalistische Ordnung, so meint er, läßt die Reichen immer reicher und die Armen immer ärmer werden. Wenn das aber so ist – und daß zum mindesten etwas daran ist, gehört inzwischen zum Allgemeinbesitz des menschlichen Geistes, auch wenn dieser Geist nicht marxistisch orientiert ist –, dann kann das natürlich nicht ohne Einfluß bleiben auf die Art, *wie* ich helfend eingreife und *wie* ich also Nächstenliebe übe. Ein bißchen Philanthropie, ein Armensüppchen und ein Griff in die eigene Brieftasche bei besonderen Notfällen nützen hier nichts. Im Gegenteil: Philanthropie kann, so heißt es einmal in Thornton Wilders Roman »Der achte Schöpfungstag«, geradezu »eine Straßensperre auf dem Weg zur sozialen Gerechtigkeit sein«. Das ist deshalb so, weil solche individuellen Hilfsaktionen vielleicht nur die eigentliche Not vernebeln und weil sie die klaffende, blutende Wunde des gesellschaftlichen Organismus sozusagen mit kümmerlichen Heftpflastern behandeln und also Symptomtherapie treiben.

Wo ist denn mein Nächster? Das wird hier tatsächlich zur Frage.

Ist dieser Nächste wirklich nur der, dem ich zufällig und unmittelbar begegne, so wie es dem Samariter widerfuhr, als er den Wald durchstreifte? Oder ist dieser Nächste unter Umständen nicht durch ganze Menschen*gruppen* repräsentiert, durch die Gruppe der Rentner, die am Wohlstand unseres Volkes noch sehr unvollkommen teilhaben, oder durch die riesige Gruppe der Jugend, deren *Auswüchse* wir vielleicht nur zu sehen pflegen – in Gestalt von Rockern und Gammlern etwa –, deren Verlassenheit aber in ganz anderen und tieferen Bereichen zu suchen ist? Ist dieser Nächste vielleicht in ausbeuterischen Strukturen gefangen?

Wenn das aber so ist, dann bedeutet diese Entdeckung doch zweifellos eine Aufgabe für unsere *Liebe*, genauer: für die *Gestalt* unserer Liebe.

Dann muß nämlich diese Liebe, um wirksam zu werden, auch eine planende, eine organisierende und im äußersten Falle (wenn ich etwa an Südamerika denke) sogar revolutionäre Liebe sein. Dann kann sie sich jedenfalls nicht nur auf spontane Einzelakte des sogenannten »guten Herzens« beschränken. Liebe muß doch ein Maximum an Wirksamkeit wollen! Dieses Maximum kann sie aber nur erreichen, wenn sie systematisch und also planend eingreift.

Ich stelle mir vor, wie man das Gleichnis vom barmherzigen Samariter in Fortsetzungen weiterdichten müßte, um es in unsere Zeit zu übertragen und gleichwohl keinen Deut von seiner Grundlinie preiszugeben. Diese Fortsetzung könnte etwa so aussehen:

Der barmherzige Samariter hat ja irgendeinen Beruf gehabt. Er war doch nicht von Beruf »barmherziger Samariter«. Das war er genausowenig, wie Goethe von Beruf »Klassiker« war. Und wir dürfen uns deshalb durchaus vorstellen, daß er daheim der Bürgermeister seines Dorfes gewesen sei. Wie wird er dann in diesem seinem kommunalpolitischen *Beruf* nun die Pflicht der Nächstenliebe wahrnehmen – jene Pflicht also, die er bei seinem Waldgang so eindrucksvoll erfüllte?

Während er jetzt in seiner Amtsstube sitzt, wird er sich wohl überlegen, wie er in Zukunft *verhindern* könne, daß solche Überfälle in seinen Wäldern noch weiter passieren. Seine Liebe wird also eine vorsorgende, Mord und Totschlag verhindernde Liebe, sie wird eine prophylaktische und planende und also gewissermaßen auch eine »politische« Liebe sein. So wird er womöglich die Einwohner seines Dorfes veranlassen, die Wälder vorsorglich durchzukämmen und sie nach Wegelagerern abzusuchen. Und wenn seine Leute dann tatsächlich einige finstere und fragwürdige Gesellen geschnappt haben, dann wird die Aufgabe seiner Liebe wahrscheinlich noch weitergehen. Dann wird er sie nämlich befragen, *warum* und *wieso* sie überhaupt auf diesen Abweg der Wegelagerei gekommen sind. Er stellt dann vielleicht fest, daß sie arbeitslos und in Not waren oder daß sie von ihrem Dienstherren schikaniert wurden, so daß sie ihm fortgelaufen sind und sich nun mit Hilfe von Raub und Überfall durchschlagen.

Oder er kommt dahinter, daß sie unter dem leiden, was man heute als »Milieuschaden« bezeichnet.

Dann wird der barmherzige Samariter auf einmal ganz neue Aufgaben für seine Liebe erhalten. Dann wird er sich nämlich gerufen wissen, um der Liebe willen die *Ursachen* zu bekämpfen, die zu jener Wegelagerei führten. Er wird sich vielleicht als Sozialreformer oder gar Sozialrevolutionär betätigen, um zu dienen, zu helfen und kommendes Unheil von seinem Nächsten abzuwehren. Die Liebe macht ja auch insofern erfinderisch, als sie ständig neue *Methoden* entwickelt, um wirksam zu werden, und als sie unseren Geist und unsere Phantasie in Anspruch nimmt, damit wir solche Methoden entdecken. Die Nächstenliebe hat ebenso viele Gestalten, wie es Orte und Systeme gibt, in denen unser Nächster stecken und verborgen sein kann. In den Gleichnissen Jesu entdecken wir immer neue Dimensionen. Immer weitere Überraschungen warten da auf uns. Sie sind nie vergangen und werden nie zu altem Eisen.

Wenn ich so das Gleichnis vom barmherzigen Samariter einen Augenblick weitergedichtet habe, so ist das natürlich Phantasie, aber eben doch eine auslegende, interpretierende und den Sinn des Gleichnisses abhorchende Phantasie. Dabei geht uns auf, daß Jesus auch die planende Liebe von uns haben will und nicht nur improvisierende Einzelaktionen. Die Liebe kann auch von mir fordern, daß ich politisch oder sozial wirksam werde, daß ich mich für hilfreiche Programme und für Forderungen im Gesamtrahmen der Gesellschaft einsetze. Mein Nächster ist eben nicht nur das individuelle Du, dem ich zufällig in meiner Nachbarschaft oder an meinem Arbeitsplatz begegne. Sondern mein Nächster ist auch die kommende Generation, der ich durch die Organisation der Schule und des Erziehungswesens helfen muß (um der *Liebe* willen helfen muß), damit sie Ziele gewinnt, für die zu leben es sich lohnt. Mein Nächster kann auch eine gesellschaftliche Gruppe von Menschen sein, die ich für benachteiligt halte und für die ich mich einsetzen muß.

Gleichwohl aber behält das individuelle Du, um das sich der barmherzige Samariter kümmert, seine Bedeutung. Institutionen und Ordnungen können sich ja nicht bekehren. Bekehren kann sich nur der einzelne Mensch. Und diese Bekehrung äußert sich darin, daß mir der Nächste als jener Mitmensch begegnet, für den Jesus Christus gestorben, der also teuer erkauft ist und wert gehalten wird. Wer nur an die Erneuerung der Welt denkt und sie durch Perfektion der gesellschaftlichen Strukturen zu erreichen sucht, hängt utopischen Träumen nach und strebt eine Welt toter Apparaturen ohne Geborgenheit an.

Diese Welt wird uns in dem Roman »Irrlicht« von Drieu La Rochelle geschildert. Da steht in dem hinterlassenen Brief des Selbstmörders der Satz: »Ich tötete mich, weil ihr mich nicht liebtet und ich euch nicht liebte.« Sie alle waren nett zu ihm; äußerlich war alles in Ordnung. Vielleicht war auch die Struktur seiner gesellschaftlichen Umwelt intakt. Aber er lebte in einer beklemmenden Leere, in der Kälte der Ungeborgenheit, eben in einer Welt ohne Liebe. Die Erneuerung der Welt kann in der Tat nicht so beginnen, daß wir eine utopische, perfekte Weltordnung erträumen, sondern sie beginnt mit der Entdeckung des Nächsten, mit dem Aufspüren des Menschen als eines Wesens, an dem Gott liegt und dessen Schicksal er sich etwas hat kosten lassen. Erst aus diesem Senfkorn eines neuen Verhältnisses zum Du kann der neue Baum der Menschheit erwachsen, unter dem dann die Vögel des Himmels wohnen und dessen Zweige sich über die Erde breiten.

Damit kommen wir zu einer wichtigen Erkenntnis, die sich in zwei gegenläufigen Gedanken zusammenfassen läßt:

Einmal: Eine Liebe, die nur auf den individuellen Bereich von Ich und Du beschränkt bleibt und nur bei zufälligen Begegnungen mit Not und Elend wirksam wird, eine solche Liebe raubt dem Gebot Jesu weite Bereiche seiner Geltung. Sie übersicht, daß Jesu Liebe uns in sehr viel weitere Horizonte hineinstellt: daß sie auch Planung und Organisation im großen Stil von uns verlangt, damit in einer gerechteren Welt auch drohendes Unrecht von unserem Nächsten abgewendet wird.

Doch auch das *andere* gilt (und das ist das zweite): Wer nur eine utopische Welt der Vollkommenheit plant – eine Welt, die ein Paradies

163

der Gerechtigkeit und der Sättigung ist, eine Welt ohne Vietnam- und Biafraprobleme –, wer eine solche Welt plant, ohne daß er zuvor das Geheimnis des Nächsten im Licht von Gottes Angesicht entdeckt hätte, der würde eine Welt erstreben, in der es nur um Dinge und nicht um Menschen ginge, eine Welt der Apparaturen, einen Weltsabbat, der eben nicht um des Menschen willen da wäre (Markus 2, 27), sondern um seiner selbst willen.

Zuletzt geht es auch in diesem Text der Heiligen Schrift um nichts anderes als um den Glauben *selbst*. Die Frage, wer mein Nächster sei, ist ja nur zu beantworten, wenn ich weiß, wer Gott ist. Denn er allein läßt ja das Wunder geschehen, daß mir der Nächste aufgeht, daß ich ihn als den Bruder meines Herrn entdecke, um dessentwillen er ans Kreuz gegangen ist. Nur so ist es auch zu erklären, daß Gottes- und Nächstenliebe in dem einen Gebot miteinander verbunden sind.

Wem es geschenkt wird, zu sagen: »Mein Herr und mein Gott«, der sieht auch die *Menschen* Gottes, nach denen der Vater Ausschau hält: die verlorenen Söhne, die sich in der Fremde herumtreiben und die vor Heimweh umkommen, die vielfach Gefesselten und Gefangenen, die Hungernden und Dürstenden. Wer dies so sagen kann: »Mein Herr und mein Gott«, der ist schon in jene Selbstvergessenheit entführt, wo er nicht mehr um das eigene Ich kreist und lauter Träume der Leere und Traurigkeit produziert. Der ist schon dem Menschen zugewandt, indem ihn das Angesicht Gottes selbst anblickt und zu lauter Erfüllungen führt.

Wenn ich wissen will, was Glaube ist – und wie sehnen wir uns danach, das zu erfahren! –, dann soll ich nicht nach dem Dogma fragen, das dieser Glaube verkraften muß, sondern dann soll ich danach Ausschau halten, welche Entdeckungen dieser Glaube macht, welches neue, atemberaubende Bild des Mitmenschen ihm zuteil wird und welche Kräfte der Liebe in ihm entbunden werden. Denn das Reich Gottes besteht nicht in Worten, sondern in Kraft (1.Korinther 4,20). Und dort, wo es so in Kraft ist, wo es in der Liebe tätig wird, wo es uns die Schuppen von den Augen fallen läßt, wo es Geist und Phantasie bewegt und unsere Hände schöpferisch werden läßt: da sollen wir es suchen. Und wir legen Zeugnis von ihm ab, indem wir uns als Instrumente dieser seiner Kraft zur Verfügung stellen. Genau das hat Thornton Wilder gemeint, wenn er eine seiner Gestalten sagen läßt: »Frag nie einen Mann, was er glaubt! Paß darauf auf, wovon er Gebrauch macht! ›Glauben‹ ist ein totes Wort und bringt den Tod mit sich.«

Was der Herr mit diesem Gleichnis will, ist ein Kampfruf gegen den toten Glauben und ein Aufruf, vom wahren Glauben »Gebrauch« zu machen. Nur der gebrauchte Glaube, nur der gelebte Glaube hat die Kraft, den Herrn mitten unter uns zu rufen, und läßt ihn dann übermächtig anwesend sein. Und da, wo das geschieht, ist der Nächste entdeckt. Da wird das Wunder der Liebe mich verwandeln – und nicht nur mich, sondern auch die Welt.

WIE WERDE ICH
MIT MEINER ZERRISSENHEIT FERTIG?

DEN PHARISÄERN WAR ES ZU OHREN GEKOMMEN, DASS JESUS DEN SADduzäern gründlich das Maul gestopft hatte. Nun kamen sie ihrerseits an der Stätte, wo das passiert war, zusammen; und einer von ihnen, ein Schriftgelehrter, suchte ihn aufs Glatteis zu locken. Er machte das so, daß er ihm ein Problem vorlegte:

»Meister«, so fragte er ihn, »welches unter den Geboten, die in den Büchern des Gesetzes stehen, nimmt eigentlich den höchsten Rang ein?«

Jesus erwiderte ihm: »Das Gebot: ›Liebe den Herrn, deinen Gott, von ganzem Herzen, mit allen Fasern deines Lebens und mit dem ganzen

Einsatz deiner Vernunft!‹ – Dieses Gebot steht mit Abstand an der Spitze. Das andere aber zielt in dieselbe Richtung: ›Liebe deinen Nächsten wie dich selbst!‹ – In diesen beiden Geboten steckt alles, was immer die Bücher des Gesetzes und die Worte der Propheten enthalten mögen.«

MATTHÄUS 22, 34–40

Die Frage, welches das größte Gebot sei, wird hier in listiger, ja in provozierender Absicht gestellt und ist als taktischer Schachzug gemeint. Wie immer auch die Antwort lautet: Man kann sich dabei nur den Mund verbrennen und dem Gegner viele Gelegenheiten zum Einhaken geben. Nachdem Jesus, wie die Lutherübersetzung es in schöner Drastik ausdrückt, den Sadduzäern das Maul gestopft hatte, möchte man ihn nun durch einen anderen Trick aufs Glatteis locken.

Dennoch geht es nicht nur darum, daß die Gegner Jesu hier Unheil brüten und Fallstricke auslegen. In ihrer Frage klingt auch ein ernsthaftes Motiv an. Sie wollen nämlich, wie man das heute gerne ausdrückt, das »Engagement«. Sie möchten eine letzte und verbindliche Lebensorientierung. Sie möchten wissen, was in unserem Leben das schlechthin Verpflichtende ist. Niemand wird bestreiten wollen, daß das eine sehr seriöse, eine vom Gewissen diktierte Frage ist.

Wenn man aber diese Frage nach dem unbedingt Verpflichtenden stellt, dann sieht man sich sofort einer Zwangslage gegenüber, und zwar in doppelter Hinsicht:

Dann muß man nämlich *erstens* innerhalb unseres Pflichtenkataloges Abstufungen vornehmen, sozusagen Dringlichkeitsgrade bestimmen. Das wird uns ja schon im täglichen Leben deutlich: Von wie vielen Pflichten sind wir umstellt, um was alles sollen wir uns kümmern: Der eine ist von seinem Geschäft absorbiert, und alles, was er dadurch seiner Familie schuldig bleibt, bedrängt ihn. Was ist wichtiger: die Expansion meines Geschäftes, die dienstlichen Pflichten, bei denen alles auf meinen Einsatz ankommt, *oder* meine Kinder, denen ich mein Bestes mitgeben und die ich nicht hilflos sich selbst überlassen sollte? Werde ich nicht eines Tages, wenn ich mich ihnen versagt habe, die schmerzliche Quittung dafür erhalten? Werden sie mir dann nicht fremd geworden sein und Geschmacksrichtungen oder Wertvorstellungen zuneigen, die für mich »shocking« sind?

Stehe ich so nicht fortgesetzt in einem Konflikt der verschiedensten und mich manchmal zerreißenden Pflichten? Muß ich also nicht ständig die Frage stellen, was denn jetzt von all dem Andrängenden das am *meisten* Verpflichtende sei und die höchste Dringlichkeitsstufe habe? – Und siehe: Da ist *wieder* die Frage, was denn das vornehmste Gebot und das unbedingt Verpflichtende sei.

Doch steckt vielleicht noch ein *zweites* Motiv hinter dieser Frage der Pharisäer: der Wunsch nämlich, den obersten Wert zu erfahren, aus dem sich alle anderen ableiten lassen. Dieser Wunsch ist ähnlich wie die Sehnsucht nach einer Weltformel, mit deren Hilfe man alle Erscheinungen des Lebens erklären kann und die in die Fülle der verwirrenden Erscheinungen so etwas wie Ordnung, Klarheit und Übersicht bringt. Darin, daß sie so etwas bieten, liegt ja der Zauber der »Weltanschauungen«. Denn so verschieden sie auch sind – und ganz gleich, ob wir damit die großen idealistischen Systeme im Auge haben oder ob wir an den Marxismus-Leninismus denken –: immer gibt es da ein letztes Prinzip, ein letztes übergeordnetes Thema der Welt, eben eine Art »Weltformel«. Wenn man *die* begriffen hat, kriegt man gleichsam die Welt selbst in den Griff. Dann kann man daraus ableiten, wie Wirtschaftskrisen entstehen, wie es zu Kriegen kommt und welchen Stellenwert unser persönliches Leben, welchen Ort Liebe und Ehe, Freundschaft und Rivalität im ganzen des Weltgefüges haben. Es kann eine unbeschreibliche Erleichterung sein, es kann geradezu Glück bedeuten, wenn man so über das Band zu verfügen scheint, das »die Welt im Innersten zusammenhält«. Kein Wunder, daß eine solche Weltformel, daß also das Wissen um das letzte Verpflichtende, das letzte Sinngebende eine große Faszination ausübt, Schwung verleiht und eine gewaltige Dynamik des Handelns auslöst.

Gleichwohl führt dieser menschliche Trieb, das eine Unbedingte zu finden, in allerhand Sackgassen. Und in dem Bemühen, den Herrn in einer solchen Sackgasse sich festrennen zu lassen, berühren sich wieder die beiden Motive der Pharisäer: nämlich *einmal* das Motiv, wirklich das letzte Verpflichtende zu erfahren und sich ehrlich engagieren zu können, und *ferner* das Motiv, den so befragten Meister in den Netzen der Ausweglosigkeit zu fangen.

Wieso kommt es denn zu dieser Ausweglosigkeit? Ich will das an einem Beispiel zeigen:

Da gibt es etwa eine Weltanschauung, die die Fülle aller geschichtlichen Erscheinungen zurückführt auf bestimmte wirtschaftliche Strukturen. Diese bilden die materielle Basis alles Geschehens und bestimmen das gesellschaftliche Sein. Nun kann selbstverständlich kein Zweifel bestehen, daß ökonomische Realitäten das menschliche und mitmenschliche Leben entscheidend mitprägen. Hier aber wird *mehr* gesagt: Hier ist davon die Rede, daß der materielle Unterbau der Geschichte der Quellgrund des Lebens überhaupt sei und daß er deshalb so etwas wie den Rang der zitierten Weltformel habe. Dann aber ist unser Leben nur noch wichtig, weil es eine Funktion im Produktionsprozeß vollzieht und damit für die gesellschaftlichen Zusammenhänge von Belang ist.

Aber – das ist nun die Frage – geht dieses unser menschliches Leben mit der Fülle seiner Dimensionen wirklich darin auf, ein Stück des gesellschaftlichen Prozesses zu sein? Wo bleibt unter diesem Gesichtspunkt das Glück oder Unglück unserer Ehe, wo bleibt die Liebe zwischen Eltern und Kindern, wo die Treue unter Freunden, und wo bleibt all das Fragwürdige und auch Schwingentragende des menschlichen Herzens: seine Einsamkeit und sein Hunger nach Gemeinschaft, seine Lust, zu zerstören, sein Aggressionstrieb – andererseits aber auch seine Sehnsucht, zu lieben und aufzubauen? Wo bleibt das alles, wenn wir die Gesamtheit unseres Lebens durch jene fragwürdige Weltformel bestimmt sehen wollen? So konnten etwa Jewtuschenkos Dichtungen in Rußland fast wie eine Revolution wirken, die tiefste Erschütterungen der Herzen bewirkte, und zwar einfach deshalb, weil sie von Liebe und Haß, Stolz und Einsamkeit sangen und damit all das Verschüttete des persönlichen Lebens wieder ausgruben, das in der Klammer jener Weltanschauung nicht mehr unterzubringen gewesen war.

In eine durchaus vergleichbare Situation hoffen nun die Pharisäer den Herrn hineinzumanövrieren: Sie möchten ihn dazu bringen, aus der Fülle der Gebote Gottes und dem riesigen Inventar der Kultvorschriften *ein* maßgebliches und oberstes Gebot herauszufischen und dieses gleichsam zum Generalnenner – wirklich zu einer Art Weltformel – zu machen, die das gesamte religiöse und weltliche Leben umgreift.

Wenn er nun darauf eingehen und ein derart *dominierendes* Gebot nennen würde, dann käme sicher sofort jener Augenblick, von dem ich soeben gesprochen habe, der Augenblick nämlich, wo seine Partner fragen könnten: »Und wo bleibt all das andere? Du hast den Willen Gottes beschnitten, wenn du alles in Abhängigkeit setzest von so einem obersten Gebot, das du dir ausgewählt hast! Du hast die Ansprüche, die Gott an uns hat, auf höchst unerlaubte Weise verkürzt und nach deinem Gutdünken zurechtgeschneidert!«

Hätte Jesus etwa ein Kultgebot als das oberste bezeichnet – daß zum Beispiel das Reinigungswasser aus der Asche einer roten Kuh besonders sühnende Kraft habe (4. Mose 19) –, so hätten die Gesprächspartner gesagt: »Du verengst Gottes Willen auf die kultisch-sakrale Sphäre. Gott will aber unser *ganzes* Leben. Er will, daß wir ›Haus und Hof, Essen und Trinken, Kleider und Schuh‹, er will, daß wir unsere ganze weltliche und mitmenschliche Existenz ins Licht vor seinem Angesicht rücken. Wo bleibt denn dies alles bei der Wertabstufung der Gebote, die du da vorgenommen hast?« Vielleicht hätten sie an die Schelt- und Gerichtsworte des Amos erinnert, in denen Gott auf das Geplärr frommer Lieder und das Psalmenspiel pfeift (Amos 5,23), wenn man über den frommen Kulten den Mitmenschen vergißt, wenn man den Armen in den Kot tritt und den Entrechteten seinem Elend überläßt (Amos 2,7). »Du hast über dem Gebot des Gottesdienstes den Menschendienst vergessen, Jesus von Nazareth!« so hätte ihr Vorwurf wohl gelautet.

Würde der Herr aber statt dessen geantwortet haben: »Das höchste Gebot ist die Liebe zum Mitmenschen«, dann hätten sie wahrscheinlich umgekehrt argumentiert und gesagt: »Dir geht es nur um soziale Gerechtigkeit, wie sie auch jeder anständige Atheist wollen kann. Und wenn du das dann als Gebot Gottes ausgibst, obwohl unser natürliches Gewissen das doch schon von sich aus und ohne transzendente Unterstützung weiß, dann ist Gott für dich höchstens noch eine Chiffre für Mitmenschlichkeit oder auch für die Unbedingtheit, für den autoritären Rang dieses Gebotes. Wo bleibt also *Gott* in deinem Konzept, Jesus von Nazareth? Du hast ihn veruntreut, du hast ihn in Mitmenschlichkeit, du hast den Glauben in Ethik aufgelöst!« So hätten sie wohl auf die zweite Möglichkeit einer Antwort reagiert.

Ob der Herr sich aber in dieser Weise mattsetzen läßt – oder ob er es aus Vorsicht sogar ganz vermeidet, auf diese Frage nach dem vornehmsten Gebot überhaupt einzugehen?

Doch, er geht darauf ein. Aber er tut das mit einer verblüffenden Wendung, die auch den Pharisäern das Maul stopft. Er hebt nämlich durchaus nicht, wie seine Partner erwarten mochten, ein »einziges« Gebot hervor, um es dann zur Leitnorm zu machen, sondern er nennt die *Pointe* aller Gebote, er nennt das geheime Ziel, dem *jedes* von ihnen zugeordnet ist.

Was aber ist diese Pointe, was ist dieses Ziel? Im Grunde nur dies eine: daß wir aus ganzem Herzen, ganzer Seele und mit allen Kräften unseres Gemütes Gott gehören. Das aber tun wir von Haus aus nicht. Und deshalb ist unser Herz zwiegespalten. Daher rührt unser Elend.

Wir können ja an uns selbst beobachten, daß wir Gott immer nur mit Ratenzahlungen abspeisen und ihm nur stückweise »etwas« von uns geben, aber kaum je uns »selbst«. Wir gönnen ihm vielleicht einen Gottesdienst, an dem wir teilnehmen. Wir hören die ewigen Worte und wenden ihm auch einige Gebetsfetzen zu. Kaum aber sind wir draußen, erfüllen uns wieder ganz andere Sorgen und Hoffnungen. An diesem Zwiespalt zerreiben wir uns. Darum kommen wir nicht zur Ruhe. Wer *ganz* blind und *ganz* taub wäre für die ewigen Dinge, wäre wohl glücklicher dran, weil er sich diesem Zwiespalt gar nicht erst aussetzte. Aber wir sind Leute, die halb operiert vom Operationstisch springen. Und die sind die Allerärmsten. Wer sich nur halb auf Gott einläßt, ist immer der Betrogene. Er sollte es lieber gar nicht tun. Genau darauf spielt Jesus mit seinem Wort von dem »ganzen«, das heißt vom Zwiespalt erlösten Herzen an. *Unser Glück ist allein dort, wo wir nur eines wollen.*

Aber wo gibt es denn so etwas, daß wir »nur eines wollen« (Kierkegaard)? Das gibt es nur in jener *Liebe*, die unser Textwort meint: Wenn man jemanden liebt – und nur dann! –, ist man ja ganz für ihn da. Dann braucht man sich nicht aus Pflichtgefühl etwas abzuringen, sondern dann tut man es gern. Es drängt einen geradezu dahin. Es wäre lächerlich, in diesem Falle zu sagen: Es ist »meine verdammte Pflicht und Schuldigkeit«, daß ich diesen Abend bei einem Menschen verbringe, den ich liebe, während ich mich viel lieber auf andere Weise amüsieren würde. Das wäre doch deshalb absurd, weil ich jetzt gerade das »möchte«, was ich »soll«, weil es mich spontan dahin *treibt*, für den anderen dazusein.

Das war ja das Problem des älteren Bruders in Jesu Gleichnis vom verlorenen Sohn:

Der war ein treuer Pflichtmensch, der immer brav zu Hause geblieben war und dem Vater gedient hatte. Und als nun sein Bruder in desolatem Zustand von seinen Irrfahrten heimkehrte, da fühlte er sich wahrscheinlich ein bißchen bei seinem »christlichen« Pflichtgefühl gepackt und mußte ihn nolens volens mit sauer-süßem Gesicht willkommen heißen (man »darf« doch als Christ nicht nachträgerisch sein!). Aber er fühlte sich nicht wohl dabei. Denn er hatte ein zwiespältiges Herz. Mit Ach und Krach sagte er seinem Bruder: »Grüß Gott!« Aber gleichzeitig wurmte es ihn, daß das Haus für diesen fragwürdigen Burschen von festlichen Klängen und Bratenduft erfüllt war, und er rechnete im geheimen aus, welche Ovationen *ihm* wohl zustehen müßten, wenn man in seinem Vaterhause paritätisch verfahren würde.

Wegen dieses zwiespältigen Herzens war er ein so trübseliger, melancholischer Typ. Sein Herz schlug nicht, wie wir früher sagten, im gleichen Takt wie das des Vaters, der voller Seligkeit war, weil sein verlorener Sohn heimgefunden hatte. Hätte er den Vater geliebt und sich mit ihm freuen können, wäre er vom Zwiespalt seines Herzens frei geworden. Er wäre »eindeutig« gewesen und hätte in dieser Eindeutigkeit das Glück der Liebe erfahren. Glückseligkeit ist ja nichts anderes

– ausgerechnet Kant hat das so gesagt – als die Übereinstimmung der menschlichen Natur mit ihrem Zweck. Sie ist also der Einklang des Menschen mit sich selbst. Da wir auf *Gott* hin entworfen sind, gewinnen wir diesen Einklang mit uns selbst nur so, daß wir in Frieden mit ihm sind, daß wir ihn also lieben können. So meint Augustin sein berühmtes Wort, daß unser Herz unruhig sei, bis es »ruhet in Gott«.

Wenn wir früher als Kinder ungezogen waren, uns nicht zu beschäftigen wußten, und wenn wir dann aus Übellaunigkeit mal dieses und dann jenes dumme Zeug anstellten, pflegte meine Mutter zu sagen: »Seid doch nicht so ›vielwillig‹!« Ich habe diesen Ausdruck später nie mehr gehört. Aber er scheint mir sehr genau auszudrücken, woher das selbstzerstörerische Unbehagen rührt, das uns immer wieder umtreibt: daß unser Herz zwiespältig ist, daß wir »vielwillig« und also nicht auf das Eine ausgerichtet sind, das nicht nur not ist, sondern das auch unser Glück wäre.

Darum werden wir nicht froh, wenn wir nur *Pflichtmenschen* sind: wenn wir uns zu einigen Ratenzahlungen an Nächstenliebe zwingen, wenn wir ein aufkommendes Neidgefühl oder einen Haß in uns niederkämpfen, weil ein Christ ja angeblich dies und das nicht darf und zu diesem oder jenem verpflichtet ist. Darum führen wir auch unsere einigermaßen lästig gewordene Ehe – aus Pflichtgefühl natürlich! – weiter. Darum benehmen wir uns gegenüber einem Kollegen einigermaßen passabel, obwohl wir ihn im Grunde nicht ausstehen können. Dabei bleiben wir aber immer hin- und hergerissen und werden nicht warm mit diesem Lebensstil.

Darum ist es eine große Befreiung, die uns Jesus hier vor Augen hält: Wenn wir *Gott lieben* könnten, wenn wir also in Einklang mit ihm wären, dann müßte es mit dem widerwilligen Ratenzahlen sittlicher Pflichten aufhören. Denn dann würden wir ihm ja *ganz* gehören, dann würden wir *mit* ihm denken und fühlen. Und wenn man jemandem ganz gehört, dann kann man eigentlich auch gar nichts mehr falsch machen. Dann braucht man wirklich nur noch dem nachzugeben, wohin einen das Herz treibt. Da hört alles beklommene Fragen auf, ob er wohl dies oder jenes von mir verlange, ob er dies wohl übelnehmen und an jenem Anstoß nehmen könnte. Wer liebt, hört auf zu kalkulieren und verliert seine Skrupel. Ihm strömt das Herz über, und er läßt sich in einer höheren Form von Sorglosigkeit treiben.

Gott lieben können: das wäre also die Befreiung vom Zwiespalt unseres Herzens. Aber wer *ist* denn Gott, daß wir ihn so lieben könnten? Ist er nicht entsetzlich verborgen? Wo ist er im östlichen Dschungelkrieg? Wo ist er bei der jüngsten Flugzeugkatastrophe?

So hat schon der Psalmist gefragt, als er vergeblich – zuerst verzweifelt und dann wunderbar getröstet – nach den Fußspuren Gottes in den Rätseln des menschlichen Lebens suchte: »Durchs Meer ging dein Weg und dein Pfad durch mächtige Fluten; doch die Spuren deiner Schritte waren nicht sichtbar« (Psalm 77,20). Den Fußabdruck Gottes, der uns erlaubte, ihn zu »identifizieren«, erkennen wir tatsächlich nicht, und seine Spur ist im Wasser verloren. Wer ihn hier sucht, endet in nihilistischen Fehlanzeigen. Wir haben ihn nur in dem, den Luther als den »Spiegel des väterlichen Herzens« bezeichnet und der hier mit den Pharisäern redet. In ihm berührt uns eine Liebe, die auch den noch sucht, der als verführter Henkersknecht unter dem Kreuze steht oder der inmitten des aufgeputschten Mobs schreit und der »sein Blut über sich und seine Kinder kommen« lassen will. Selbst in der Nacht von Golgatha, als nicht nur die Fußspuren Gottes verschwammen, sondern als selbst die Idee eines liebenden und im Regimente sitzenden Gottes von einem menschlichen Intellekt nicht mehr zu fassen war, blieb diese Liebe noch in dem Manne erkennbar, der am Kreuze hing und der im Dunkel der Sinnlosigkeit nach der Hand des Vaters griff. Wer sich an dieses Zeichen klammert, kann in der Liebe bleiben und bekommt den Frieden zu spüren, der auch sein zwiespältiges und haderndes Herz umhüllt.

Wenn wir als solche Leute, die vom Herzen Gottes her und also von seiner erfahrenen Liebe aus auf die eigene Unruhe zurückblicken, dann erkennen wir den Zwiespalt unseres Herzens noch an vielen anderen Symptomen, die uns heute Not machen:

Ein Zeichen dafür ist der eigenartige Zustand, den man heute mit dem

Modewort »Unbehagen« benennt. Dieses Wort taucht auf, wenn von der weltpolitischen Lage, den Ost-West-Problemen, der Technokratie und der Unruhe der Jugend die Rede ist. Um dieses Wort »Unbehagen« und das, was an verursachenden Momenten dahintersteht, zu analysieren, bedürfte es umfangreicher Erwägungen. Ich möchte hier nur einen einzigen Gesichtspunkt nennen, weil er zu unserem Thema gehört. Ich meine die Frage, ob das Unbehagen nicht ebenfalls mit dem zu tun haben könnte, was wir das »zwiespältige Herz« nannten:

Auf der *einen* Seite hören wir die Botschaft von der Freiheit als einem Menschenrecht, von der freien Entfaltung der Persönlichkeit, der Pressefreiheit und vielen anderen Spielarten. Wir sehen auch – und brauchen nur an manche Auswüchse unserer Illustrierten zu denken –, wie man dieses Freiheitsdogma oft bis zum Exzeß auslebt und mißbraucht. – Auf der *anderen* Seite stoßen wir uns an festbetonierten, unbeweglichen Institutionen, Bürokratien und Herrschaftsverhältnissen oder auch an dem so fest zementierten Gegenüber der ideologischen Blöcke. An dieser nicht ausgleichbaren Spannung zwischen unserer Freiheit und unserem Gefangensein reiben wir uns wund.

Ich denke noch an eine weitere Form dieses Zwiespaltes. Wir haben weithin alles zum Konsumieren, was wir brauchen. Die Weihnachtsgeschäfte sind übervoll, auch von Käufern, und die Touristikfirmen bieten selbst dem Durchschnittsbürger Reisen an, von denen unsere Großeltern allenfalls träumten. Aber indem wir weithin alles haben, was wir brauchen, stehen wir in einer eigentümlichen Leere ohne Ziel. Wir haben die Weltwege wohl planiert, und bald leben wir im perfekten Wohlfahrtsstaat. Aber wohin führen diese so wohlplanierten Wege? Welchen Sinn hat dieser wohlgeölte Apparat? Diese Frage hatte wohl Albert Einstein im Auge, als er einmal sagte: »Wir leben in einer Zeit vollkommener Mittel und verworrener Ziele.« Solange man – wie wir das im Kriege und nach 1945 taten – um die primitivsten Lebensbedingungen und um das Leben überhaupt kämpft, kann man ja im Ringen um die Lebensmittel *aufgehen* und die Frage nach dem letzten Ziel vergessen. Hat man sich aber diese Mittel verschafft und lebt nun einigermaßen wohlversorgt dahin, so wird plötzlich die Frage nach Sinn und Zweck dieses Lebens brennend. Und ich glaube, es kann die Größe, es kann das Verheißungsvolle einer geschichtlichen Stunde sein, wenn diese Frage mit Vehemenz aufbricht, auch wenn die Formen, in denen das geschieht, vielfach unerfreulich und eben von jenem melancholischen Unbehagen bestimmt sind.

Jedenfalls ist das *wieder* so ein Zwiespalt unseres Herzens, in dem wir uns entdecken: der Widerspruch zwischen dem, was wir erreicht haben, und der Ziellosigkeit unseres Lebens, die uns verwirrt und so erschreckend hoffnungslos macht.

Aus diesem Unbehagen heraus schlagen wir um uns. Der Mensch *muß* ja um sich schlagen und aggressiv werden, wenn er kein Vertrauen mehr hat. Und inmitten dieser Unruhe will uns nun das Evangelium treffen – jene Botschaft Jesu, die dem Zwiespalt unseres Herzens die Mächte der Liebe und des Vertrauens entgegensetzt.

Das Vertrauen, das wir Christen als unseren Glauben bezeugen und aus dem wir leben und sterben möchten, meint nun keineswegs nur, daß wir in allen noch so verzweifelten Situationen einfach stillehalten und uns blindlings dem »höheren Ratschluß Gottes« fügen sollten, auch wenn wir nichts mehr verstehen. Sondern es ist doch so: *Indem* wir stillhalten und zu sagen wagen: »Dein Wille geschehe!« greift unser Vertrauen sehr viel *weiter* aus. Wir wissen, daß der, dem wir unser Schicksal getrost anvertrauen, zugleich über die Macht verfügt, es zu wenden. Er ist nicht nur bei uns im Schiff, sondern er ist auch Herr über die Mächte und Elemente, denen das Schifflein preisgegeben ist. Wind und Wellen unterstehen seinem Gebot. Auch die Gedanken und Emotionen der menschlichen Seele, ja der Völker (Psalm 33,10) sind seines Winks gewärtig, und auf sein Geheiß müssen sich legen »die stolzesten Wellen« (Hiob 38,11).

Darum dürfen wir getrost auch in eine dunkle Zukunft aufbrechen – einfach deshalb, weil ja die Verheißung kein Ende hat. Die Menschen Gottes sind immer ins Dunkle und Ungewisse entboten worden. Abraham wurde in ein Land gewiesen, das er nicht kannte, und er hatte nichts bei sich als die Gewißheit, daß die Verheißungen *mit* ihm gehen würden. Und auch uns ist unbekannt, was schon übermorgen sein wird. Wir sollen nicht einmal »für den anderen Tag sorgen«, sondern nur den nächsten Schritt entschlossen tun und dann dessen gewiß sein, daß auch die Geschicke des neuen Tages nichts über uns verhängen dürfen, was der Zensur unseres himmlischen Vaters entgehen dürfte. Es wird uns auch morgen und übermorgen nichts anderes widerfahren und treffen, »als was er hat ersehen und was uns selig ist«.

Darum gehen wir entschlossen, aber auch getrost wie ein Kind ins Dunkel, ohne jenen zermürbenden Zwiespalt, der uns zwischen Furcht und Hoffnung hin- und herreißt, sondern in jener Einfalt des Herzens, die uns auf die Lilien des Feldes und die Vögel unter dem Himmel blicken läßt.

Aber in diesem Vertrauen gehen wir nun auch los und *handeln* wir, da kämpfen wir auch und ringen um eine bessere Welt. Aber wir machen die Rechnung unseres Lebens nicht ohne den Wirt. Wir »verlieren« uns nicht an Programme und setzen unser Vertrauen nicht auf Utopien. Wir wissen, daß die Welt nicht anders werden kann, wenn unser altes Herz – dieses trotzige und verzagte Ding (Jeremia 17,9) – nicht *zuerst* anders wird. Einem Herzen, das kein Vertrauen hat und das vom Zwiespalt zwischen Furcht und Hoffnung, Gespenster-Angst und Illusionen hin- und hergerissen ist, können auch nur verwirrte Gedanken entsteigen.

Darum geht der Anruf Jesu, der uns zur Liebe entbietet, nicht nur unser persönliches Leben und nicht nur unser privates Verhältnis zum Mitmenschen an. Wo das Herz und alle Kräfte des Gemütes zur Liebe entzündet werden, da entsteht an einer Stelle ein Brand, der alle Grenzen sprengt und der auf die Gesellschaft, auf den Staat und auf alles übergreift, mit dem Menschen in Berührung kommen, für die Gott *alles* ist.

Wer wagt es, damit zu rechnen? Wer wagt es, dieser Verheißung zu vertrauen? Gott braucht Menschen, mit denen er wirken kann, Menschen, die frei geworden sind, um die Wunder fassen zu können, die er uns zusagt.

WIE FREI IST DER MENSCH?

ALLES IST IN EURE VERFÜGUNG GESTELLT... ÜBER EUCH ABER VERFÜGT Christus. Und Christus steht unter der Verfügung Gottes.

1. KORINTHER 3, 21. 23

Was immer ihr tut und wirkt: Seid mit dem Herzen dabei – und wendet es nicht den Menschen, sondern dem Herrn zu!

KOLOSSER 3, 23

Wer einmal durch Zuchthauszellen gewandert ist und sich mit Kriminellen unterhalten hat oder wer Zeuge von Jugendgerichtsverhandlungen wurde, den läßt die Frage nicht mehr los: Waren diese Leute bei ihrer Tat denn wirklich frei? Vielleicht entstammen sie einem asozialen Milieu, haben nie einen Menschen erlebt, der ein glaubwürdiges Leitbild für sie war. Vielleicht sind sie ohne Liebe – sich selbst oder der Gosse überlassen – herangewachsen und dann zu dem geworden, was in diesen Wartezimmern einer ausweglosen Zukunft abgelagert ist. Ein Jugendrichter sagte mir einmal verzweifelt nach einer solchen Verhandlung: »Wären Sie und ich nicht auch da angekommen, wo dieser arme Kerl geendet ist, wenn wir in solchen Giftküchen aufgewachsen wären? Welches Recht hat die Gesellschaft, hier zu richten? Ist sie nicht selbst die Angeklagte, wenn sie dies alles zuläßt?« – Wie frei ist also der Mensch? – das ist die Frage.

Noch in anderen Spielarten stellt sich dieses Problem: Berufen sich Illustrierte und andere Presseorgane mit Recht auf die Freiheit (eben auf die Pressefreiheit), wenn sie aus merkantilen Gründen – um nämlich ihre Auflagenhöhe hinaufzuschrauben – hemmungslos der Sex-Welle frönen oder triviale Playboys und Playgirls zu Leitbildern aufblähen und so an Instinkte appellieren, die in den Kellern und Rumpelkammern der menschlichen Psyche zu Hause sind? Wie weit geht die Freiheit, auch die Freiheit der Presse?

Ich habe diese Fragen hier nicht angesprochen, um den aussichtslosen Versuch zu unternehmen, sie in einer kurzen Stunde zu behandeln. Ich möchte damit nur den Horizont all der Überlegungen markieren, die bei unserem Thema zur Aufgabe werden.

Aus dem großen Komplex der Fragen, die sich hier stellen, möchte ich in dieser Stunde nur eine einzige Teilfrage herausgreifen. Sie ist allerdings von besonderem Gewicht, und ich will sie deshalb zunächst etwas genauer umschreiben:

Sartre verficht sowohl als Philosoph wie als Dichter seiner Dramen immer wieder die folgende These: Wenn ein Mensch in festgefügten gesellschaftlichen Systemen oder auch in einer christlichen Tradition lebt, dann wird er dadurch seiner Freiheit beraubt. Dann wird er durch eine Fülle von Sollens-Vorschriften und Normen eingeengt. Von allen Seiten tönt es: Du sollst dies und das; und du darfst dies und das nicht. Bestimmte Erwartungen, die man mir gegenüber hegt, legen mich fest, »fixieren« mich. So komme dieser Mensch, meint Sartre, nie zu sich selbst, er erreiche nie seine Identität, sondern er führe immer nur einen fremden Willen aus. Er dürfe niemals ein Original sein, sondern laufe stets als Kopie herum.

Wahre Freiheit könne es daher nur dort geben, wo der Mensch sich selbst entwirft, das heißt, wo er autonom bestimmt, was er sein will, und wo er darum auch selbst und mit eigenem Willen darüber befindet, was zu tun er für seine Pflicht hält. In dem Drama »Die Fliegen« ringt sich Orestes durch alles hindurch, was ihn so festlegen und fixieren möchte, und sagt pathetisch: »Ich bin meine Freiheit.« Damit meint er: Ich bin nicht Objekt dessen, was andere und was noch so geheiligte Gebote von mir wollen, ich bin auch nicht Objekt eines geschichtlichen Schuld-Schicksal-Zusammenhanges, sondern ich bin eigenmächtiges Subjekt meiner Zukunft, ich bin Herr im Hause meines Ichs, ich schreibe den Roman meines Lebens selbst und lasse ihn mir nicht von anderen Leuten in die Feder diktieren. Ich lasse mir mein Porträt nicht von anderen malen, sondern ich male es selbst.

Sartre ist sich nun durchaus klar darüber, daß diese Art von Freiheit eine Strapaze ist. Er kann so geradezu die Formulierung wagen, wir seien zur Freiheit »verurteilt«. Das soll heißen: Wir *möchten* eigentlich gar nicht diesen Grad von Selbstbestimmung. Denn sie legt uns eine enorme Verantwortung auf. Es ist viel leichter und auch bequemer, wenn man nach dem Fahrplan vorgegebener Gebote fahren kann, wenn man also nur dem zu entsprechen braucht, was man von uns erwartet und was mit dem überlieferten Wertsystem in Einklang steht. Dann braucht man sich nur anzupassen und schlicht mitzumachen. Das ist an sich enorm kräftesparend. Man braucht sich weniger den Kopf zu zerbrechen (das tun dann andere für einen), und man braucht auch weniger eigene Entscheidungen zu fällen.

Gelegentlich konnten wir ja an Ostflüchtlingen beobachten, wie es sich auswirkt und wie strapaziös es sein kann, wenn jemand aus einem festgefügten System, das ihm jeden Schritt vorschreibt, plötzlich in die Freiheit verstoßen wird (wirklich: »verstoßen«!). Er kommt sich dann vor wie in ein Vakuum versetzt und weiß nicht, was er mit sich machen soll.

So sind Anweisungen und Gebote, so ist eine feste und vorgeschriebene Marschroute oft sehr viel bequemer und darum auch begehrenswerter, selbst wenn mir solche Imperative gegen den Strich gehen und wenn ich sogar über die Beschränkung meines Freiheitsraums seufze.

Von da her ist übrigens auch der Zauber zu erklären, den von jeher die sogenannten »Gesetzesreligionen« ausgeübt haben. Sie mochten das Dasein zwar in ein sehr enges Gehäuse pressen. Doch war in diesem Gehäuse eben nicht nur Zwang und »Repression«, sondern auch Geborgenheit. Man brauchte sich nicht mit dem eigenen Kompaß in das abenteuerliche Gelände des Lebens hinauszubegeben, sondern bewegte sich in umfriedeten Räumen und auf gebahnten Wegen, über die man von erfahrenen Händen geführt wurde.

Wenn nun Sartre meint, er treffe mit diesen Grundsätzen auch das Christentum und opponiere gegen all die Reglementierungen, die uns von sogenannten »Geboten Gottes« zugemutet werden, dann befindet er sich im Irrtum. Er scheint gar nicht zu ahnen, in welchem Maße er selbst ein säkularer Nachfahre dieses christlichen Glaubens ist.

Die Botschaft Jesu fängt gerade *nicht* mit Vorschriften an. Sie beginnt nicht – wie bei Kant – mit dem Imperativ: »Du sollst.« Nein: Zuerst und lange *ehe* etwas von mir verlangt wird, empfange ich zunächst die nötige Ausstattung, die mich allererst befähigt, dem Willen Gottes Genüge zu tun. Da wird mir zunächst etwas *geschenkt*.

Wenn ich Jesus Christus begegne, erfahre ich im ersten Akt dieses neuen und überaus aufregenden Lebensabschnitts nämlich zweierlei: *Einmal* fängt alles damit an, daß ich den Anruf vernehme: »Ich habe dich bei deinem Namen gerufen; du bist mein.« Ich erfahre also, daß ich Gott nicht gleichgültig bin, daß er nach mir ruft und daß es ihn bewegt, wenn ich mich verloren in der Fremde herumtreibe. Er legt mir gleichsam die Hand auf die Schulter und sagt mir: »Ich bin doch für dich da, merkst du das nicht?«

Und dann das *andere*, das meinem Leben eine neue Wendung vermittelt: Ich höre sein Wort: »Du bist mir lieb und teuer. Es stößt mich nicht ab, daß du charakterlich fragwürdig bist, daß du Dreck am Stecken und Flecken auf deiner Weste hast. Ich möchte dich doch gerade aus dem dunklen Loch herausholen, in dem du so hilflos hockst, und möchte dich an der Freiheit teilnehmen lassen, die meine Nähe dir schenkt. Denn ich habe dich lieb, und du gehst mir nahe.«

Diese Nachricht versetzt meinem Leben in der Tat ganz neue Impulse. Wenn ich erfahre, daß jemand in teilnehmender und vielleicht sogar in mit-leidender Liebe an mich denkt, dann strömt ihm ja auch von *meiner* Seite Dank entgegen, und es treibt mich, ihm meinerseits etwas zuliebe zu tun. Hier entsteht dann ein Austausch. Wie bei elektrischen Polen wird ein bewegter Stromkreis ausgelöst. Das ist dann ganz spontan und ergibt sich aus einem inneren Impuls fast »ganz von selbst«. Dazu bedarf es keiner Gebote, die das ausdrücklich gebieten.

Wie grotesk wäre es zum Beispiel, wenn eine Mutter von ihrem Kind verlangen würde: »Nun lieb mich doch mal!« Wenn das Kind spürt, daß die Mutter ihm von Herzen zugetan ist, daß sie Zeit und Kraft an es wendet (und nicht etwa aus »verdammter Pflicht und Schuldigkeit«, sondern weil ihr *Herz* sie dazu treibt), dann reagiert das Kind auch seinerseits mit spontaner Gegenliebe. So beginnt der Stromkreis wechselseitiger Liebe zu fließen.

Die so antwortende und spontane Liebe ist natürlich etwas völlig anderes als ein bloßes Gefühl der »Sympathie«. Sie bringt vielmehr den ganzen Menschen in Bewegung. Das heißt: Sie setzt sich auch in ein *Handeln* um. Wer liebt, möchte dem geliebten Menschen ja auch etwas zuliebe *tun*. Aber auch das, *was* er so tut, braucht dann nicht mehr durch Gebote in Schwung gebracht oder geregelt zu werden. Es kann sogar ganz irregulär, ganz ausgefallen und gebotswidrig sein und bleibt dennoch in den Stromkreis der Liebe eingefügt. Eine junge Mutter erzählte mir einmal, sie hätte mit viel Mühe und Kostenaufwand ihre Wohnung neu tapeziert. Die kleine Inge habe dann, als sie einen Augenblick zum Einkaufen weggewesen sei, die neuen Tapeten unvorstellbar mit ihren Buntstiften beschmiert und ihr dieses Produkt strahlend mit den Worten präsentiert: »Guck mal, Mutter, was ich für dich gemalt habe.« »Für dich«, habe sie gesagt – und diese zwei Worte hätten den aufwallenden Zorn in ihr erstickt. Das kleine Mädchen hatte auf seine Weise eine Liebeserklärung an die Wand gemalt, und die Mutter hatte das inmitten der Krakeleien auch erkannt, obwohl dieses kindliche Geschmiere doch ordnungs- und regelwidrig und mit einigem Verdruß verbunden war. Das Kind hatte sich die Freiheit (wirklich die Freiheit!) genommen, auf seine Weise der Mutter zu sagen, daß es sie in Liebe erwartet und herbeigesehnt hatte. Und trotz des Ärgers mit der Tapete war das der Mutter sehr viel wichtiger als kanalisierter Gehorsam und vorschriftsmäßige Artigkeit im Sinne des Struwwelpeter. Sie sagte sich: Wenn das Kind mich nur lieb hat, dann soll es auch die Freiheit haben, diese Liebe auf seine Weise auszudrücken. Dann dürfen die Gestalten, in die diese Liebe sich kleidet, seinem kindlichen Ermessen überlassen und sogar ausgefallen sein.

Genau das möchten ja auch die Texte sagen, die Jesu Auseinandersetzung mit den Sabbatgeboten berichten. Warum darf und kann er sich so souverän über kultische Vorschriften hinwegsetzen? Warum darf er die Gesetzesbücher ähnlich durchstreichen, wie das Kind sich über die Anstandsvorschrift hinwegsetzte, daß man die Wände nicht beschmieren darf? Er konnte doch nur deshalb die feierlichen Sabbatgebote ignorieren, weil die Liebe zu seinem Vater (die zugleich die Liebe zu seinen hungernden Gefährten mit einschloß) ihm die Freiheit gab, den *Sinn* des Sabbatgesetzes über den *Buchstaben* seiner Vorschriften zu stellen. Und dieser Sinn besagte ja, daß der Sabbat für den *Menschen* dazusein habe und nicht der Mensch für den Sabbat, daß Gott also mit dem Ruhetag dem Menschen dienen wollte.

Wo jemand nun diese Liebe Gottes erwidert, da empfängt er Freiheit: die Freiheit nämlich, nun das zu tun und auch in eigener Verantwortung zu bestimmen, was Gott gemeint hat. Auf diese Weise ist er ermächtigt, über kasuistische Einzelbestimmungen souverän hinwegzugehen. Gott will nicht, daß Menschen hungern; darum darf man kein Griffelspitzer sein und die Menschen weiter hungern lassen, nur weil ein Gebot, das für den Normalfall gut sein mag, zu verbieten scheint, daß man am Sabbat Ähren rauft. Wo Liebe ist, da ist auch Freiheit der Wahl und der eigenen Entscheidung. Und Augustin sagt deshalb einmal: »Liebe – und dann tue, was du willst.«

Aber die Folgerungen gehen noch viel weiter. Ich sagte soeben: Das Evangelium, ja die ganze Bibel sei voll von Hinweisen, Berichten und Versicherungen, daß Gott an uns gelegen ist und daß ihn unsere Verlorenheit und unsere Heimkehr aufs tiefste bewegen, ja daß er sogar den Schmerz von Golgatha dafür auf sich nimmt. Muß uns das nicht auch unsererseits bewegen und ihm unser Herz erschließen?

Wenn wir aber Gott so wiederlieben, dann tritt etwas ein, was im menschlichen Bereich abermals seine Parallelen hat: Bin ich nämlich einem Menschen in Liebe verbunden, dann werden *seine* Sorgen auch *meine* Sorgen sein, und sein Glück macht auch *mich* froh. Dann kann es gar nicht ausbleiben, daß das, woran ihm liegt und wofür er sich bis ins letzte engagiert, nun auch mich angeht, mich auf keinen Fall gleichgültig lassen kann. Wofür engagiert sich denn Gott? Er engagiert sich – wir sagten es schon – für mich und meinen Mitmenschen, er hält Ausschau nach seinen verlorenen, unglücklichen und schuldigen Kindern. Wie könnte es darum anders sein als so, daß diese seine Liebe nun auch auf *mich* übergeht, daß sie mich förmlich ansteckt, so daß es zu einem Gefälle kommt vom Ursprung aller Liebe und Vergebung – von dem also, was Gott an mir und uns allen tut – über mich selbst zu meinem Nächsten hin (vgl. Matthäus 18,21–35).

Deshalb ist es nur folgerichtig, wenn Jesus Christus Gottes- und Nächstenliebe in einem Atem nennt und beides zusammenbindet. Sobald ich Gott liebe, geht mich mein Nächster bis ins Innerste an – einfach deshalb, weil er Gott angeht. Es war ja die Tragödie des älteren Bruders in Jesu Gleichnis vom verlorenen Sohn (das Bild dieser Gestalt drängt sich uns immer wieder auf), daß er nicht begreifen konnte, wie sein Vater von der Heimkehr des jüngeren Sohnes aus den Irrungen der Fremde bewegt war und warum er ein rauschendes Fest für ihn veranstaltete. Ihn selber ließ kalt, was dem Vater das Herz warm machte. Darum war die Gleichgültigkeit gegenüber dem Bruder zugleich ein Zeichen dafür, daß er auch den Vater nicht liebte, daß der Stromkreis zwischen seinem Herzen und dem des Vaters unterbrochen war.

Wenn aber dieser Stromkreis, wenn das Gefälle auf den Nächsten hin zu fließen beginnt, dann wird hier wiederum der Raum der Freiheit aufgeschlossen: Dann muß ich in eigener Verantwortung und in eigenem Risiko des Nachdenkens darüber befinden, was meinem Nächsten dient und was ich ihm deshalb schuldig bin.

Auf dem katholischen Pastoralkongreß in Holland, der auch in unserer Presse so großes Aufsehen erregte, hat der Theologe Eduard Schillebeeckx mit Recht gesagt, für die christliche Ethik werde die sittliche Daseinsbewältigung nicht durch absolute, immer gültige Regeln, Gebote und Ordnungen festgelegt. Der einzige Maßstab sei vielmehr die Liebe – allerdings jene ganz bestimmte Art von Liebe, wie sie in Jesus Christus erscheint. Jesus sowohl wie Paulus, aber auch das Alte Testament, hätten dieses Grundgebot nur in die Ordnungen und Normensysteme *ihrer* Zeit übertragen. Wir dürften diese Gesetzessysteme deshalb nicht absolut setzen und im vermeintlichen Namen des Glaubens einfach mit übernehmen. Sondern wir hätten nun die Aufgabe, in eigener und frei ergriffener Verantwortung dieses Gebot der Gottes- und Nächstenliebe im Rahmen *unserer* Lebens- und Gesellschaftsstruktur zur Geltung zu bringen.

Ist diese Ansicht nun vielleicht so etwas wie eine aufweichende Liberalisierung? Kommt auf diese Weise nicht alles ins Schwimmen? Verlieren wir nicht jede Orientierung an festen Maßstäben?

Das zu meinen, wäre sehr irrig. Es geht hier im Gegenteil um den Anruf, Gott sehr viel radikaler zu gehorchen, als nur mechanisch gewisse Regeln und Gebote zu befolgen. Tue ich nämlich nur dies, so kann mein Herz ja ganz unbeteiligt bleiben; ich brauche dann nur nach außen hin zu »spuren« und kann auf ein inneres Engagement verzichten. Und genau das will der Herr nicht, sondern er will uns *ganz*.

An entscheidenden Stellen des Evangeliums weigert sich Jesus des-

185

halb, uns ganz bestimmte und detaillierte Verhaltensregeln zu geben. Die zu befolgen, wäre viel zu einfach; dafür brauchte man sich nur ein bißchen am Riemen zu reißen, könnte aber im übrigen ganz unbeteiligt bleiben. Man könnte dabei gleichsam innerlich wegtreten. Statt dessen schließt er uns den viel anstrengenderen Raum der Freiheit auf und läßt uns selbst darüber entscheiden, welchen Weg des Gehorsams wir für den geforderten halten.

Ich nenne dafür nur ein einziges Beispiel, obwohl viele zur Verfügung stünden:

Einmal wollten ihn die Pharisäer hereinlegen und stellten ihm die Frage, ob man dem Kaiser Zins bezahlen solle. (Wir kommen im nächsten Kapitel ausführlicher darauf zurück.) Das war eine hochbrisante politische Frage, bei der man eigentlich nur eine falsche und sogar lebensgefährliche Antwort geben konnte. Was man auch sagte, war eigentlich verkehrt. Jesus aber gab die Antwort: »Gebet dem Kaiser, was des Kaisers, und Gott, was Gottes ist« (Matthäus 22,21).

Er gibt also keine kasuistische Verhaltensregel an, gemäß der die Kompetenzen zwischen Gott und Kaiser, Kirche und Staat genau abgegrenzt und säuberlich aufgeteilt wären. Das sollte den Leuten so passen: einfach so weisungsgebunden und damit eigenen Entscheidungen enthoben zu sein! Jesus aber läßt die Frage der beiderseitigen Kompetenzen gerade offen. Damit erschließt er eine Zone der Freiheit, die uns zwingt (jawohl: die Freiheit zwingt uns!), aus unserer Liebe zu Gott heraus nun in eigener Verantwortung zu entscheiden, wie wir den Konflikt zwischen dem, was Gott von uns fordert, *und* dem, was Kaiser, Staat und Gesellschaft von uns haben wollen, von Fall zu Fall lösen.

Indem Jesus uns das zumutet, entbindet er in uns das, was Kierkegaard die »unendliche Leidenschaft der Innerlichkeit« nennt. Denn nun kommen wir mit braven Formen äußerer Korrektheit und Weisungstreue nicht mehr durch, sondern nun will uns Gott ganz: Er will auch unseren Verstand, er will die Anstrengung unseres Nachdenkens, er will unser Ringen um den rechten Weg, er will – um es mit den Worten der Bibel selbst zu sagen (5.Mose 6,5) – unser ganzes Herz, unsere ganze Seele und alle unsere Kraft, auch unsere geistige Kraft, die Kraft der Reflexion (wie man heute gerne sagt). Darum möchte er keine Funktionäre des Gehorsams, die nur mechanisch spuren, sondern darum beansprucht er auch unser geistiges Potential, eben die ganze Anstrengung unseres Denkens.

Die Freiheit, die die Liebe uns schenkt, ist tatsächlich anstrengend und anspruchsvoll, weil es ja immer strapaziöser ist, wenn ich mich *ganz* gebe, als wenn ich mich nur *halb* gebe. Und Gott will uns eben ganz. Kein Zweifel, daß diese Freiheit der Liebe nun viele Variationsmöglichkeiten des Handelns eröffnet, daß ihr also individuell höchst verschiedene Entscheidungen entwachsen können. Das Handeln des Christen ist deshalb nicht starr und festgelegt. Es gibt keine Schienen, die seine Spur von A bis Z vorzeichnen, sondern dieses Handeln wird nun flexibel. Wir werden in vielem anders entscheiden als unsere Eltern und Großeltern, obwohl wir im Rahmen desselben Liebesgebotes handeln, das uns alle verbindet, von den Patriarchen und Propheten an bis heute und in jede Zukunft.

Aber ist das nicht (um die früher gestellte Frage noch einmal anklingen zu lassen) eben doch eine liberale Aufweichung des dem Christen gebotenen Gehorsams? Führt das nicht doch in gefährliche Bindungslosigkeiten?

An dieser Stelle unseres Nachdenkens gewinnt das Wort des Paulus Gewicht, das ich an die Spitze unserer Überlegungen stellte: »Alles ist in eure Verfügung gestellt ... Über euch aber verfügt Christus.« »Alles ist in eure Verfügung gestellt«, das heißt: ihr habt unbegrenzte Verfügungsrechte und weiteste Freiheitsräume. Es gibt für euch kein »Tabu«. Doch könnt ihr diese Privilegien der Freiheit nur dann in Anspruch nehmen, wenn ihr mit *dem* verbunden seid und bleibt, der sie euch zukommen läßt. Ihr dürft ja nur *deshalb* über alles verfügen, weil Christus über euch verfügt. Ohne ihn wird in der Tat eure Freiheit bedingungslos und degeneriert dann zur Willkür. *Mit* ihm aber und mit ihm *verbunden* drängt unsere Liebe zu ganz bestimmten Formen ihrer Gestaltwerdung, so sehr es auch unserer Freiheit überlassen bleibt, diese Formen zu finden.

Das ist leicht einzusehen: Vielleicht kann ich einen Kollegen nicht leiden. Er mag mir sogar ausgesprochen unsympathisch sein. Dann geht der natürliche Trend meines Verhaltens dahin, daß ich ihn übersehe, ihm ausweiche oder ihm auch die Zähne zeige. Stehe ich dagegen unter der Verfügung des Herrn, dann weiß ich, daß Jesus Christus an diesen mir so fremden Menschen interessiert ist, daß er sich ihm liebend zuwendet und sich auch für ihn aufopfert. Wenn ich diese seine Liebe nun in mein eigenes Leben übernehme, kann mich dieser Kollege auch meinerseits nicht mehr unberührt lassen. Ich frage mich dann notgedrungen, ob ich in den Augen Jesu denn wirklich ein sehr viel sympathischerer Kumpan bin als dieser andere. Er aber, Jesus Christus, hat den Weg zu mir gefunden. Bin ich damit also nicht angehalten, nun auch von mir aus den Weg zu meinem Menschenbruder zu gehen?

Vielleicht – um einen anderen Fall dieser Art zu nennen – ist mir der Sektor »Politik« zutiefst fremd. Ich reagiere allergisch darauf, weil mich List und Tücke, Mißtrauen und Machthunger in diesen Bezirken abstoßen und weil ich davon durchdrungen bin, daß das politische Lied wirklich ein »häßlich Lied« sei. Dann aber wird mir plötzlich klar, daß mein Nächster aufs tiefste durch politische Handlungen und Strukturen betroffen ist: Das Bildungswesen greift in das Geschick der Jugend ein, die Sozialordnungen sind für das Leben von Rentnern, Invaliden und Abhängigen überhaupt schicksalhaft; der Strafvollzug ist entscheidend dafür, was aus kriminell gewordenen Menschenbrüdern und -schwestern wird (ob sie zum Beispiel wieder ins Leben zurückfinden oder ob sie Ausgestoßene *bleiben*). Und selbst in Afrika oder Asien kann es mich nicht gleichgültig lassen, ob Fern- oder Nahwirkungen der Politik Menschen in Hunger, Tod und Elend verstoßen.

Wenn die Liebe Jesu mich durchdringt und wenn er mir die Augen für den Nächsten hat aufgehen lassen, dann ist mir damit auch jener *politische* Sektor (der mir, wie gesagt, vielleicht gar nicht liegt) aufs Gewissen gebürdet, und ich weiß, daß ich niemand anderem als dem Herrn selbst diene, wenn ich hier nicht unbeteiligt bleibe, wenn ich vielmehr im Rahmen meines Einflusses und Vermögens mit eingreife.

Aber auch hier ist es wieder so wie in der Geschichte vom Zinsgroschen: daß mir nicht eine bestimmte politische Marschroute vorgeschrieben wird, daß die Bibel mir also keine vorfabrizierte Verhaltensregel an die Hand gibt oder mich gar einer bestimmten Partei zuweist. Sondern auch hier schließt mir die Liebe Freiheitsräume auf, in denen das ganze Herz und auch alle Kräfte des Geistes beansprucht werden, um das herauszufinden, was Gott an Entscheidungen jetzt und hier von mir fordert. Gott will ja gar nicht nur meinen Willen, der einfach ja sagt und dann tut, was ihm geheißen ist. Sondern er will auch meine Vernunft, er will meine Leidenschaften und alles, was ich bin und habe, damit ich es ihm zur Verfügung stelle. So frei ist der Mensch – und so gebunden ist er.

Ich möchte das, was ich damit meine, am Schluß noch durch ein Bild verdeutlichen:

Wenn ich in der Nachfolge Jesu stehe, dann ist es einerseits so, daß ich dem Evangelium keine gesetzlichen Verhaltensvorschriften und keine detaillierten Normen entnehmen kann, die mich auf Schritt und Tritt gängeln. Andererseits ist es aber *auch* nicht so, daß ich *ohne* alle Weisung und nur meiner subjektiven Willkür überlassen wäre, so daß es – wie man heute gerne sagt – zu einer reinen Gesinnungsethik käme. Vielmehr ist es so (und nun gebrauche ich das verdeutlichende Bild): Zwar wird mir von der Bibel keine Wanderkarte in die Hand gedrückt, auf der der Weg, den ich einzuschlagen habe, genau vorgezeichnet wäre. Mir wird also nicht für jede Wegkreuzung vorgeschrieben, ob ich nach rechts oder links gehen soll. Ich kann auf der vermeintlichen Wanderkarte der Bibel also nicht ablesen, wie ich mich in Fragen der Empfängnisverhütung, der Schwangerschaftsunterbrechung, der Homosexualität, der Anti-Baby-Pille, der Todesstrafe oder – in einem ganz anderen Bereich – bei Fragen der betrieblichen Mitbestimmung entscheiden soll. Könnte ich die Lösung all dieser Fragen mechanisch ablesen, würde ich ja wieder nur einem fremden Willen gehorchen, und ich wäre es gar nicht selbst, der hier gefordert wäre und sich zu engagieren hätte.

Und doch stehe ich auch dann, wenn ich so auf keine vorfabrizierten Entscheidungen zurückgreifen kann, durchaus nicht einfach im Leeren. Ich bin dann keineswegs ohne eine Weisung, deren ich zu meiner Orientierung doch so dringend bedarf. Aber welchen Marschbefehl sollte ich denn nun noch haben?

Nun: Statt einer Wanderkarte bekomme ich gleichsam einen *Kompaß* überreicht und werde dann losgeschickt. Die Kompaßnadel zeigt auf das Gebot der Gottes- und Nächstenliebe. In diese Richtung habe ich also zu gehen. Und bei jeder Wegkreuzung wird mir die Frage gestellt, ob ich die angezeigte Richtung der Nadel einhalte. *Aber ich muß selber den Weg finden.* Das ist meine Freiheit, das ist auch die *Last* dieser Freiheit. Denn ich kann ja nicht einfach und stur im Sinne der Kompaßrichtung bloß geradeaus gehen. Es stehen mir doch Ströme, Berge und andere Geländehindernisse im Weg, die ich umgehen muß. Ohne Bild heißt das: Meine Wegrichtung ist beeinflußt durch die jeweiligen Situationen, in denen ich mich befinde. Ich kann in einer Diktatur leben oder in einer Demokratie; ich kann krank sein und mich schonen müssen; ich möchte vielleicht in ein Helferkorps für die Entwicklungsländer, aber ich habe eine Familie, die mich ebenfalls braucht – man könnte einen langen Katalog von lauter Rücksichtnahmen, Beengungen und Pflichtenkollisionen nennen, die mich einfach daran hindern, ohne nach rechts und links zu blicken, nur stur geradeaus zu gehen. Und diese Hindernisse gleichen genau den Flüssen und Strömen, die sich mir in den Weg stellen, wenn ich der Kompaßnadel folge. Ich muß sie eben umgehen. So habe ich manchmal innezuhalten und zu überlegen. Die Kompaßrichtung läßt mir die *Freiheit*, so innezuhalten und auch erfinderisch und selbständig zu sein bei dem Versuch, die Geländehindernisse in meinem Leben zu überwinden und zu umgehen. Aber diese Freiheit ist auch eine Last, und sie *soll* es sogar sein. Denn ich darf ja in ihrem Namen nicht im Gelände herumvagabundieren, sondern ich muß bei allen Um- und Zick-Zackwegen die Richtung der Kompaßnadel im Auge behalten. Das ganze Gelände ist mein; das ist meine Freiheit; ich aber bin Christi, und die »Liebe dringet« und leitet mich (2.Korinther 5,14).

Das also ist der Spielraum des Wagnisses und der Freiheit: *Ich muß selber die Wege finden zu den Zielen, die Gott mir durch das Liebesgebot gesetzt hat.*

Ich kann diese Wege freilich nicht finden ohne den, der mir auch die Ziele setzt. Es sind *seine* Ziele. Und er ist nicht nur der Herr der *Ziele*, sondern auch der Herr der *Wege*. Darum suche ich im Nebel und im finstern Tal diese oft sehr unkenntlichen Wege, indem ich den Herrn der Ziele und Wege um die rechte Führung bitte und ihm meine Hilflosigkeit anvertraue: »Weiß ich den Weg auch nicht, du weißt ihn wohl.« Er ist ja mein Stecken und Stab, und er baut Brücken über Abgründe, vor denen ich mich fürchte und die ich für unbegehbar halte. »Weg hat er allerwegen, an Mitteln fehlt's ihm nicht.«

So gehe ich wie ein Kind ins Dunkle an einer Hand, die mich geleitet. Mit dieser Bitte um die rechte Führung wage ich dann meinen Weg und traue der Verheißung, daß ich nicht zuschanden werden soll.

So unter dem Gebot der Liebe wählen zu dürfen, so grenzenlos mit eigener Verantwortung beschenkt zu sein, das ist meine Freiheit, das ist der verpflichtende Adel der Kinder Gottes – ein Adel, der ihr ganzes Herz und auch das ganze Vermögen ihres Geistes in Anspruch nimmt. So frei ist der Mensch – und so gebunden ist er.

WIE SIND »GOTT« UND »POLITIK« ZUSAMMENZUBRINGEN?

DER HOHE KLERUS – DIE PHARISÄER UND SCHRIFTGELEHRTEN – LIESSEN Jesus beschatten und setzten Spitzel auf ihn an. Die gaben sich den Anschein, als hegten sie redliche Absichten. In Wirklichkeit waren sie darauf aus, ihn auf seine eigenen Äußerungen festzunageln. Ihr Ziel war, ihn so den Behörden und dem Gewahrsam des Statthalters ausliefern zu können.

So legten sie ihm eine (strittige) Frage vor:

»Meister«, so begannen sie, »wir sind dessen gewiß, daß du in Wort und Lehre unanfechtbar bist und daß du keine menschlichen Rücksichten nimmst. In Sachen Gottes gehst du den geraden Weg der

Wahrheit. Und nun unsere Frage: Ist es recht, dem Kaiser in Rom Steuern zu zahlen oder nicht?«

Jesus aber durchschaute ihre Hintergedanken und erwiderte: »Zeigt doch einmal ein Denar-Stück her! Wessen Bild, wessen Name ist denn da aufgeprägt?«

»Nun, Bild und Name des Kaisers«, gaben sie zur Antwort.

Darauf Jesus: »Gut – dann gebt eben dem Kaiser, was dem Kaiser, und gebt Gott, was Gott zukommt!«

Bei diesem Wort konnten sie ihn unmöglich behaften, zumal nicht in Gegenwart der zuhörenden Leute. Sie waren vielmehr platt und hielten den Mund.   LUKAS 20, 20–26

Das Thema Religion und Politik ist beinahe so alt wie das Menschengeschlecht selbst. Ich denke an eine Geschichte aus dem grauen Altertum: In einer berühmten Tragödie des Sophokles bestattet Antigone den Leichnam ihres gefallenen Bruders. Sie tut das, obwohl der König das Begräbnis strengstens verboten und mit drakonischen Strafen bedroht hat. Sie beruft sich bei ihrem Ungehorsam auf die »ewigen ungeschriebenen Gesetze«, die den Respekt vor den Toten fordern. Und dabei bekennt sie in aller Offenheit, daß dieses religiöse Gebot der Totenbestattung mehr sei und also höheren Rang habe als die Erlasse irdischer Autoritäten.

Ähnliches hat sich immer wiederholt: Wenn Luther in Worms vor dem Angesicht des Kaisers sagte: »Hier stehe ich, ich kann nicht anders«, und wenn der alte Bischof Wurm dem damaligen Reichsführer der SS, Himmler, ins Gesicht sagte, daß ein Massenmord wider die Gebote Gottes sei und daß er vor den Schranken des Jüngsten Gerichts dafür einmal werde Rechenschaft ablegen müssen, dann sind alle diese Fälle nur Variationen jenes einen uralten Themas, das die Pole Gott und Kaiser, ewige und irdische Autorität, Religion und Politik, Liebe und Macht umgreift.

Man kann darüber dicke Bücher schreiben. Denn hier geht es um ein Problem, für das keine Patentlösung existiert. Der Konflikt zwischen beiden Gewalten kommt nämlich keineswegs nur durch Mutwillen und Größenwahn zustande. Manchmal ist es auch beim besten Willen gar nicht einfach zu sagen, wo die Grenze verläuft zwischen dem, was Gott fordert, und dem, was wir den irdischen Autoritäten schuldig sind: also dem Staat, unserem Chef, unseren Berufspflichten und unserem Geschäft. Muß Pius XII. etwa bei den Judenpogromen der Nazis taktische und politische Rücksichten nehmen, muß er aus Opportunismus schweigen, »um Schlimmeres zu verhüten«? Oder muß er im Namen Gottes – und dann ohne Rücksicht auf Verluste – das Unrecht in die Welt hinausschreien, auch wenn das Gefüge seiner Kirche darüber erschüttert würde? Was ist er der *Politik* schuldig und was *Gott?* Was ist er den Interessen seiner Institution schuldig – und Politik hat es ja immer mit solchen »Interessen« zu tun! – und was der erbarmenden Liebe mit den Opfern? (Das ist das Problem, das Hochhuth in seinem Stück über den »Stellvertreter« umtreibt, auch wenn er es wohl nicht gerade glücklich löst.)

Doch brauchen wir gar nicht nur an die große Politik zu denken; auch unser eigenes kleines Leben liefert Beispielfälle genug: Bin ich etwa verpflichtet, Wehrdienst zu leisten, wenn der Staat ihn fordert, ich persönlich aber Pazifist bin und unter dem Eindruck des Wortes Jesu stehe: »Wer das Schwert in die Hand nimmt, soll durch das Schwert umkommen?« Es geht ja doch nicht einfach um Drückeberger, sondern oft um sehr ernsthafte Leute, die unter dieser Frage leiden.

Wenn wir gar an die Bewohner ideologischer Diktaturen denken, gewinnt dieses Problem eine geradezu tödliche Zuspitzung: Darf ich einem Staat gegenüber loyal sein, in dessen Schulen die Seelen meiner Kinder verbogen, glaubenlos gemacht und zur Heuchelei gedrillt werden?

Was bin ich nun Gott schuldig und was dem Staat – *diesem* Staat? Das ist die Frage.

Unser heutiger Text nimmt Stellung zu diesem Problem. Aber auch er »serviert« uns keine sogenannte glatte Lösung. Er gibt uns kein Patentrezept in die Hand, mit dessen Hilfe wir allen weiteren Nachdenkens enthoben werden. Es ist umgekehrt gerade des Nachdenkens wert, *was* er dabei offenläßt und *warum* er es offenläßt.

Das erste, was in unserem Text zu beobachten ist, ist dies: Das Gespräch, über das uns hier berichtet wird, findet nicht auf neutralem akademischem Parkett statt, wo man objektiv und kühl ein Problem durchdiskutiert. Sondern hier geht es um eine geradezu elementare Bedrohung, um eine Provokation. Es geht um Sein oder Nichtsein. Mit Hilfe dieses Problems »Religion und Politik« soll hier jemand fertiggemacht und liquidiert werden. Es wird also nicht theoretisiert, sondern es geht um Tod und Leben. Und auch insofern ist diese Geschichte – bis in den Stil hinein – ein sehr genaues Modellbild, an dem man den Ablauf solcher Auseinandersetzungen studieren kann:

Denn wenn schon die Frage »Religion und Politik« einmal ernstlich akut wird, dann in der Regel nicht in der Windstille eines Hörsaales, sondern etwa so, daß sich Dibelius und Ulbricht, daß sich Niemöller und Hitler, daß sich Nathan und David, Johannes und Herodes oder auch Beckett und Heinrich II. (in Anouilhs Drama) begegnen. Und überall, wo das geschieht, geht es für den einen von beiden, den Vertreter Gottes, nicht nur um die Lösung eines »Problems«, einer »Gedankenaufgabe«, sondern es geht für ihn in der Regel um Kopf und Kragen, um Treue und Verleugnung und damit um sein zeitliches und ewiges Schicksal. Wahrhaftig: diese Frage gedeiht nur bei hohen Temperaturen, und die Kontrahenten fechten miteinander auf heißen Böden.

So ist auch hier die Situation vom ersten Augenblick an bedrohlich, obwohl man, um Jesus in Sicherheit zu wiegen, zunächst einen harmlosen Eindruck zu machen sucht. Die Leute, allesamt nur vorgeschobene Strohpuppen und gekaufte Spitzel, tun so, als ginge es ihnen um eine sachliche Diskussion. Sie wollen das Problem »Religion und Politik« behandeln. Aber sie wissen: Die Diskussion über so ein Problem kann sich endlos fortspinnen, und in einer theoretischen Aussprache ist ein geschickter Debatter schwer festzulegen – sofern er nicht festgelegt sein *will*. Da kann man alles in der Schwebe lassen und zu Tode problematisieren. Um einen solchen Ausgang im Sinne des

Hornberger Schießens zu vermeiden, geben die Agenten der Pharisäer zu verstehen, daß sie eine *Gewissensfrage* (also kein bloß theoretisches Problem) zu besprechen wünschen. Sie wollen über die ethische Seite der Politik reden. Und eine Gewissensfrage muß man bekanntlich ohne »wenn und aber«, ohne Ausflüchte und Schachzüge beantworten, man muß sagen: »ja, ja« oder »nein, nein«. Eine Gewissensfrage erlaubt einem nicht, bloß *taktisch* zu verfahren. Darum kann man jemanden in dieser Region auch besonders gut festnageln.

Auf dieses Ziel steuern die Leute denn auch gleich los, indem sie mit einer Schmeichelei beginnen: »Meister, wir sind dessen gewiß, daß du in Wort und Lehre unanfechtbar bist. Du siehst dabei nicht nach rechts und nach links, du bist kein Opportunist. Du kannst dir diese Unerbittlichkeit des Geraden ja auch leisten, weil du keine Angst hast und weil es dir nur um Gott geht. Deshalb können wir damit rechnen, daß du auch die Gewissensfrage, die wir dir stellen, nicht taktisch gewunden, nicht nach allen Seiten gut abgesichert, sondern ohne Hörner und Zähne, direkt, massiv und *gerade* beantworten wirst, so wie dein Gewissen es dir befiehlt.«

So provozieren sie den Herrn gerade am zentralen Punkt seines Heilandsberufs, nämlich dort, wo sein Gewissen ihm tatsächlich gebietet, alle Menschenfurcht zu verachten und sich nur von der Liebe zu seinem Vater und seinen Menschenbrüdern bestimmen zu lassen. Wenn er hier kneift, wenn er doch taktisch wird und »akademische« Ausflüchte sucht, hat er das Spiel von vornherein verloren. Dann hat er nämlich seinen Beruf verraten.

Wenn er aber umgekehrt seinen Beruf ernst nimmt und wenn er ohne jede taktische Vernebelung mit einer klaren Gewissensentscheidung auftritt, dann ist er erst recht verloren. Denn die gestellte Frage ist raffiniert formuliert und muß den Befragten zu einem Selbstmordkandidaten machen.

Sie lautet ja: Darf man dem römischen Kaiser Steuern bezahlen oder nicht? Aus dieser Schlinge scheint es keinen Ausweg zu geben.

Sagt er nämlich: »Man darf!« dann hat er sein Volk verraten. Denn dieses Volk seufzt unter der römischen Besatzungsmacht und strebt leidenschaftlich nach nationaler Selbstbestimmung. Jesus hätte also mit seiner Antwort für das Recht der Besatzungsmacht und der Tyrannei plädiert. Er hätte sich damit seine Ächtung als Volksfeind auf den Hals gezogen.

Würde er aber statt dessen antworten: »Man braucht dem Kaiser *keine* Steuern zu zahlen«, dann lieferte er sich den *Römern* ans Messer, dann hätte er nämlich einen Sabotageakt wider die realen und legalen Machthaber vollzogen. »Bitte, Jesus von Nazareth«, so denken sie (ohne das natürlich offen auszusprechen!), »jetzt heißt es für dich: Vogel, friß oder stirb! Aus dieser Alternative kommst du nicht lebend heraus.« Denn, wie gesagt, sie haben ja sein Gewissen angesprochen und damit einen Wall gebaut, damit er sich diesem Entweder-Oder nicht mehr auf die taktische Tour entziehen kann.

Es ist nun überwältigend zu sehen, wie Jesus die Qualität einer Gewissensentscheidung nicht im geringsten verletzt und die Heuchler dennoch auf den Mund schlägt. Er fordert sie nämlich auf, ihm einen Denar, also ein kleines Silberstück, zu reichen, und fragt sie: »Wessen Bild, wessen Name ist denn da aufgeprägt?« Wenn sie nun antworten müssen: »Bild und Name des Kaisers«, dann hat er sie damit auf eine ironische Weise blamiert. Sie müssen zugeben, daß sie ja selber Münzen des Kaisers empfangen und wieder ausgeben und gerade in diesem Augenblick sogar aus dem Portemonnaie ziehen. Sie anerkennen also de facto durchaus bestimmte hoheitliche Befugnisse des Kaisers, zum Beispiel das Finanz- und Steuerwesen. Sie respektieren so tatsächlich – trotz aller sonstigen religiösen und politischen Distanzierung von Rom – einen gewissen Grundbestand obrigkeitlicher Ordnungsfunktionen, zum Beispiel das Verkehrswesen, die Verwaltung, die bürgerlichen Gesetze usw.

Genauso müssen ja auch die Bürger ideologischer Herrschaftssysteme selbst dann, wenn sie den atheistischen Staat für ungerecht, ja für einen Unstaat halten, dennoch seine Geschwindigkeitsbegrenzungen auf den Straßen, seine Devisenbestimmungen und seine Steuererlasse anerkennen. Denn jeder weiß, daß selbst ein ungerechter Staat immer für ein Minimum an Ordnung und damit an Lebenserhaltung Sorge tragen muß und daß er deshalb immer noch besser ist als das komplette Chaos.

Wirklich: Es ist sehr blamabel, daß diese Münze in den eigenen Taschen dieser Leute steckt, daß sie also überführt sind, selber schon eine Entscheidung vollzogen zu *haben*, und folglich gar nicht mehr befugt sind, die Frage »Religion und Politik« unbelastet, sozusagen neutral und im luftleeren Raum, zu stellen. So sind sie mit einem Schlag und durch einen unerhörten Zugriff die Unterlegenen. Im nächsten Augenblick schon verfolgt Jesus den so geschlagenen Gegner: »Also«, sagt er, »dann seid auch konsequent und gebt eben dem Kaiser, was dem Kaiser, und gebt Gott, was Gott zukommt.« Das heißt doch jetzt: *Wenn* ihr denn so den irdischen Gewalten euren Tribut zollen müßt (und auch de facto zollt, wie ja eure Münze zeigt!), so vergeßt nicht, auch *Gott* euren Tribut zu geben: nicht nur, indem ihr zu ihm betet und dem Tempel einen Besuch macht, sondern auch so, daß ihr nun dem Staat im Namen Gottes sagt, was seine Schuldigkeit sei und wo seine Grenzen liegen, daß ihr ihn *einerseits* als Ordnung respektiert, die man euch gegeben hat, daß ihr ihn aber durch euer Bekenntnis *zugleich* davor bewahrt, nun unwissend ein »totaler Staat« zu werden und den Kaiser einen Gott-Kaiser sein zu lassen. Wehe, wenn ihr, die Knechte Gottes, dem Staate *nicht* sagt, was er ist und was er Gott schuldet! Wehe, wenn euch ein Diktator, wenn Hitler oder Stalin euch am Jüngsten Tage verklagen und euch entgegengehalten wird: »Gewiß, ich habe damals meine Grenzen überschritten, ich habe eine ideologische Tyrannis errichtet, ich habe die Altäre Gottes umgestoßen und die Zeugen Gottes in den Kerker geworfen. Aber daß ich das tat, das war nur deshalb möglich, weil die Kirche, die ich verfolgte, eine Gesellschaft von stummen Hunden, von Opportunisten und Kollaborateuren war, die ich gar nicht ernst nehmen konnte, da sie Thron und Altar einander gleichschaltete, um durch Schmiegsamkeit und Liebedienerei ihr Schäflein ins trockene zu bringen.«

Jesus gibt also zu verstehen: Wenn ihr wirklich Gott gebt, was Gott zukommt, dann dürfte sich das nicht nur in euren Chorälen und Liturgien auswirken, sondern dann müßte sich das auch auf den Kaiser erstrecken, dann müßtet ihr eure Botschaft auch ins öffentliche Leben tragen und dann müßtet ihr das Salz der Erde sein. Dann müßtet ihr auch den Vertretern des Staates, ja selbst den Tyrannen, den *Liebes*dienst tun, sie im Namen Gottes zu warnen und ihnen die euch anvertraute Wahrheit nicht schuldig zu bleiben.

Die Donnerrede, die hier denen entgegenschallt, die eben noch überlegene Fallensteller zu sein meinten, hat freilich in der Form etwas Schwebendes und eigentümlich Elastisches. »Gebt dem Kaiser, was dem Kaiser, und gebt Gott, was Gott zukommt« – nicht wahr: da bleibt im einzelnen ja alles offen. Jesus verzichtet darauf, zwei Pflichtenkataloge gegenüber Gott und dem Kaiser aufzustellen (»das dürft ihr und das nicht«; »das sollt ihr und das nicht«) und diese Kataloge dann sauber gegeneinander abzugrenzen. Es bleibt zugleich offen, *was* jeweils dem Kaiser und *was* Gott gehört. Das muß ich selber in jeder neuen Situation und in ständiger Wiederholung entscheiden.

Vielleicht ist es uns ein wenig lästig, und wir kommen uns sogar überfordert vor, wenn Jesus diese Entscheidung nicht ein für allemal fällt und die Grenzen autoritativ festlegt, sondern wenn er uns zumutet, diese Entscheidung *selber* zu fällen. Es klingt etwas merkwürdig, ich weiß, aber ich muß es doch sagen: Der berühmte Normal-Mensch sehnt sich nach nichts so sehr wie nach klaren, genauen und verbindlichen Weisungen, die ihm eigene Entscheidungen möglichst abnehmen sollen. Es gehört jedenfalls mit zu dem Zauber der katholischen Moraltheologie, daß man hier vor klare und ganz detaillierte Regeln gestellt wird, daß nicht Entscheidung, sondern nur Gehorsam verlangt wird. So wird einem zum Beispiel die Strapaze abgenommen, sich Sonntag morgens zu fragen, ob man in die Kirche gehen will, sondern man *muß* einfach hin. Gewiß: auch ein *solcher* Gehorsam kann anstrengend sein (zum Beispiel wenn man morgens aus dem Bett muß!); aber es ist doch wieder nicht *so* anstrengend, wie wenn man außerdem noch die Entscheidung fällen muß, *ob* man überhaupt gehorsam sein will oder gar in welcher *Form* man diesen Gehorsam üben soll. Klare Befehle und bis ins einzelne gehende Ausführungsbestimmungen halbieren die Strapazen. Wenn man dagegen ohne Befehl auf sich selbst gestellt ist und den Weg des Gehorsams erst erfragen muß, dann bedeutet das ein zusätzliches Sich-Abrackern.

Und eben genau das mutet Jesus Christus uns tatsächlich zu, wenn er die Kompetenzen von Gott und Kaiser nicht klar gegeneinander abgrenzt, sondern wenn er uns auffordert, das in jedem Augenblick neu und selbst herauszufinden.

Warum macht Jesus das so? Warum macht er es uns so schwer – und nun gerade denen schwer, die etwa täglich mit einem atheistisch-ideologischen Staat zu tun haben und die einfach nicht wissen, wie eine klare Entscheidung aussieht: ob sie zum Beispiel in die landwirtschaftlichen Produktionsgenossenschaften eintreten sollen oder nicht, ob sie den Kampf um die Jugendweihe ihrer Kinder austragen sollen oder nicht. Wie unbeschreiblich lindernd könnte es sein, genaue Rezepte und Anweisungen zu besitzen, auch wenn es immer noch gefährlich genug wäre, danach zu verfahren. Aber man hätte doch wenigstens klaren Wein eingeschenkt bekommen und wüßte, woran man wäre.

Also nochmals: Warum läßt Jesus hier die Kompetenzen in der Schwebe und begnügt sich mit dem bloßen Rahmengesetz: »Gebt dem Kaiser, was dem Kaiser, und Gott, was Gott zukommt«? Diese Frage rührt an das Geheimnis unserer ethischen Entscheidungen überhaupt, und wir müssen hier einen Augenblick das Grundsätzliche bedenken.

Wer wirklich einmal vor einer ernsthaften sittlichen Entscheidung stand (zum Beispiel ob er eine Unwahrheit sagen soll oder ob er einem schwerkranken Freund eröffnen oder aber verschweigen soll, daß er sterben muß), der wird immer feststellen, daß es gar nicht so einfach ist, da klarzukommen. Manchmal ist man geneigt, sich zu sagen: in diesem Falle liegen die Dinge so kompliziert, hier spielt noch so vieles andere mit herein, daß ich alle ethischen Lehrbücher durchstudieren könnte, ohne gerade diesen Fall je zu finden. Solange man die Dinge nur »allgemein« und nur »grundsätzlich« sieht, ist alles verhältnismäßig einfach; da sieht alles klar aus. Das kann man wieder an unserer Geschichte zeigen:

»Prinzipiell« gesehen, ist es natürlich so, daß dem jüdischen Volk nationale Unabhängigkeit zusteht und daß es nicht an den heidnischen Staat und seinen Kaiser versklavt sein sollte. Aber die Dinge kommen in der Praxis leider nie so schön und klar vor, wie sie in der Theorie aussehen. Wie ist es zum Beispiel, wenn das jüdische Volk konkret bereits in Abhängigkeit vom römischen Kaiser *ist* –, wenn man also gar nicht mehr gefragt ist, ob man die Unterwerfung *will*, sondern wenn man schon unterworfen *ist?* Dann steht man vor sehr viel komplizierteren Entscheidungen, dann muß man wirklich jeden Tag neu entscheiden, ob man dies oder das noch mitmachen kann und wie also heute und hier – unter den gegebenen Umständen! – Pflicht und Schuldigkeit aussehen.

Noch ein Beispiel: Prinzipiell ist es ja leicht, gegen den Nationalsozialismus zu sein. Vor 1933 und nach 1945 war und ist das überhaupt kein Kunststück. Aber wie, wenn man nun im Kraftfeld des Nationalsozialismus *wohnt* und keine legale oder auch nur physische Möglichkeit hat zu emigrieren? Wie sieht die sogenannte Entscheidung gegen den Nationalsozialismus *dann* aus? Dann wäre es teils lächerlich banal, teils lebensgefährlich riskant, bloß prinzipiell »dagegen« zu sein. Statt dessen muß ich – und gerade *das* ist hier so zermürbend! – jeden Tag neue Detailentscheidungen fällen. Ich muß immer aufs neue abwägend, »ermessend« darüber befinden, ob ich bei *dieser* Maßnahme noch kooperieren darf, aus *jener* Organisation aber aussteigen muß. Ich muß immer wieder, oft improvisierend, zu dem Entschluß kommen, ob ich eine Propagandarede über mich ergehen lassen kann oder den Saal ostentativ verlassen muß, ob ich gegen eine antichristliche Schulfeier protestieren muß oder um der Zukunft meiner Kinder willen stille halten darf ... *Das* sind doch die qualvollen Entscheidungen, um die es in solchen Fällen geht und die in milderer Form auch zu anderen Zeiten und an anderen Orten in unser aller Leben auftauchen.

Daß es sie so auch gibt, zeigt das gedankliche Ringen, das wir bei den Ernsthaften in unserer kritischen Jugend beobachten: Dürfen wir etwa, so fragen sie sich, unser gesellschaftliches System nur »reformieren« wollen? Stabilisieren wir es damit nicht gerade und doktern nur an einigen Symptomen herum? Müssen wir es nicht vielmehr als Ganzes revolutionär in Frage stellen und dann auch die entsprechend radikalen Kampfmethoden wählen? Auch hier kommt es zu Konflikten, die nicht durch eindeutige Gebotsanweisungen aufzulösen sind.

Wiederum ist es prinzipiell leicht, gegen die Atombombe zu sein. Wer wäre *nicht* dagegen! Aber wenn nun der Gegner sie *hat*? Muß ich dann als Christ meinerseits bereit sein, auf diese Bombe zu verzichten, oder muß ich, gerade *weil* ich gegen die Bombe bin, sie nicht selbst zur Abschreckung und zur Verhinderung eines Atomkrieges haben? Ich frage nur; aber schon die Frage ist schrecklich. Wie gern schlügen wir im Evangelium nach, um klipp und klar eine fertig vorfabrizierte Antwort zu finden!

So sehen alle Fragen, die auf dem Reißbrett so klar zu sein schienen, plötzlich ganz anders aus, wenn ich sie in der praktischen Wirklichkeit stelle. Und mit den an sich so klaren Geboten Gottes ist es nicht anders:

Was zum Beispiel das Wort heißt: »Du sollst nicht ehebrechen«, ist ja mehr als klar. Aber bitte: Wenn ich nun die Ehe schon gebrochen *habe*, wenn ich in das Leben einer anderen Frau eingedrungen *bin*? Habe ich damit nicht auch *ihr* gegenüber dann Pflichten übernommen? Habe ich sie nun nicht an mein Leben gebunden und würde sie vielleicht tödlich verwunden, wenn ich mich einfach im Namen jenes Gebotes von ihr zurückzöge? Ich erwähne das nicht, um nun meinerseits zu behaupten, so und so muß man sich in diesem Falle verhalten. Sondern ich erwähne es nur, um anzudeuten, welche Last verantwortlicher Entscheidung uns praktisch auferlegt ist und daß die Gebote Gottes nicht einfach ein Fahrplan sind, nach dem man sich billig und träumend von Station zu Station befördern lassen könnte. »Üb immer Treu' und Redlichkeit« – das ist nicht nur schwer zu *tun*. Es ist noch viel schwerer, herauszubringen, was Treu' und Redlichkeit in einem konkreten Falle überhaupt *sind*.

So weist diese Geschichte noch weit über das Thema »Religion und Politik« hinaus. Sie zeigt uns, daß wir überall in unserem Leben: in unserer Ehe, bei einem Krankenbesuch, als Lehrer auf dem Katheder, als Meister im Umgang mit unseren Gesellen, als Kaufmann bei unserer Steuererklärung, täglich neu die Frage zu stellen haben, wie und auf welche Weise wir heute den Gehorsam gegenüber Gottes Geboten zu üben haben. Diese Frage ist nicht nach Schema F zu beantworten. Es gibt kein Lexikon, in dem ich nachschlagen könnte, was ich hier und jetzt zu tun habe, damit Gott zufrieden ist. Vielmehr muß ich selber die Last einer verantwortlichen Entscheidung tragen. Oft genug wird mir klar werden, daß es hier oder dort gar keine glatte Lösung geben kann, daß ich vielleicht von zwei Übeln nur das kleinere zu wählen vermag und daß ich in allem, was Stückwerk und darum sündenbeladen bleibt, nur von der Vergebung leben kann.

Nochmals: Warum macht es uns Gott so schwer? – Das wird hier tatsächlich zur entscheidenden Frage. Aber wir wissen ja, wie es mit den Lasten ist, die Gott auferlegt: daß sie immer schöpferisch sind und auf ein Ziel deuten, das er damit verfolgt, auf ein Ziel, das nur die Lasttiere erreichen und niemals die frei und leicht herumspringenden Heuschrecken.

Wenn Gott uns keinen Gesetzeskatalog und keine detaillierten Ausführungsbestimmungen gibt, wenn er uns nicht bis ins kleinste hinein gängelt, dann möchte er uns zu mündigen Söhnen machen, denen er vertraut, daß sie ihn lieben und in dieser Liebe dann schon das Richtige finden. Hier stoßen wir noch einmal und von einer anderen Seite auf das tiefe Wort Augustins: »Liebe – und dann tue, was du willst.«

Wenn man jemanden sehr liebt, dann möchte man ihm ja alles von den Augen ablesen. Und das, was ich aus dieser Liebe heraus dann tue – egal, wie und was es nun ist –, das wird der andere nun auch als Zeichen dieser meiner Liebe akzeptieren. Gewiß, es mag im objektiven Sinne manchmal fragwürdig sein; aber das macht beinahe nichts. Ich erzählte letzthin schon die Geschichte von dem kleinen Mädchen, das seine Mutter überraschen wollte und ihr ein ziemlich krakliges Bild auf die funkelnagelneue und mit saurem Geld erworbene Tapete malte. Ganz gewiß ist das objektiv falsch. Doch die Mutter sieht in diesem Augenblick mehr – so meinten wir das deuten zu dürfen – auf das hier aufgerichtete Zeichen der Liebe als auf die verschandelte Tapete. Und genauso macht es auch unser himmlischer Vater mit dem, was wir vermasseln und an fragwürdigen Entscheidungen fällen, wenn wir ihn nur dabei liebhaben und es ihm recht machen wollen, und das heißt dann doch: wenn wir es nicht leichtfertig, sondern unter seinen Augen und in Verantwortung vor ihm tun.

Dabei ist freilich nicht zu übersehen, daß uns hier das Gleichnis von dem kleinen Mädchen auch im Stich läßt und sich als hinkendes Bild herausstellt. Wer als mündiger und rational verantwortlicher Mensch Gott liebt, kann sich bei seinen Torheiten (bei seinem Tapete-beschmieren!) nicht einfach mit seiner Naivität herausreden. Wer liebt und also mit seinem Herzen engagiert ist, bleibt ja auch gar nicht »naiv« – schon deshalb nicht, weil er sich in allen Dimensionen seines Daseins gefordert weiß. Wer sich von Gott geliebt weiß und ihn darum wiederlieben möchte, sieht sich ja nachdrücklich aufgefordert, nun auch das *Wie* und die *Gestalt* dieser seiner Liebe zu bedenken. Gerade weil Gott mich nicht mit kasuistischen Ausführungsbestimmungen bombardiert, die ich blindlings und gedankenlos befolgen könnte, weil er vielmehr nur das eine verlangt, daß ich ihn liebhabe, darum fordert er von mir »Überlegung«, fordert er die Hingabe meines Geistes und nicht nur den Gehorsam meiner mechanisch spurenden Hände.

Das ist der Grund, warum er uns jeden Tag *neu* die Entscheidung unseres Gehorsams abverlangt: damit wir jeden Tag neu nach ihm fragen und uns überlegen, wie wir unser Leben unter seinen Augen gestalten und mit unserer Liebe Ernst machen. Nun geht es ja nicht anders, als daß ich jeden Morgen, wenn ich aufstehe, bereit sein muß zu dem Entschluß: Ich möchte gern, daß Gott heute einen Sieg in meinem Leben erringt. Ich möchte heute gern nicht so leben und handeln, wie es für mich am leichtesten und vielleicht auch opportun wäre, sondern ich wünsche mir, daß ich am Abend sagen kann: Indem ich dies und das tat, habe ich mir vielleicht in den Finger geschnitten und mir selber weh getan. Ich hätte es leichter haben können, wenn ich meine Steuererklärung nur ein wenig frisiert, wenn ich es mit der Wahrheit in einer unbequemen Sache nicht so genau genommen und wenn ich geschwiegen hätte, als sie bei der Herrenpartie die schmierigen Witze erzählten. Ich hätte es leichter gehabt, wenn ich die Gelegenheit zu einem galanten Abenteuer beim Schopfe ergriffen, wenn ich mir gesagt hätte: »Was geht mich das an, was aus der anderen wird; ich sehe sie ja doch nicht wieder.« Aber ich habe in diesem kritischen Augenblick Gott eine Chance in meinem Leben geben wollen. Ich habe ihm dadurch, daß ich mich für das Schwerere entschied, ein wenig Dank abgetragen für das Opfer, das er mir gebracht hat. Ich habe ihn einen Augenblick in der Tat und in der Wahrheit wiedergeliebt. Und ich bin gewiß, er wird mir vergeben, wenn auch das noch halb und gebrochen und alles andere als rund war.

So legt uns Gott die Last der Entscheidung nicht auf, um es uns schwerzumachen, sondern um uns damit behilflich zu sein, sehr viel *ausdrücklicher* nach ihm zu fragen und ihn zum Thema unseres Lebens zu machen. Denn nun genügt es nicht mehr, ein paar fromme unverbindliche Gedanken zu haben – das fromme Fleisch hat nur ein geringes spezifisches Gewicht! –, sondern nun soll ich Gott in meinen Alltag hineinnehmen. Nun ist er bei jedem Wort, bei jedem Händedruck und bei jeder Begegnung dabei, die ich mit meinem Nächsten oder auch mit einer Aufgabe habe. Nun muß ich wachsam und auf dem Quivive sein.

Wer als Gesetzesmensch nach einem vorfabrizierten Fahrplan fährt, kann im Wagen schlafen. Ihn braucht es nicht mehr zu bekümmern, wie er an sein Ziel kommt. Denn der Kurs liegt bis ins kleinste fest; dafür haben die Autoritäten der Religion oder der Partei oder der Gruppe gesorgt. Gerade das aber ist für den Jünger Jesu anders, wenn er zu seiner mündigen Kindschaft berufen wird. Dann gibt Gott mir wohl das Ziel meiner Reise an (daß ich ihn nämlich immer lieber gewinnen soll). Doch dann habe ich mich selber ans Steuer zu setzen, muß ich die Scheinwerfer einschalten und angestrengt durch die Windschutzscheibe starren, damit ich mich an den Kreuzungen in die richtige Spur einfädle.

Darum meint Gott es gut mit mir, wenn er mir die Last meiner Entscheidungen nicht abnimmt und wenn er mir nicht einfach sagt, was ich dem Kaiser und was ich Gott geben muß, sondern sich mit der Forderung begnügt, daß ich beiden gerecht werden soll. Er will mich damit wach und bei der Stange halten. Er will der Stern sein, auf den ich schaue und nach dem ich meinen Kurs bestimme. Wenn ich ihn nur liebe, werde ich mich in den Kompetenzen zurechtfinden. Ich werde dann sehr wach sein.

Was Gott so mit mir und meinem Leben vorhat, können wir auch sonst im Umgang Jesu mit den Menschen beobachten: Auch da haben die Menschen gelegentlich geseufzt und direkt oder durch die Blume zu verstehen gegeben: Warum macht er es uns so schwer? Wenn wirklich Gott selber uns in diesem merkwürdigen Nazarener begegnen will, warum wählt er sich dann ausgerechnet einen Bankrotteur, eine provinzielle Figur am Rande der Geschichte, einen etwas obskuren Wanderprediger? Sind nicht sehr viel leuchtendere Figuren, sind nicht Plato und Sokrates über diese Erde gegangen? Und warum weigert sich dieser Nazarener immer wieder, Wunder zu tun? Warum zuckt er bei solchen öffentlichen Legitimationen zurück, warum nimmt er die Reiche und Länder dieser Welt in der Stunde der Versuchung nicht an? Hätte er es doch nur getan! Dann hätte er sich etwas majestätischer ausgenommen, dann hätte er etwas glaubwürdiger gewirkt und dann hätte er es uns leichter gemacht zu glauben, daß ihm alle Gewalt gegeben sei und daß wir unser Leben auf diese *eine* Karte setzen dürfen.

Warum also – das ist wirklich die Frage – begibt sich Christus so ins Inkognito? Warum ist er (Bert Brecht würde es vielleicht so ausdrücken) partout auf den Verfremdungseffekt aus? Warum gibt er sich nicht zu erkennen, warum verbirgt er sich in der Gestalt eines Ohnmächtigen, Gehängten und Verzweifelten?

Kierkegaard hat uns auf diese sehr elementare Frage die tiefsinnige Antwort gegeben: Er war verhüllt in Elend und Niedrigkeit, damit nur der ihn finden kann, der ihn mit unendlicher Leidenschaft sucht. Wenn Jesus tatsächlich von der Zinne des Tempels gesprungen wäre und ähnlich direkte Demonstrationen vollzogen hätte, dann würden die Menschen sich beruhigt von hinnen begeben. Denn alles, was bombensicher ist, braucht uns nicht mehr aufzuregen. Kein Mensch gerät doch in Wallung, wenn er hört, daß zweimal zwei gleich vier ist. Denn das ist zu selbstverständlich, als daß noch ein einziger Nerv bei mir zu zucken brauchte. Wenn ich aber vor der Frage stehe, ob in dieser *einen* Gestalt mein Schicksal beschlossen ist und ob alles, buchstäblich alles in meinem Leben anders aussehen würde, falls es stimmen sollte, daß er mir meine Schuld wegnimmt, meinen Tod überwinden und mir Frieden schenken kann – wenn ich vor *dieser* Frage stehe, dann werde ich mich ganz anders einsetzen, um in sein Geheimnis einzudringen. Und es wird mich um so mehr aufregen und umtreiben, je rätselvoller und unkenntlicher er mir gegenübertritt.

Das ist der Grund dafür, warum Jesus so im Inkognito bleiben will, warum er sein Messiasgeheimnis wahrt und warum er es verbietet, sein Geheimnis weiterzusagen, wenn einer einmal dahintergekommen ist. Jesus Christus will, daß unsere Entscheidung nicht erst damit beginnt, daß wir sagen: »Ich will dir nachfolgen«, sondern schon damit, daß wir sagen lernen: »Du bist Christus, des lebendigen Gottes Sohn.« Darum läßt er es offen, *ob* er es ist. Darum stellt er so viele Rätselfragen und hüllt sich selber in die Wolke des Geheimnisses. Überall, wo Gott sich verhüllt, will er die Leidenschaft der Frage in uns entbinden, will er unsere höchste Wachheit und unsere Entscheidung. Darum nimmt er nichts vorweg, darum sagt er auch nicht: »Siehe, hier bin ich«, sondern darum drückt er uns, wie wir früher sagten, den Kompaß seines Wortes in die Hand und schickt uns mitten in der Nacht auf den Weg, um ihn zu finden und unseren Auftrag zu erfüllen.

Wie unsäglich verhüllt und rätselhaft ist Gott manchmal, wenn er uns ein Leiden schickt, das wir nicht begreifen und das uns die Zweifelsfrage aus der Kehle preßt: Wie kann Gott das zulassen? Und doch wissen wir alle, die wir solche Stunden zu bestehen hatten, eines: Wer hier nicht die Flinte ins Korn geworfen hat, sondern bei der Stange geblieben ist, der hat ausgerechnet in solchen Düsternissen gelernt, mit allen Fasern nach ihm zu fragen, und ihn schließlich auch gefunden, hat seine Hand entdeckt, die ihm winkte und die ihn gnadenvoll ergriff, und ist dann in das Wort ausgebrochen: »Dennoch bleibe ich stets an dir.« – »Wenn ihr mich von ganzem Herzen suchen werdet, so will ich mich von euch finden lassen, so sagt Gott« (Jeremia 29, 13 f). Wie anders aber *könnte* ich mein ganzes Herz in mein Suchen legen als so, daß ich weiß: Er wohnt im Dunkel, er liegt nicht auf der Straße. Und auch seine Forderungen stehen nicht schwarz auf weiß im Lexikon.

Um zu wissen, wer er ist und was er von mir will, muß ich angestrengt nach ihm fragen. »Angestrengt«, das heißt hier: mit dem Einsatz meiner *ganzen* Vernunft, meines *ganzen* Herzens und also ohne Rückhalt. Diesen »ganzen« Einsatz aber gibt es nur, wo ich liebe. Ich kann ihn aber nur lieben, wenn ich vorher *seine* Liebe erfahren habe. Und wie anders erfahre ich diese Liebe als durch den, der dieses Gespräch über Gott und Kaiser führt und der aus Liebe zu mir ans Kreuz gegangen ist?

III

WIEDER HOFFEN KÖNNEN

WORAUF WARTEN WIR?

ZACHARIAS, DER VATER DES JOHANNES, WARD VOM HEILIGEN GEISTE
erfüllt und sprach (über der Wiege) die prophetischen Worte:
Rühmung sei dargebracht dem Herrn, dem Gotte Israels!
Denn er hat sein Volk besucht
und hat ihm Befreiung gebracht.
Er hat uns ein Horn des Heils erstehen lassen
im Hause Davids, seines Knechtes.
So hat er's von Anbeginn her verkündigt
durch den Mund seiner heiligen Propheten:
Uns Rettung zu bringen vor unseren Feinden
und Befreiung aus der Hand aller, die uns mit Haß verfolgen;

Barmherzigkeit walten zu lassen über unseren Vätern;
eingedenk zu sein seines heiligen Bundes und jenes Schwurs,
der Abraham, unserem Vater, verhieß,
was uns zugedacht war:
feindlichen Händen entrissen
und von Furcht befreit zu sein.
So erlöst dürften wir ihm dann dienen,
würden wir geheiligt und gerechtfertigt vor ihm stehen –
Tag um Tag, unser Leben lang.
Und was nun dich angeht, mein kleiner Sohn:
Man wird dich einen Propheten des Höchsten nennen.
Du sollst dem Herrn als Vorläufer dienen
und seine Wege bahnen.
Du wirst sein Volk erkennen lehren,
daß Vergebung der Sünden ihre Rettung ist.
Denn Gott wendet uns erbarmend sein Innerstes zu.
Er wird uns heimsuchen
wie eine Lichterscheinung aus dem Zenit,
die strahlend zu denen einbricht,
die in Finsternis sitzen
und im Schatten des Todes.
So wird er unsere Füße weisen
auf den Weg des Friedens.

LUKAS 1, 67–79

Diese Adventsgeschichte erzählt, wie dem Zacharias ein jahrzehnte-
langes heißes Sehnen erfüllt wird: der Wunsch nach einem Sohn.
Nun ist das Unwahrscheinliche geschehen. Der alte Vater beugt sich
beglückt über die Wiege.
Bis dahin könnte alles ein rührender und sehr menschlicher Bericht
sein. Er könnte im Lokalteil einer Zeitung stehen. Die Menschen, die
das lesen, werden zu mitfühlender Freude angeregt, und ihre Glück-
wünsche sind auf den Ton gestimmt: Was lange währt, wird endlich
gut.

Doch das Gewebe dieser Geschichte ist von rätselhaften und verwirrenden Fäden durchzogen. Auf einige dieser Fäden möchte ich gleich zu Anfang aufmerksam machen:

Der Junge, der da eben angekommen ist, hat schon vor seiner Geburt für einigen Rumor gesorgt und sich auf eine befremdliche Art angesagt: Ein Bote Gottes hat ihn in einer Weise, die man nur als geheimnisvoll und nicht geheuer bezeichnen kann, angekündigt. Er deutete auf einen Lebensplan, der von höherer Hand für dieses Kind entworfen sei, und auf eine Bestimmung, die ihn fernen und noch unerkennbaren Zielen zuordnete. Und wenn schon die biologische Entstehung dieses Lebens bei so alten Eltern unwahrscheinlich war: das hier vorgezeichnete Sendungsprogramm war es erst recht. Denn darin wird dies Kind in die »Gefilde hoher Ahnen« erhoben. Ihm wird eine Zukunft von prophetischem Rang zugesprochen.

Kein Wunder, daß Zacharias sich durch das Phantastische dessen, was da auf ihn hereinbricht, überfordert fühlt, daß er nicht mehr mitkommt. Mit versiegeltem Munde, allem menschlichen Geschwätz entrückt, muß er den Erfüllungen erst entgegenreifen, die ihm da zugedacht werden.

In allem also, was uns in diesen Adventsgeschichten so menschlich anrührt, was da von Vater- und Mutterfreuden erzählt wird, spielt noch irgendein anderes, nicht Geheures mit, das den Rahmen einer rührenden Anekdote sprengt. Was ist dieses andere?

Noch etwas anderes fällt uns auf: Als das Unwahrscheinliche sich erfüllt und das Kind tatsächlich geboren wird, stimmt Zacharias ein Lied fassungsloser Rühmung an. Doch *was* rühmt er da? Sein Lobgesang gilt überhaupt nicht dem Knaben, der ihm da als späte Erfüllung geschenkt wurde. Sondern seine Rühmung gilt einer anderen Mutter und einem anderen Kind: einem Kind, das noch gar nicht geboren ist und dem der eigene Sohn nur Vorläuferdienste leisten wird. Und wenn schon über dem Kind Johannes die Anwesenheit der oberen Welt sich geheimnisvoll andeutet, dann wird über diesem anderen Kind ihre ganze Fülle ausgegossen sein.

Schließlich ist noch ein letztes zu bemerken: Obwohl das alles erst bevorsteht, obwohl der Advent dieses Kommenden noch weit hinter dem Horizont liegt – wie ein Gestirn, das man noch nie gesehen hat, dessen Aufgang aber von einer Sternwarte angekündigt wird –, spricht Zacharias davon in der Zeitform des Perfektum: Gott *hat* sein Volk besucht und erlöst. Die Zeit der Erfüllungen *ist* angebrochen. Wir *sind* schon von den Wundern Gottes umgeben.

Eine sehr merkwürdige Form adventlicher Ankündigung: Überall sonst in der Welt, wo die Menschheit wartet, wo sie der klassenlosen Gesellschaft oder einer Welt ohne Hunger und Kriege entgegenharrt oder wo sie eine biologisch höher gezüchtete Menschenrasse erwartet, da kommt es zu verschwommenen Utopien, die in eine ferne Zukunft projiziert werden. Hier aber sagt jemand nicht nur: »Die Zukunft hat schon begonnen«, sondern er sagt: »Sie ist schon mitten unter uns.« Das Reich Gottes ist jetzt und hier da, wo uns das Wunder von Bethlehem anrührt; wir sind von den Erfüllungen Gottes förmlich umstellt. Dem Zacharias fällt es wie Schuppen von den Augen, und wo der normale Blick des Beobachters nur ein paar private Vorgänge im Winkel und weit abseits vom heißen Atem der Geschichte sieht, da erblickt Zacharias die große Wende des Menschengeschicks. Da hört er nicht nur den Mantel Gottes vorüberrauschen, sondern da wird ihm klar, daß das Herz aller Dinge hier offen vor ihm liegt und das Neue angebrochen ist, in dessen Namen man auch auf neue Art leben kann.

Nun sind die Geschehnisse, die Gott bewirkt, durchaus nicht *nur* ins Geheimnis getaucht und von mythischen Schleiern umwogt. Es gehört vielmehr – wenn ich das einmal so ausdrücken darf – zum »Stil« des göttlichen Handelns, daß es immer im Natürlichen, Alltäglichen und also in dem einsetzt, was uns geläufig ist: Gott lebt und west nicht einfach in einem transzendenten Himmel hoch oben, und das Lied »Die Heimat der Seele ist droben im Licht« hat ganz sicher *nicht* recht. Nein, er meldet sich vielmehr, wie Paul Tillich es gerne ausgedrückt hat, in der »Tiefe des Seins«. Er geht in unsere Geschichte ein und ist hauchnahe dem, was wir täglich erleben. Genauso ist es auch hier: Da taucht Gott in einer ganz menschlichen Dimension auf, nämlich im Warten und Hoffen zweier Menschen – und zwar nicht bloß im Warten auf den Messias Israels (und also in einer religiösen und geistlichen Dimension), sondern im ganz menschlichen und kreatürlichen Warten auf einen Sohn, sagen wir einmal bewußt trivial: auf Nachwuchs.

Wie menschlich ist das doch! Ich glaube, daß die Adventszeit uns deshalb so anheimelt – übrigens nicht nur die Christen, sondern auch die ganz säkularen Menschen –, weil der Ton des Wartens eine Saite in unser *aller* Seelen zum Schwingen bringt. Und die »Menschlichkeit« Gottes erlaubt uns, seine Nähe in diesen ganz menschlichen Lebensvorgängen aufzusuchen.

Tatsächlich ist ja unser ganzes Leben ein einziges Warten: Als Kinder warteten wir darauf, daß wir erwachsen würden. Oder wir warteten auf neue Schuhe oder auf die erste Tanzstunde. Dann warteten wir auf das Ende unserer Ausbildung, auf das erste selbstverdiente Geld, dann auf unseren Lebensgefährten, dann auf die Kinder, danach wieder auf die Zeit, wo die Kinder fertig werden und flügge sind. So geht es immer weiter.

Und wenn wir gar nichts mehr zu erwarten haben, dann ist das der Tod. Aber keineswegs nur deshalb der Tod, weil uns der Abbau unseres beruflichen Lebens und all unserer produktiven Funktionen und schließlich auch das physische Sterben erwarten. Nein: wo das Warten aufhört, da hört das Leben selbst auf.

Woran liegt das? Nun, das ist deshalb so, weil wir Menschen in unseren Gedanken immer die Zukunft mit umfassen, während das Tier nur im Augenblick lebt. Deshalb ist mein Hund durch keine Zukunftshoffnung beflügelt, aber auch durch keine Zukunftsangst bedrängt. So »menschlich« ist das Warten. Es ist sowohl als Last wie als Motor nichts Geringeres als ein Privileg des *Menschen.*

Aber nun noch einmal die Frage: *Worauf* warten wir eigentlich? Ist es wirklich immer nur das »Nächste«: die Gehaltserhöhung im kommenden Jahr, die neue Wohnung, die wir beziehen sollen, oder der Wagen, den wir uns anschaffen werden? Oder sehen wir nur wartend dem entgegen, was die Futurologen uns für die 70er Jahre voraussagen: den etwas unheimlichen biologischen Eingriffen in die Erbmasse, den Wundern der Laserstrahlen, der wachsenden Automatisierung in der Industrie und dem immer größeren Volumen an Freizeit?

Ich glaube, daß unser Warten gar nicht *nur* auf diese kommenden Ereignisse ausgerichtet ist. Unser fragender Blick bohrt sich wohl auf eine noch ganz andere Weise in die Zukunft: Warten wir nicht in einem viel tieferen Sinne darauf, daß sich das Dunkle, das Unbegreifliche in unserem Leben enthüllen möge, daß sich das Rätsel dessen lichtet, womit wir nicht fertig werden: Warum müssen manche Menschen so entsetzlich leiden, während die Lumpen immer wieder auf die Füße fallen? Welcher Sinn sollte darin liegen, daß ein kleines Mädchen in die Hände eines Unholds fällt und schauerlich zugerichtet wird? Warum kommt es zur Verstrickung Amerikas in Vietnam? Und warum müssen Tausende, die doch *auch* von den Ihren geliebt werden und nach prallem Leben dürsten, in dieser Verstrickung bestialisch zugrunde gehen? Warum darf es dahin kommen, daß Menschen wie du und ich in Biafra verhungern?

Es ist nicht schwer zu erraten, warum wir auf die Lichtung auch *dieser* Rätsel harren. Die einen ahnen es dumpf, und die anderen wissen es in der Helle der Reflexion: Wenn irgendwo das notorisch Sinnlose passiert, wenn irgendwo (nur an *einer* Stelle!) der blinde und sinnlose Zufall regiert, dann ist unser aller Leben nur ein blindes Würfelspiel, ein seelenloser Austausch von Kraft und Stoff. Dann sind es keine »höheren Gedanken« mehr, die über uns walten, und es gibt dann keinen Gott, der sich etwas dabei »denkt« oder gar liebend über unserem Leben wacht.

Niemand hat diese Infragestellung aller Dinge so schmerzend und eindringlich ausgesprochen wie Samuel Beckett in seinem Drama »Warten auf Godot«. Die geheimnisvolle Gestalt des Godot ist wohl nicht einfach eine Umschreibung Gottes, aber sie ist ganz sicher eine Chiffre für dieses X im Hintergrunde unserer Welt, das man aufgelöst haben und kennen müßte, wenn das Leben sich in seinem Sinn enthüllen soll. Darum warten die beiden Strolche Wladimir und Estragon auf Godot. Wahrscheinlich wird abermals eine Nacht hereinbrechen, in der Godot zum soundsovielten Male ausbleibt. Dann ist alles zwecklos und ohne Sinn. Die beiden reden auf der Bühne eigentlich nur dummes Zeug, sie »quasseln« ganz einfach, und das Ganze scheint tief unterhalb des Niveaus klassischer Dialoge zu liegen. Woher kommt dieser Leerlauf? Nun: eine sinnvolle geordnete und artikulierte Sprache hätte offenbar nur dann Sinn, wenn diese entscheidende Figur, wenn Godot wirklich käme, wenn man wieder planen, mit Sinn rechnen und Programme aufstellen könnte. Kommt Godot nicht, dann zählt auch nichts anderes mehr. Dann verwesen einem die Worte im Mund, dann gibt es keine Zukunft mehr. Dann ist der Motor des Lebens ausgekuppelt, und alles kommt zum Stillstand.

Manchmal frage ich mich, ob das oft Leergeschwätzige, ob das ungeordnete Verhältnis zur Zeit, das unsere heutige Literatur vielfach verrät und das sich in endlosen Vor- und Rückblenden äußert, nicht ein Symptom dafür sein könnte, daß Godot ausgeblieben ist und daß man aufgehört hat, noch länger auf ihn zu warten, daß man also am Sinn des Lebens verzweifelt.

Etwas von dieser Hoffnungslosigkeit vergeblichen Wartens taucht auch im Lobgesang des Zacharias auf. Hier ist ebenfalls vom Ende der Hoffnung und davon die Rede, daß die Menschen »in Finsternis und Schatten des Todes« sitzen – in jener Nacht also, wo Godot nicht kommt und nicht kommt.

Geht uns das heute denn überhaupt an? So müssen wir ehrlicherweise doch fragen. Spricht hier nicht nur der Lebenspessimismus der Spätantike? Empfinden wir heutige Menschen nicht ganz anders? Wir sind doch lebensfroh und bejahen den Sex und entledigen uns lächelnd veralteter Tabus. Wir planen eine bessere, leuchtendere Welt der 70er und 80er Jahre. Wie sollte da der Schatten des Todes seine Kühle verbreiten?

In der Tat äußert sich der Tod für uns nur verschlüsselt, gleichsam chiffriert. Dennoch aber sind seine Signale unüberhörbar: Wir wissen (auch im Frühling unseres Lebens), daß wir endlich sind, daß die Jugend vergeht und daß man mitnehmen muß, was man kriegen kann, weil es ja nicht wiederkommt. Woher rührt denn die Angst des jungen Menschen, er könne etwas versäumen, er könne etwas »anbrennen« lassen? Stammen Ängste solcher Art nicht aus eben diesem Wissen um die Unwiederholbarkeit, um die verrinnende Zeit – aus dem gleichen Wissen also, das uns zur Eile drängt und dazu, die verrinnende Zeit auszunutzen? »Die Zeit sagt nicht auf Wiedersehen«, steht auf einer alten Sonnenuhr, und bei Shakespeare heißt es: »Frist- und Zeitgewinn ist unser Leben.«

In diesem Wissen wird offenkundig, daß wir mit der Grenze der uns zugemessenen Zeit rechnen, mit unserer Endlichkeit also und mit dem Tode. Nicht nur die Greisin im Altersheim tut das, sondern auch der Teenager, der noch im vollen Flor steht und alles vor sich zu haben scheint. Aber gerade *daß* er so alles vor sich hat, ist selbst wieder eine Frist, die verrinnt, und eine kurze Lebensstunde, zu deren Schlußgong der Klöppel schon erhoben ist.

Mit der lapidaren Tatsache, daß menschliches Leben »wie Gras ist, das bald verdorrt«, rechnen wir offenbar in jedem Augenblick. Und wir tun es um so mehr, je lebendiger wir sind. Gerade dann, wenn wir wie Faust zum Augenblick sagen: »Verweile doch, du bist so schön!« dann streift uns der kühle Anhauch des Todesschattens am spürbarsten. Denn gerade der erfüllte, der »schöne« Augenblick huscht ja vorüber und läßt sich nicht halten. Kein Wunder, daß wir uns damit nicht abfinden wollen und uns deshalb gerade an eben dieses Vergehende klammern: daß wir Geld und Gut zu bleibenden Größen verklären und daß wir – nach dem tiefen Wort des Wandsbecker Boten – »Luftgespinste spinnen und weiter von dem Ziel kommen«.

Zacharias aber sieht *mehr* als diese faszinierend schöne und gerade darum so melancholische Welt des Vergehens. Er sieht inmitten der Todesschatten eine »Lichterscheinung aus dem Zenit«. Er spricht davon, daß Gott uns inmitten der Todeswelt »besucht« habe und daß wir inmitten des Vergänglichen nunmehr Kontakt mit dem Ewigen hätten. Was soll das heißen? Und wie seltsam ist dieses Gleichniswort »Lichterscheinung aus dem Zenit«!

Bleiben wir einmal im Bilde, dann meint dieses Wort offenbar nicht, daß uns dieses Neue und Befreiende vom Horizont her, sondern daß es uns gleichsam senkrecht von oben erreicht.

Wenn wir von Problemen sprechen, die mit dem »Horizont« unseres Lebens zu tun haben, dann meinen wir in der Regel sogenannte »letzte« Fragen; Fragen also, die mit Grund, Ziel und Sinn unseres Lebens zu tun haben. Die Philosophen sprechen dann gerne von »Existenzerhellung«, von einem Aspekt also, der uns das *Ganze* unseres Daseins in den Blick bringt. – Doch mit diesen Horizontfragen, mit dieser Existenzerhellung hat das Wort des Zacharias nichts zu tun. Dem kleinen Johannes, an dessen Wiege dieses Loblied gesungen wird, werden später alle eigenwilligen Sinndeutungen der Geschichte und seines Lebens zerbrechen. Denn in seinem Leben wird einmal die verzweifelte Stunde schlagen, in der er fast an Christus irre wird und wo sich ihm die quälende Frage entringt: »Bist du, der da kommen soll, oder sollen wir einen anderen erwarten?« (Wir werden darüber noch sprechen.) In dieser Stunde wird alles zunichte, was er sich an Geschichtskonzeptionen und Existenzerhellungen zusammengebastelt hat.

Nein: Die »Lichterscheinung aus dem Zenit«, die Zacharias meint, kommt senkrecht von oben. Sie entstammt einer anderen Dimension als der von bloß menschlichen Gedanken. Sie verheißt eine Beglückung, ein Widerfahrnis und ein Geschenk, das kein faustisches Sinnsuchen je von sich aus in den Griff bekommen hätte.

Was ist denn dieses umstürzend Neue, das die Menschen der Todeswelt hier ergreift und sie mit einem ganz neuen, mitreißenden Geist erfüllen soll?

Wie bei einem Bachschen Choralsatz, in dem jeder Vers anders gesetzt und instrumentiert ist und wo in immer neuen Variationen doch nur die *eine* Rühmung wiederholt wird, so wandelt auch der Lobgesang des Zacharias das »gottselige Geheimnis« in immer neuen Weisen des Bezeugens ab. Die Fülle dessen, was ihm hier zu schauen verliehen ist, übersteigt gleichsam die Fassungskraft eines einzigen Wortes, einer einzigen Formel.

Da ist zunächst davon die Rede, daß Gott sich unser erbarmt und uns sein Innerstes zugewendet hat. Die Lutherübersetzung spricht von der »herzlichen Barmherzigkeit« Gottes, die uns in dem weihnachtlichen Kinde und seinem Vorläufer anrührt. Hier wird davon gesprochen, daß Gott uns sein Innerstes zugewandt und enthüllt habe. Dieses gleichsam intimste Geheimnis seines Herzens ist die *Liebe*.

Versuchen wir mit schwachen Worten nachzusprechen, was hier gesagt ist, dann darf ich es vielleicht so ausdrücken:

Es gibt sicher manche Stunde in unserem Leben, in der wir damit rechnen, daß dieses unser Leben von einer höheren Macht gesteuert wird. Nicht nur Christen, sondern auch Neuheiden und abergläubische Leute tun das und richten ihren Blick auf Mächte (oder auf *eine* Macht), die aus dem Hintergrunde der Welt unser Leben bestimmen. Dabei zeigt sich nun, daß wir ganz verschiedene Eindrücke von dieser Regie der Welt haben:

Manchmal sind wir für eine Fügung – für ein Glück etwa, das uns widerfährt – dankbar. Dann sind wir geneigt, an einen »lieben Gott« zu glauben, der uns wohl will, oder auch an günstige Gestirnkonstellationen, die uns vor dem Winde segeln lassen.

Ein anderes Mal wieder stehen wir vor Pechsträhnen und vor sinnlosen Schicksalsschlägen. Dann scheint uns die Stirn des Weltregisseurs umwölkt zu sein. (Die Mythen haben viele Bilder und Gleichnisse dafür hervorgebracht.) Wir werden irre daran, daß die Gottheit ein Herz für uns habe, ja, wir zweifeln, ob es ein Wesen dieser Art überhaupt gibt.

Was so jeder Mensch erlebt und wovon er hin- und hergerissen wird, das haben die biblischen Menschen, das haben Patriarchen, Propheten und Apostel auf ihre Weise ebenfalls erlebt: Sie haben bei glücklichen Fügungen gedankt und sind bei dem, was ihnen an der Weltregie ungerecht, sinnlos und grausam erschien, fast an Gott irre geworden. Der Psalm 73 enthält das beklemmende Wort: »Ich hätte schier auch so gesagt wie sie« – nämlich wie die Gottlosen, für die dieser närrische Weltlauf eine einzige Widerlegung, eine einzige Kompromittierung Gottes ist. Dieses Psalmwort ist wie ein Aufschrei. Es ist nichts Geringeres als die verzweifelte Frage, wie man denn noch mit Anstand und intellektuell redlich an Gott glauben könne, wo sich die »fetten Wänste« ungestraft blähen dürfen und die Anständigen unter die Räder kommen. »Dieser Gott«, so schrie es neulich ein Kapitän einem meiner Studenten entgegen, der als Werkstudent auf seinem Schiff mitfuhr, »dieser Gott sollte einmal hier an Bord kommen, ich würde ihn über die Reling schmeißen, weil er nur Murks macht: Meinen besten Freund hat er elend vor die Hunde gehen lassen, und die Gammler dürfen sich weiter sonnen.«

Was ist es, das einen hindert, sich aufs hohe Roß zu setzen, wenn jemand so selbstquälerisch spottet? Auch Zacharias, auch wir haben diesen verzweifelten Spott im Herzen. Es gibt niemanden, auch die Größten im Reiche Gottes nicht, die von den Dunkelheiten des Lebens unberührt blieben und nicht gleichfalls von der bangen Frage angerührt wären, wie Gott denn das zulassen könne und ob er überhaupt »sei«.

Zacharias kündigt den an, der diese Dunkelheiten am tiefsten durchleiden und der am Kreuz in die düstere Klage ausbrechen wird: »Mein Gott, mein Gott, warum hast du mich verlassen?« Und obwohl er die Spannweite dieses Leidens noch unmöglich ermessen kann, gebraucht er doch die Formel, in der die düsteren Geheimnisse und Widersprüche sich auflösen: Das intimste Geheimnis Gottes, so lautet diese Formel, ist seine »herzliche Barmherzigkeit«. Damit ist sein ganzes Wesen gesagt. Damit sind alle Geheimnisse ausgeplaudert. Es gibt daneben nicht noch etwas anderes: nichts dunkel Abgründiges, keine Dämonie. Er ist ganz und gar Liebe.

Dann aber ist diese Liebe *auch* wirksam in dem, was wir nicht verstehen und was die Jünger ihrerseits nicht verstehen konnten, als dieser Eine, Sündlose leidend am Galgen zugrunde gehen mußte. Wir Menschen dürfen wohl das *Thema* dieser Liebe kennen – und Zacharias schlägt es ja hier vernehmlich an –, aber wir durchschauen nicht die verschlungenen und dunklen Texte des Lebens, in denen Gott dieses Thema *entfaltet*. Nur wer mit dem trotzigen: »Dennoch bleibe ich stets an dir«, dieses Thema festhält, wird einmal am Ende, wenn er schauen darf, was er kaum zu glauben wagte, mit Joseph bekennen dürfen: »Die Menschen gedachten es böse zu machen (und sie schienen dabei sogar zu obsiegen und das Heft in der Hand zu haben), aber Gott gedachte es gut zu machen.«

Kein Wunder, daß deshalb der Blick des Zacharias in diesem Lobgesang nicht nur vorauseilt auf künftige Erfüllungen hin, in denen diese Liebe Gottes sich überwältigend bezeugen wird, sondern daß er auch zurückgeht in die Zeit der Väter, daß er erinnert an die Worte, die er »durch den Mund seiner heiligen Propheten« gesprochen, und an den Bund, den er mit den Vätern geschlossen hat: an die dunkle und verschlungene Geschichte also, die diese Liebe schon lange *vor* uns bewirkt hat. Sie alle waren ja Menschen, die mit dem gleichen Dunkel zu kämpfen hatten wie wir. Sie wurden wie Abraham aus Vaterland und Freundschaft hinweggerufen und ins Unbekannte entboten. Sie erlebten Schrecken, über denen kein väterliches Angesicht mehr leuchtete – wie Hiob. Sie erlitten – wie Jeremia – dunkle Stationen der Geschichte, in denen Gott sich zurückzuziehen schien, in denen er stumm blieb und den Anschein erweckte, tot zu sein.

Wenn wir die großen Zeugen der Bibel hören, auf die Zacharias hier verweist, dann begegnen wir ja keineswegs Leuten, die durch faszinierende Erlebnisse geprägt sind – durch Erlebnisse, die *wir* so *nicht* haben: Leuten in einer strahlenden Gewißheit und Selbstsicherheit, die uns heute unerschwinglich ist. Sondern wir sehen lauter Menschen, die aus der Tiefe rufen (wie wir!), die von Schicksalen umzingelt waren, die Gott in Frage zu stellen schienen (wie wir!) und die sich dennoch unter Schmerzen und namenlos getröstet zur Gewißheit jenes Bundes durchrangen, den Gott ihnen zugesagt hatte, und zu der »herzlichen Barmherzigkeit«, die ihnen wie ein leuchtendes Gestirn zur Orientierung diente, wenn das Dunkel des Lebens sie umfing.

Es ist ein namenloser Trost, in dieser Gesellschaft zu sein: nicht also unter Heroen des Geistes oder des Glaubens, die souverän über alle Erdennot erhaben sind (als ob es das überhaupt gäbe!), sondern unter Menschen wie du und ich, die verzweifeln müßten, wenn Gott sie mit seinem Frieden nicht immer wieder umfinge. Nicht unter Heiligen und moralischen Renommierexemplaren, sondern unter schwachen und unterliegenden Menschen, die aber immer neu aufgerichtet werden. Denn sie glauben der Versicherung, daß ihnen die Sünden vergeben sind und daß weder Tod noch Leben, weder Gegenwärtiges noch Zukünftiges sie von der Liebe Gottes scheiden darf.

Verstehen wir jetzt, *was* Zacharias meint, wenn er sagt, nun könnten wir Gott dienen ohne Furcht unser Leben lang? – »Ohne Furcht«, das ist wie eine Weissagung auf das Evangelium der Christnacht hin, wo den vom Schrecken betäubten Hirten zugerufen wird: »Fürchtet euch nicht!« Dieses Wort ist nicht an Menschen gerichtet, die vielleicht zu phantasielos sind, um sich zu fürchten, sondern an solche, die wirklich Angst haben. Sie stellen sich vor, was morgen auf sie zukommen könnte. Sie haben vielleicht eine lebendige Vorstellungskraft und Kombinationsgabe. Darum produzieren sie Bilder, die ihnen bange machen. Zacharias verheißt uns hier nicht, daß uns diese psychischen Hypotheken genommen werden sollen. O nein: die angsterregenden Stoffe strömen weiter mit in unserem Blutkreislauf. Aber wir hören den Ruf: »Fürchtet euch nicht!« Und also wissen wir, daß jemand da ist, der uns durch das Dunkel geleitet – aber nicht nur »geleitet«, nein, der auch des Dunkels mächtig ist, der den Wogen gebietet und die Stürme sich legen läßt, wenn es sein Wille ist.

Auch das deutet Zacharias an, wenn er in dunkler Gleichnissprache sagt, Gott habe ein »Horn des Heils« aufgerichtet.

Dieses Wort will nämlich besagen: Er ist nicht nur ein Gott der Liebe, der mitfühlend seinen Kindern in ihrer Qual nahe ist, sondern er verfügt auch über die Macht des Wendens. Er *hört* uns nicht nur in der Tiefe, sondern er *reißt* auch aus der Tiefe, und »er wird sich so verhalten, daß du dich wundern wirst«.

Das Symbol des Horns spielt auf das 8. Kapitel des Danielbuches und auf andere Partien des Alten Testaments an. Da pflegen Hörner ein Symbol der Tierheit, der wilden Entfesselung und der blinden Gewalt zu sein. Als ein etwas unheimliches Symbol tauchen die Hörner mit Vorliebe in den Wappen der Weltreiche auf und strahlen hier oft genug Unheil aus. Selbst der Teufel wird immer wieder als der Gehörnte dargestellt.

Jetzt aber, wenn Gott seinen Advent hält, ist das Horn des *Heils* aufgerichtet, jetzt ist die Gegenmacht auf dem Plan, die dem Unheimlichen gewachsen ist. Und selbst die Großen dieser Welt von Nebukadnezar bis Mao Tse-tung, die sich in der Illusion wiegen, Männer machten die Geschichte und ihr Horn sei der Rammbock, mit dem sie das Weltgefüge erschüttern könnten, selbst diese gehörnten »Wundermänner« können Gott sein Konzept nicht verderben, sondern stehen unwissend *auf* diesem Konzept und müssen seinen Zielen ahnungslos und widerwillig dienen. Die herzliche Barmherzigkeit Gottes schwingt wie eine Glocke über unserer dunklen Welt. Und dieses Thema setzt sich durch wider die Rätsel unserer Geschicke und auch wider alles menschliche Gemächte, das sich gegen ihn auflehnt und sich als Herr des Diesseits gebärdet.

Unter der Herrschaft dieses »Horns« gibt es deshalb Erlösung von der Furcht. Auch wenn uns Kerkerzellen umgeben, wenn der Krebs uns bedroht oder ein Mensch uns tödlich enttäuscht, können wir mit Dietrich Bonhoeffer sagen:

> Von guten Mächten wunderbar geborgen,
> erwarten wir getrost, was kommen mag.
> Gott ist mit uns am Abend und am Morgen
> und ganz gewiß an jedem neuen Tag.

Indem ich das sage, spüre ich noch eine letzte Frage, die manchen bewegen mag. Sie könnte sich in dem schmerzvollen Ausruf Luft machen: »Die Botschaft hör' ich wohl, allein mir fehlt der Glaube. Ich schlage mich doch mit meinen Sorgen herum, ich habe meine Depressionen, und ich komme mir vielleicht vor wie ein Partikel jener Finsternis, die der ›Schatten des Todes‹ um uns breitet. Wie fange *ich* es denn an, daß mich jene adventliche Helle der Erwartung umstrahlt? Wie komme *ich* dazu, einen Hauch jenes Friedens zu spüren, den Zacharias zu rühmen weiß? Wenn *mir* dieses Glück der Erfüllung nicht zuteil wird, dann ist es Schall und Rauch und leerer Tand. Das ist meine Frage.«

Vor einiger Zeit sagte jemand einem Freund: »Seit dem Kriege kann ich nicht mehr glauben. Ich habe zuviel Finsternis gesehen. Aber ich lebe davon, daß es Menschen gibt, die glauben können.« Er blickte also gleichsam auf Stellvertreter, die beten können und denen das Vertrauen geschenkt ist, das ihm selber versagt zu sein schien.

Auch ich habe es manchmal erlebt, daß jemand für seine Person zwar keinen Glauben praktizierte, dennoch aber die nicht missen mochte, die von diesem Glauben leben. Es war fast wie ein Huckepack-Unternehmen: Man fuhr geistlich nicht mit eigenem Dampf, man ließ sich sozusagen von anderen mitnehmen und lebte mit von dem, was diesen zuteil wurde. Es war wie ein Schmarotzertum höherer Ordnung. Das ist sicher ein sehr unmündiger, fast ein infantiler Glaube, der kaum noch den Namen verdient. Und doch gibt es Augenblicke, wo wir alle, auch die sogenannten gestandenen Christen, leer und ausgebrannt sind, wo wir »nichts fühlen von seiner Macht« und wo die Finsternis des Nichts uns wie ein Strudel in sich hineinziehen will. Dann fällt uns nichts Erbauliches mehr ein, und selbst unser Gebet sinkt mit müden Schwingen wieder von der Zimmerdecke herunter. Dann kann der Moment gekommen sein, wo es uns wichtig wird, daß *andere* glauben und daß wir in ein Gebet hineinkriechen, das *andere* formuliert haben und das wir irgendwo gedruckt finden. Dann kommt die Stunde des »Huckepack-Glaubens«.

Sprechen wir nicht deshalb auch das Gebet des Herrn nach, weil es von jemandem stammt, der aus jener Nähe Gottes kommt, die uns versagt ist? Oder wir lesen einen Choral, vielleicht Paul Gerhardts »Befiehl du deine Wege«. Wir lesen ihn in tiefster Betrübnis und Ausweglosigkeit, ohne die Spur einer eigenen Kraft, und lassen uns eben dann von Paul Gerhardts Glauben huckepack nehmen. Und hat Zacharias es nicht ebenfalls so gemacht, wenn er die großen Glaubenden aufzählt, die Gottes Herrlichkeit erfuhren? War nicht auch er manchmal von lauter Hoffnungslosigkeiten umstellt?

Vielleicht ist dies das letzte, was uns bleibt, wenn die dunklen Wogen übermächtig werden wollen: daß es eine Gemeinde gibt, die lobt und dankt und die stellvertretend für mich ihre Hände erhebt, während ich selbst keinen Ton mehr herausbringe oder auf einem Krankenlager oder als Sterbender meiner Gedanken und Worte nicht mehr mächtig bin.

Um mich herum lebt Jesus Christus in seinen Zeugen. Ihr Lobpreis darf nie verstummen, auch wenn das eigene Herz tot und der Mund versiegelt ist. Zwischen mir und jeder Finsternis steht Jesus Christus, und es gibt kein Dunkel, mit dem jenes Licht nicht fertig würde, dessen Anbruch der Lobgesang des Zacharias bezeugt.

WENN ALLES SINNLOS WIRD

DIE KUNDE VON DEM, WAS CHRISTUS TAT, DRANG BIS ZU JOHANNES IN seine Kerkerzelle.

Daraufhin schickte er seine Anhänger zu Jesus und ließ ihn fragen: »Was ist mit dir los? Bist nun *du* es, dessen Kommen uns verheißen ist, oder sollen wir auf einen anderen warten?«

Da gab Jesus ihnen die Antwort: »Macht euch auf den Weg und erzählt dem Johannes, was ihr zu hören und zu sehen bekommt: Blinde gewinnen ihr Augenlicht wieder, Gelähmte gehen umher, Aussätzige werden rein, Taube hören, Tote werden erweckt und den Armen wird die frohe Botschaft verkündet.

Selig aber ist zu preisen, wem ich nicht anstößig werde bei alledem.«

MATTHÄUS 11, 2–6

Manchmal haben wir das Gefühl: So, wie es jetzt ist, kann es nicht weitergehen. Oder auch – vielleicht am Stammtisch, wenn man etwas in Schwung gekommen ist: Es muß alles total anders werden. Es müssen noch einmal harte Zeiten kommen, wo die Wirtschaftswunderkinder, statt weihnachtliche Einkaufsorgien zu feiern, wieder dankbar für ein Stück Schwarzbrot sind. Aber auch in der Politik muß alles total anders werden: Statt der vielen Staaten und feindlichen Hemisphären müßte es einen Weltstaat geben. An die Stelle von ungerechten und ausbeuterischen Strukturen muß eine Gesellschaft treten, die jedem die gleiche Chance gewährt und keine Monopole aufkommen läßt. Dann hört die ganze Misere mit einem Schlage auf. Kurz, die ganze Welt müßte einmal auf Vordermann gebracht werden.

Was ich so an Forderungen und Wünschen in etwas weltlicher Sprache ausgedrückt und ein bißchen aktuell zugespitzt habe, das hatte Johannes der Täufer seinerzeit auf seine Weise und aus seinem Blickwinkel auch gesagt – allerdings nicht am feuchtfröhlichen Stammtisch, wo man ins Unreine reden kann, sondern in der kahlen Wüste. Auch nicht in animierter Mitternachtsstunde sagte er das, sondern er hatte dabei den tödlichen Ernst eines Botschafters, dem eine schicksalhafte Nachricht anvertraut ist: Die Welt, wie sie jetzt ist, so gab er kund, hört auf. Die Axt ist den Bäumen an die Wurzel gelegt. Der, dessen Hand diese Axt führen wird, folgt mir auf dem Fuß. Mit so kümmerlichen Dingen wie mit meiner Tauferei am Jordan wird er sich nicht mehr abgeben. Er kommt vielmehr mit Geist und mit Feuer, um auszurotten und dann eine neue Welt aus den Flammen erstehen zu lassen. Darum haltet ein auf eurer abschüssigen Bahn! Um Gottes willen – das ist ein Alarmruf – kehrt um, damit ihr der neuen Weltstunde gewachsen seid und nicht bei einem Gericht untergeht, gegen das die Sintflut ein Kinderspiel war.

Das war eine große und fast wilde Botschaft, und sie sprach von nichts Geringerem als einem umstürzenden Gericht: Gott selbst würde das Weltgerüst mit seinen Händen schütteln, und eine übergroße messianische Gestalt würde beauftragt sein, die alte und morsch gewordene Welt umzupflügen und ein Neues ans Licht zu heben.

Nun war diese übergroße messianische Gestalt in Jesus von Nazareth endlich da. Die erwartete Großkatastrophe aber trat nicht ein oder sah jedenfalls bestürzend anders aus: Johannes selbst nämlich war es, über den die Katastrophe hereinbrach. Er saß eingesperrt in irgendeinem feuchten Loch. Und je trister und scheußlicher das war, je mehr die schreckliche Enttäuschung ihn niederdrücken wollte, um so gespannter nahm er alle Berichte in sich auf, die von außerhalb zu ihm drangen: Wann würde der erwartete Umsturz denn endlich kommen? Wann würden die Fundamente der Welt erzittern, weil der Mann aus Nazareth sein Stichwort gegeben hatte – *endlich* gegeben hatte?
Doch die Stürme brachen *nicht* los. Die Welt lief in den alten Geleisen weiter. Die Bäume blühten, und die Kinder spielten auf den Gassen, als ob nichts geschehen wäre. Und so kommt Johannes ins Grübeln: Sollte er vielleicht ein falscher Prophet gewesen sein? Sollte er hier im Gefängnis vielleicht nicht nur seiner letzten Stunde, sondern auch dem Ende seiner Illusionen entgegenschmachten?

Ich glaube, wir alle haben diese Art trostloser Grübelei schon am eigenen Leibe erfahren: Wir stellen uns ja manchmal vor, wie unser Leben eigentlich weitergehen müßte, wie *Gott* es weiterführen müßte, wenn er wirklich Gott wäre. Dann aber geschieht immer etwas ganz anderes: Wir bekommen eine Stelle, die uns auf den Leib geschrieben schien, nicht, und die Heilung von einer Krankheit wird uns versagt. Dabei hatten wir Gott doch heimlich eine Chance eingeräumt, damit er sich als Regisseur unseres Lebens bewähren könne. Er hat diese Chance leider nicht wahrgenommen: Krebs und multiple Sklerose rollen einfach nach den Naturgesetzen ohne seine Intervention ab.
Übrigens: Nicht nur Gott gegenüber, sondern auch im Hinblick auf die Menschen, mit denen wir täglich zu tun haben, hegen wir immer wieder ganz bestimmte Erwartungen solcher Art. Wir teilen etwa die Menschen, denen wir begegnen, in fest umrissene Typen ein, von denen wir zu wissen meinen, wie sie sich in bestimmten Fällen verhalten werden: Dieser da ist der typische Ehrgeizling, der dort ein Nervenbündel, der dort drüben ist eine harmlose treue Seele, die kein

Wässerchen trüben kann. Unwillkürlich haben wir ein Schema oder besser: eine ganze Fülle von Schemata zur Hand, in die wir die Menschen pressen und die uns genaue Auskunft darüber zu geben scheinen, was wir von diesem oder jenem zu erwarten haben. Darum werden wir auch immer wieder überrumpelt, wenn der andere nun *nicht* in einem solchen Schema aufgeht und etwas Überraschendes tut, auf das wir nicht gefaßt sind, zum Beispiel Hitler oder Mao Tse-tung: Streichelt so ein Diktator ein Kind, dann sagen wir: »Ach, er ist doch gar nicht so schlimm.« Ist er brutal und befiehlt Massenexekutionen, so stellen wir überrascht fest: »Er ist noch viel schlimmer, als wir dachten.« Ein solches Schema haben wir auch für Gott bereit.

Wehe aber, wenn Gott sich dem nicht fügt, was wir so von ihm erwarten, wenn er also anders handelt, als er dürfte! Dann drohen wir ihm sofort damit, daß wir ihn für nicht existent halten. »Denn«, so sagt Martin Walser einmal mit Recht in seinem Roman »Halbzeit«, »mein Gott ist zusammengesetzt aus lauter Plänen, die ich mit mir habe.« Kein Wunder, daß ich ihn deshalb preisgebe und fahren lasse, wenn er eben nicht »planmäßig« spurt. (Hat dann eigentlich Gott versagt, oder sind meine Pläne nur Makulatur gewesen? Doch diese Frage stelle ich mir nur in seltenen Fällen.)

Auch Johannes ist auf solche Pläne und Postulate eingeschworen. Er ist eben ein Mensch, genauso wie du und ich. Jesus von Nazareth, so rechnet er, soll der große Welterneuerer sein. Dabei tut er nichts weiter, als einigen Menschen ein »neues Herz« zu geben und sich also mit dem inneren Menschen zu begnügen. Kein Feuer aber fällt vom Himmel, das die Lumpen und Rebellen frißt; keine Massenbekehrung setzt ein. Gott hüllt sich vielmehr beharrlich in Schweigen und läßt alles im alten Trott weitergehen. *Wie soll man da glauben können?*

Lebt dieser grübelnde, dieser irrewerdende und protestierende Johannes nicht vielfach unter uns und in uns? Ist seine Stimme nicht auch in unseren eigenen hadernden Gedanken? Etwa so: Was haben die zweitausend Jahre Christentum – das könnte eine derart hadernde Frage sein – denn an Weltveränderndem gebracht? Wird nicht weiter gelitten und gesündigt, geliebt und massakriert wie eh und je? Ist auch nur *ein* Krieg unterblieben, ist auch nur *ein* Zuchthaus überflüssig geworden, ist auch nur *ein* Staat ein wirklicher Rechtsstaat geworden, weil es Jesus Christus gegeben hat? Sollte er also wirklich der gewesen sein, auf den die Welt wartete wie auf eine Erfüllung? Oder müssen wir, wenn überhaupt, auf andere Männer und andere Wunder warten: auf die klassenlose Gesellschaft vielleicht oder auf die 20-Stunden-Woche oder auf 1984? Sollte Jesus von Nazareth, statt die Erfüllung unseres Lebens zu sein, vielleicht nur ein Zwischenspiel, ein Intermezzo in der Geschichte bedeutet haben – rührend und ehrfurchtgebietend in seiner Liebe, gewiß! –, aber eben doch nur ein Intermezzo, das keinem Menschen in Vietnam oder hinter der deutschen Mauer hilft?

Gewiß, man darf über solche Fragen diskutieren. Man kann es zum Beispiel tun unter dem Namen »Die Absolutheit des Christentums« oder auch unter der Leitfrage, ob Christus *mehr* sei als alles, was sonst Menschenantlitz trägt, ob er etwa der »Gottessohn« gewesen sei.

Johannes aber diskutiert *nicht*. Seine Frage: Bist du Christus ...? stammt weder aus allgemeiner Neugier noch aus religionsphilosophischem Interesse. Wenn man nämlich in einer Gefängniszelle sitzt und auf den Henker wartet, kann man sich den Komfort geistiger Neugier nicht mehr leisten. Da ist der Schritt draußen auf dem Flur, da ist das Rasseln eines Schlüsselbundes realer als alle »Probleme«. Denn Schritte und Schlüssel können bedeuten, daß sie mich nun holen. In solchen Situationen bleiben nur *elementare* Fragen übrig, die mit dem eigenen Sein oder Nichtsein zu tun haben. Diese Frage aber, ob Jesus nicht eine Illusion sei und ob sein Botschafter – eben der Gefangene Johannes – nicht ein betrogener Betrüger sei: diese Frage *ist* elementar und geht an die Nieren. Sie ist sozusagen existentiell. Denn auch das eigene Lebensschicksal hängt ja davon ab, wie diese Frage zu beantworten ist: Wenn dieser Nazarener nämlich die Macht hat, im Namen Gottes an den Fundamenten der Welt zu rütteln, dann muß er schließlich auch die Gefängnismauern einstürzen lassen können, hinter denen sein Zeuge schmachtet. Natürlich gilt auch das Umgekehrte: Wenn er seinen Zeugen, seinen besten Kameraden, dem Beil des

Henkers anheimfallen läßt, ohne daß er die Mühle dieser Schandjustiz aufhalten kann, dann ist das die flagrante Widerlegung aller Ansprüche, die er je erhoben hat, und der Bankrott aller Hoffnungen, die man je auf ihn setzte! – So werden hier in der Gefängniszelle alle Fragen um einige Grade heißer, gewichtiger und schicksalhafter.

Doch die Gedankennot des Johannes reicht noch in tiefere Bezirke als die des bloßen Selbsterhaltungswillens. Haben nicht auch die Zeugen der Urzeit, haben Mose und die Propheten und die anderen Gottesmänner nicht ebenfalls vergeblich geglaubt und gehofft, *wenn* dieser Messias nur eine Luftblase ist? Fällt damit nicht alles zusammen, was ihm als Glaube der Väter und als fromme Tradition bisher heilig gewesen ist? »Ich will ja gern in diesem Loch zugrunde gehen«, mag Johannes der Täufer im Selbstgespräch zu sich sagen, »wenn nur mein Glaube nicht *mit* vor die Hunde geht, der mich in dieser Dunkelheit noch hält. Mein Kopf mag unter dem Henkerbeil fallen. Aber laß wenigstens mein Herz nicht erfrieren, wenn es nur Leere um sich spürt! Laß mich noch einen ganz kleinen Funken von Sinn, von Hoffnung erkennen!«

Wirklich, die Frage: »Bist nun *du* es, dessen Kommen uns verheißen ist . . .« ist keine Frage der Neugier, sondern sie wird von jemandem gestellt, dem der Boden unter den Füßen wankt und den die Fratze der Sinnlosigkeit erschreckt.

Dennoch ist in dieser verzweifelten Frage, die er den Kurieren mitgibt, noch ein ganz anderer Ton hörbar, ein unerhörter Ton sozusagen, der aus Bereichen stammt, in denen keine Verzweiflung mehr Macht über ihn gewinnen kann. Obwohl nämlich Johannes den Weg seines Meisters nicht mehr versteht, so hat er ihn doch nicht einfach preisgegeben, vielmehr wirft er sich ihm mit der Verzweiflung seines Herzens *entgegen*. »Psychologisch« gesehen, würde uns doch eine ganz andere Reaktion sehr viel mehr einleuchten. Wenn er nämlich in seinen Grübeleien zu sich selber sagen würde: Ich bin bankrott, ich habe mich geirrt, es ist aus. Mögen andere auf andere Heilande hoffen und den gleichen Reinfall erleben. Ich jedenfalls bin von allen Hoffnungen, daß da einer in die Speichen des Weltrades eingreifen und ihm eine neue Richtung aufzwingen könnte, gründlich geheilt. Und jetzt, da ich von allem entblößt bin und keinen Halt mehr habe, werde ich wenigstens mit Haltung sterben – wie der Soldat von Pompeji, den die Lava auf seiner sinnlosen Wache überrollte und erstickte.

Genau und eben das geschieht aber gerade *nicht!* Johannes spricht seine Frage nicht in den leeren dunklen Raum, sondern er stellt sie an Jesus selber. Er fragt ja nicht: Ob *er* wohl der ist, dessen Kommen verheißen ist? Sondern er fragt: Bist *du* es nun, dessen Kommen verheißen ist? Hier ist ein gleichsam »verzweifeltes Vertrauen« auf Jesus, *er* werde es schon wissen, und *er* werde es ihm dann schon sagen.

Es ist bezeichnend, daß er keine »Beweise« verlangt. Beweise pflegt man ja meist dann zu begehren, wenn man mißtrauisch ist: Wenn jemand zum Beispiel sein Alibi nachweisen soll, dann mißtraut man ihm ja ganz ausgesprochen und hält ihn einer kriminellen Tat für verdächtig. Johannes aber fordert von seinem Meister eben keine »Beweise«. Denn er ist nicht mißtrauisch, sondern hat ja Vertrauen zu ihm. Wenn Jesus ihm etwa antworten sollte: »Hab keine Sorge, Johannes, ich *bin* der, auf den du gewartet hast«, dann wird Johannes damit zufrieden sein. So wirft er sich ihm wirklich mit verzweifeltem Vertrauen entgegen. Und darum redet er ihn mit »Du« an und wendet sich unmittelbar an ihn selbst. Das *eine* Wort, das dieser Nazarener jetzt sprechen wird, soll ihm genügen. So ungebrochen ist trotz aller skeptischen Grübelei sein Vertrauen zu diesem Nazarener und seiner Integrität.

Es mag nun fast verblüffend erscheinen, wenn ich dazu folgende Bemerkung anzubringen wage: Durch diese Frage, die sich so in der Todeszelle aus ihm emporgerungen hat, ist Johannes dem Geheimnis Jesu näher gekommen als in den größten Augenblicken seiner »publicity« – näher also als selbst in jenen Augenblicken, wo doch die Massen gebannt an seinem Munde hingen und wo er der vollmächtige, von Gott beauftragte Botschafter zu sein schien. Ich will diese Bemerkung begründen:

Indem Johannes seine verzweifelte Frage an Jesus selbst richtete, tat er vorwegnehmend und sicher auch ahnungslos etwas, was der Herr

selbst in einer noch dunkleren Stunde auf dem Hügel Golgatha ebenfalls tun wird, in einer Stunde also, da seine Ohnmacht am Kreuz allem
zu spotten schien, was man je an Hoffnung auf ihn gesetzt hatte. In
dieser Stunde brach ja die Macht des Nichts und der Verzweiflung über
den Gekreuzigten herein, und er schrie: »Mein Gott, mein Gott, warum hast du mich verlassen?« Dieser Schrei in der Golgathanacht ist so
etwas wie eine Abwandlung der Botschaft des Johannes:

Wenn ich das Ähnliche beider Verzweiflungsrufe etwas zugespitzt
herauskehren darf, dann könnte man dem Aufschrei des Gekreuzigten
doch die Form geben: »Mein Gott, mein Gott, bin *ich* wirklich der,
der da kommen sollte? *Wenn* ich der wirklich wäre: dürfte ich dann
so, wie es jetzt ist, in die Hände der Menschen fallen? Dürfte dann der
Tod stärker sein als ich, der ich doch Tote erweckt habe? Müßtest du,
mein Vater, dich dann nicht zu mir bekennen? Müßtest du mich nicht
herabsteigen lassen von meinem Kreuz und die Golgathanacht um
mich her durch deinen Blitz zerreißen?« Der Meister wird in noch
schrecklichere Abgründe des Nichts verwiesen als sein von Gedankennot umgetriebener Jünger in der Zelle.

Doch die tiefere Verwandtschaft beider Verzweiflungen sitzt noch
woanders. Denn auch Jesus Christus schreit seine Not ja nicht einfach
in die Nacht von Golgatha hinaus. Es ist doch charakteristisch, daß er
nicht ruft: »Wo bleibt Gott? Wo ist und wo bleibt nun alles, worauf
ich gebaut und woran ich mich gehalten habe?« Sondern er sagt es
seinem Vater selbst, was ihm hier das Herz abschnüren will. Er redet
nicht »über« Gott (wie über ein unbekanntes X, das sich vollends in
Nichts auflöst), sondern er sagt »Du« zu seinem Vater, er sagt jetzt
»mein Gott«. Er klagt nicht gegen Unbekannt, sondern er wirft sich
an sein Herz. Er versteht zwar den Beschluß dieses Herzens in diesem
Augenblick nicht mehr. Aber er vertraut darauf, daß dieses Herz dennoch für ihn schlägt. Und also ist er eben doch nicht verlassen, sondern bleibt in Kontakt mit dem Vater.

Es gibt eine unglaubliche Parallele zu dem allem, die James Baldwin
in seinem Roman »Eine andere Welt« bringt. Sie ist so kraß und ungeheuerlich, daß man zögert, sie im Zusammenhang einer solchen

Betrachtung auszusprechen. Aber ich will es trotzdem tun: Der junge
Neger Rufus stürzt sich nach einem verpfuschten Leben, in dem sich
Gott für ihn in Nichts aufgelöst hat und auch seine Mitmenschen zu
wesenlosen Schatten verblaßt sind, von einer Brücke bei New York
in die Tiefe. Ehe er aber diesen Selbstmord begeht, durchzuckt ihn
noch ein letzter Gedanke: »Du Lump«, so redet er den verlorenen
Gott an, »du kotzdreckiger allmächtiger Lump, bin ich nicht auch
dein Kind? Jetzt komme ich zu dir!« Und so stürzt er sich in die
Tiefe. – Das klingt wahrhaftig nicht erbaulich. Aber ist es wirklich nur
die Lästerung eines sogenannten Atheisten? Hat nicht auch er –
schauerlich eingewickelt in einen Fluch und umkrampft von einer
geballten Faust – immerhin noch »Du« zu Gott gesagt? War er nicht
ein verzweifeltes Kind, das sich in ewige Arme stürzen wollte? Solange ich noch sagen kann: »Mein Vater« oder auch »Dein Kind
kommt zu dir«, bin ich eben nicht verlassen. Darum endet auch auf
Golgatha das, was wie der unartikulierte Schrei eines Verzweifelten
klingen mochte, in dem Wort eines tiefen Friedens: »Vater, in deine
Hände befehle ich meinen Geist.«

Genauso ist auch die Verzweiflung des Johannes von einem Rande des
Friedens umschlossen. Denn er ist sich darüber klar: dieser Jesus von
Nazareth weiß schließlich nur *allein*, wer er ist. Er ist so groß, daß ich
mich ihm, und nur ihm allein, mit meinen Zweifeln anvertrauen kann.
Und obwohl Johannes in diesem Augenblick nicht mehr weiß, ob
dieser Jesus wirklich der Letzte, ob er der »Sohn Gottes« selber ist, so
weiß er doch auch, daß diese Gestalt seines Meisters größer ist als sein
Herz und daß man bei ihm geborgen sein kann.

Und nun geschieht die jähe, dramatische Wendung: Der so Ange-
sprochene ist auch der, der antwortet: »Macht euch auf den Weg und
erzählt dem Johannes«, so trägt er den Kurieren auf, »was ihr zu hören
und zu sehen bekommt: Blinde gewinnen ihr Augenlicht wieder,
Gelähmte gehen umher, Aussätzige werden rein, Taube hören, Tote
werden erweckt, und den Armen wird die frohe Botschaft verkündet.« Was an dieser Botschaft zunächst bemerkenswert ist, scheint

dies zu sein, daß der Herr sich nicht auf theoretische Diskussionen darüber einläßt, ob er, Jesus Christus, eine einmalige Figur der Geschichte, also der Repräsentant der sogenannten Absolutheit des Christentums sei. Jesus hat ja kaum je einmal – vielleicht sogar nie – direkt und in thetischer Form gesagt, wer er ist. Wenn er vom Geheimnis seiner Person spricht, dann redet er sozusagen durch die Blume, dann rückt er sich gleichsam in indirekte Beleuchtung und läßt die Menschen mehr raten und stutzig werden, als daß er etwas »Dogmatisches« über sich sagte. Er verfremdet sich sogar manchmal und wählt gleichsam die sokratisch-indirekte Methode.

So macht er es auch hier. Er sagt dem Boten nicht: »Selbstverständlich, ich *bin* der, der da kommen soll, und ihr braucht auf keinen anderen zu warten!« Sondern er antwortet: »Überzeugt euch, was um euch herum passiert! Seht euch die Lahmen, Blinden und Schuldbeladenen an! Sonst geht doch alles seinen logischen Gang und drängt auf unausweichliche Konsequenzen: auf Krankheit folgt Tod, auf Tod Verwesung, auf Schuld folgt Sühne. Überzeugt euch, wie ich in diesen Mechanismus des Welträderwerkes eingreife und ein Neues schaffe, wie sich um mich herum Verwandlungen ereignen.«

So indirekt spricht er von sich selbst. – Man kann das Geheimnis seiner Person gleichsam nur im Widerschein dessen erkennen, was um ihn her passiert. Mehr sagt er nicht. Dann überläßt er die Fragenden diesem Widerschein.

Welches Bild des Herrn *wird* denn nun in diesem Widerschein sichtbar? Das ist nun die Frage.

Sicher ist es nicht jenes Bild des Weltrevolutionärs, das sich Johannes von ihm gemacht hatte. Er hebt die Welt gar nicht aus den Angeln, sondern diese Welt wird, wie er es selber gesagt hat, bis zum Jüngsten Tag so weiterlaufen wie bisher: Man wird freien und sich freien lassen, man wird himmelhoch jauchzend und zu Tode betrübt sein, es wird Leiden geben und Tod, und selbst die Furien des Krieges und der Hufschlag der Apokalyptischen Reiter werden bis zuletzt über die Erde dröhnen, »bis er kommt«. Er wird also tatsächlich die Welt nicht »verwandeln«, aber er will inmitten dieser Welt unser *Retter* sein.

Doch *wie* will er uns denn retten, wenn alles so weitergeht? Das ist doch das Problem! Ich will die Frage noch realistischer zuspitzen: Wie merke *ich* denn etwas von dieser Rettung, wenn mich etwa mein Gewissen verklagt (weil ich vielleicht das Leben eines anderen Menschen zerstört habe), wenn ich unter meiner Untreue leide, wenn ich der Übermacht meiner Sinne erliege, wenn mich mein Sorgengeist nicht schlafen läßt und wenn es bestimmte Fragen, Ängste und Leidenschaften in meinem Leben gibt, mit denen ich nicht fertig werde, partout nicht fertig werde? – Noch einmal: Wie merke ich denn dann, daß Jesus in mein Leben *eingreift*, daß etwas Neues passiert und er die Weichen meines Lebens umstellt? Wie merke ich das? – Was sollen mir da die alten Wundergeschichten helfen, auf die diese Botschaft doch anspielt? Selbst angenommen einmal, diese Wunder seien wirklich passiert: Was haben diese zufälligen punktuellen Krafttaten denn schon ausgerichtet? Der Jüngling von Nain mag wohl aus seinem Sarg erstanden sein. Aber schließlich hat ihn der Tod ja doch geholt. Und die Armen, die Jesus tröstete, sind später doch wieder traurig geworden. Was haben also die paar Tropfen Wunderhilfe auf die Milliarden Steine menschlicher Misere schon ausgerichtet? In Vietnam wird schließlich weiter gefoltert und massakriert, in Indien verhungert man nach wie vor, und in Westdeutschland tanzt man ahnungslos auf dem Vulkan.

Ganz gewiß dürfen wir unseren Zweifel in dieser Weise offen herauslassen. Denn eines ist ganz sicher: Jesus selbst gerät nicht ins Wanken, wenn unser Glaube wankt. Nur auf eins kommt es bei diesem Bekenntnis unseres Zweifels allerdings an: daß er nicht zynisch ist (auch bei dem Neger Rufus war er ja trotz der lästerlichen Form eben *nicht* zynisch!), sondern daß wir als Verwundete kommen, die den Arzt suchen. Wir *sind* aber nicht zynisch, wenn wir unsere Zweifel zu Jesus selbst tragen.

Und was antwortet er nun den Boten? Was will er dem Johannes zu verstehen geben, wenn er darauf verweist, welche umstürzenden tröstlichen Verwandlungen sich um ihn her an Kranken, Armen und Toten vollziehen? Er will doch wohl dies sagen: Ich halte euch keine

Vorträge über den lieben Gott und bringe euch auch keine Philosophie der menschlichen Existenz, sondern: Überall dort, wo mein Wort hörbar wird (ganz gleich ob es ein »Selig« oder ein »Wehe« ist), da *geschieht* etwas und da bleibt nichts beim alten. Da werden Kranke gesund, Unglückliche wissen sich wunderbar getröstet und verwundete Gewissen werden heil. Von Vorträgen kann man ja belehrt, aber doch niemals geheilt werden.

In der Tat wird jeder, der Jesus Christus erlebt hat, bezeugen: Seitdem ist etwas Neues in mein Leben getreten. Nun darf mich das Dunkle in meinem Leben, das mich vorher in Schwermut stürzte, nicht mehr überwältigen. Gewiß, ich habe manche Sorgen – wie andere auch. Doch nun erlebe ich täglich das Wunder, daß ich jemanden habe, auf den ich sie werfen, dem ich sie anvertrauen kann. Und wenn seine Hand sie anrührt, werden sie geheimnisvoll verwandelt: Vorher waren sie eine niederdrückende Hypothek meines Lebens, doch nun werden sie zur Chance des Glaubens und zu einem Material, aus dem Gott meine Zuversicht und ein fröhliches »Dennoch« formen will. Und wenn ich spüre, daß es mit mir zu Ende geht, daß ich alt und müde werde, verwandelt er den Schmerz des Abschieds in die Freude des Heimkommens.

Kein Mensch geht so von Christus weg, wie er zu ihm kam. Es wird alles verwandelt. Er legt einen neuen Schein über die Dinge. Was vorher ungenießbarer Stein war, wird in Brot verwandelt. Meine Ängste werden zum Rohstoff für eine neue Hoffnung. Und was vorher die Last meines Lebens war, brauche ich nun nicht mehr zu tragen, sondern es ist – nach dem schönen Wort Rudolf Alexander Schröders – genau umgekehrt: »Die Last trägt mich.«

Er ist der große Verwandler. Man kann das freilich nicht vorher sehen und nicht von außen beobachten. Man muß es einmal mit ihm versuchen. Man erfährt es nur im Vollzug und im Wagnis der Nachfolge. Man erfährt es nur im Engagement.

Das also ist die Botschaft jener Wunder und Verwandlungen: Ihr dürft mir alles bringen, was euch bedrängt – nicht nur die Wunden eures Herzens und eure quälende Skepsis, sondern auch eure Leibschmerzen und euer Zahnweh, eure Erziehungssorgen und euren Liebeskummer und auch das Examen, das ihr morgen bestehen müßt. Denn – »es kann mir nichts geschehen, als was er hat ersehen und was mir selig ist«. Es muß alles an ihm vorüber, ehe es mich treffen kann. Und *wenn* es mich dann trifft (er hat ja nie versprochen, daß mich weniger treffen soll als die anderen; er hat mir nie versprochen, daß sein Erlöster als eine Art sunny-boy auf glatten Straßen um alle Abgründe herumgeführt würde), *wenn* es mich dann trifft, dann darf ich jedenfalls wissen, daß es an seinen Augen vorübergegangen ist und sein »Plazet« bekommen hat. Wenn ich dann so, emporgehoben durch viele Wonnen oder auch niedergedrückt von Kummer, seinen Gruß empfange, dann sind meine Freuden verdoppelt und meine Schmerzen halbiert. Denn, nicht wahr: Ob etwas schwer ist oder auch schön in meinem Leben, das entscheidet sich letzten Endes nur an einem: ob ich es aus seiner Hand nehmen kann oder nicht. Sehe ich nämlich hinter allem, was mich trifft, als Absender nur ein dunkles anonymes Schicksal, so wird alles beklommen, trostlos und ohne Ausweg. Sehe ich aber seine Grüße an meinem Weg, dann empfange ich stets einen positiven Auftrag, dann weiß ich, daß es nicht umsonst ist und daß es mir zum Besten dienen muß, daß es schöpferisch sein wird. Dann weiß ich, daß seine höheren Gedanken schon jetzt das Ziel für mich bereit haben, wo ich mit meinen menschlichen Gedanken noch im Dunkel tappe.

Ist das alles nun eine Antwort an Johannes oder ist es keine? Sicher ist es eine sehr indirekte Antwort. Johannes muß selber das letzte Wort sprechen. Von ihm wird es nun abhängen, ob ihm in dieser Botschaft die Herrlichkeit Jesu aufgeht oder nicht.

Denn Jesus ist immer zuerst der *Fragende*. Und auch hier habe ich, wenn ich dem Text treu bleiben wollte, nichts anderes tun dürfen, als diesen Ton der »Frage« aufklingen zu lassen. Es ist die gleiche Frage, die dem vorgelegt ist, der dieses hört oder liest. Denn er will uns ja kein Dogma aufdrängen, sondern er will unser Herz anrühren. Er

will, daß wir ein befragtes und ein fragendes und in beidem ein un-
ruhiges Herz haben. Er hat die Hungernden und Dürstenden, nicht
aber die Satten seliggepriesen.

Darum schließt er auch seine Botschaft an Johannes mit der Mah-
nung: »Selig aber ist zu preisen, wem ich nicht anstößig werde bei
alledem.« Wem ist er denn anstößig, wer ärgert sich denn an ihm?

Das Ärgernis und die wütende Enttäuschung entstehen immer dann,
wenn man als Unbeteiligter und also von außen her – gleichsam in
theoretischer Distanz – dahinterkommen will, ob Jesus Christus dieser
Einzige und Letzte ist. Dann läßt man etwa die Welt der Religionen
Revue passieren, schaut sich die Moslems und die Buddhisten oder
auch Radhakrishnan und Gerhard Szczesny an, um sich das Passende
auszusuchen. *Als ob das ginge!* Über Jesus Christus läßt sich nur im
Einsatz Klarheit gewinnen, nur so, daß man es einmal mit ihm wagt:
vielleicht in der Weise, daß ich einem Menschen helfe, der mir im
Grunde gar nicht liegt, den ich aber im Namen Jesu als meinen Bruder anzuerkennen bereit bin. Wir müssen uns jedenfalls mit ihm selber
einlassen, wenn wir wissen wollen, was an ihm ist.

Wenn ein Kind zu seiner Mutter sagt: »Du bis die allerschönste, du
bist die einzige Mutter, die es wirklich gibt«, dann ist es zu dieser
Feststellung ja auch nicht so gekommen, daß das Kind alle Mütter der
Welt hätte Revue passieren lassen, um einen Test zu machen, welche
von ihnen nun die schönste und beste sei. Sondern das Kind ist, *ohne*
daß es diese Vergleiche angestellt hätte, dieser einzigen Mutter in
Liebe verbunden, sieht vertrauend zu ihr auf und wagt sich mit allem,
was es ist und hat und an Geborgenheit ersehnt, an diesen einen und
einzigen Menschen, den es über alles liebt. Das ist ein kümmerliches
und durchaus hinkendes Bild dafür, wie wir dazu kommen können,
auch zu Jesus zu sagen: »Du bis mein einziger Trost im Leben und im
Sterben. Du bist der Erste und Letzte, bist das Alpha und Omega,
und es gibt niemanden, auf den wir warten könnten als einzig und nur
auf dich.«

WIE ÜBERWINDE ICH LEBENSANGST
UND LANGEWEILE?

AM LETZTEN TAGE DES LAUBHÜTTENFESTES, SEINEM HÖHEPUNKT, STAND
Jesus auf und rief mit erhobener Stimme:

»Wer durstig ist, der soll zu mir kommen und trinken. Setzt einer
sein Vertrauen auf mich, wie die Schrift es sagt, dann wird Wasser des
Lebens seinem Wesen entquellen und sich in Strömen ergießen.«

Damit spielte er auf den Geist an, der denen zuteil werden sollte, die
ihr Vertrauen auf ihn setzen. Noch war dieser Geist nämlich nicht in
Kraft. Er stand aus, bis Jesus verherrlicht sein würde.

Unter dem Eindruck seiner Worte äußerten einige Leute aus der
Menge: »Dieser da ist wahrhaftig der Beauftragte Gottes.« Andere

meinten: »Er ist sogar der Messias.« Wieder andere: »Sollte der Messias denn aus Galiläa kommen? Heißt es in der Schrift nicht ausdrücklich, er würde aus dem Geschlechte Davids stammen und aus Bethlehem, seinem Dorfe, hervorgehen?«

So schieden sich an ihm die Geister. Einige wollten sogar mit Gewalt auf ihn eindringen. Doch legte niemand ernstlich Hand an ihn.

Als nun die Tempeldiener zu dem hohen Klerus und den Pharisäern stießen, wurden sie mit dem Vorwurf empfangen: »Warum habt ihr ihn nicht hergebracht?« Sie entgegneten: »Noch niemals hat ein Mensch so geredet wie der.«

Darauf die Pharisäer: »Habt ihr euch *auch* herumkriegen lassen? Gibt es nur einen einzigen führenden Mann oder irgend jemanden aus dem Kreis der Pharisäer, der sich zu ihm bekennen würde? Nur dieser Pöbel, der keine Ahnung vom Gesetz hat, fällt auf ihn herein. Fluch über ihn!«

Doch da meldete sich Nikodemus zu Wort. Er hatte Jesus früher einmal besucht und war immerhin ein Mann aus dem eben erwähnten Kreis: »Darf man denn«, so fragte er, »nach unserem Gesetz den Stab über jemanden brechen, ohne ihn vorher gehört zu haben, ohne sich darüber klargeworden zu sein, was er treibt?«

»Bist du etwa auch ein Galiläer?« gaben sie zurück; »schlage doch in der Schrift nach und überzeuge dich: aus Galiläa *wird* kein Prophet berufen!«

JOHANNES 7, 37–52

Diese Geschichte ist voller dramatischer Bewegung. Da ist von Durstenden und Verdurstenden die Rede, denen sich plötzlich eine Quelle darbietet. Wer selbst noch nicht in einer solchen Situation war, kann etwa in Hans Bertrams »Flug in die Hölle« nachlesen, was es bedeutet, wenn Flieger in der Wüste notlanden müssen und in lebensfeindlicher Dürre nach Wasserspuren suchen.

Noch von einer anderen Stelle unserer Geschichte geht eine solche Spannung aus. Ich meine das Rätselraten um die Person Jesu. Die

Menschen spüren dunkel: In dem, was dieser Mann sagt, könnte die Lösung alles dessen liegen, womit ich mich hoffnungslos herumschlage. In seinen Reden klingt ein Ton auf, den man noch nie vernommen hat und der unerhört ist. Doch merkwürdig: Man schlägt diesen Eindruck des Unerhörten sofort wieder tot, indem man Jesus von Nazareth »historisch« und »geographisch« einordnet, indem man ihn klassifiziert. »Aus dem Norden nichts Neues«, so sagt man sich und denkt dabei an seine provinzielle Herkunft aus Nazareth. Er ist auch nur ein »Mensch«. Wie sollte ausgerechnet er mein Leben in eine neue Dimension versetzen, wo doch sein eigenes Leben nicht bewältigt ist, sondern scheitert. So sagt man sich und sucht das Vibrieren zu beruhigen, das einen eben noch bei seinen Worten wie ein Schauer durchzitterte.

Die Geschichte, die so dramatisch begann, verläuft sehr bald im Sande. Und als der Vorhang fällt, geht man heim und hat sie an der Haustür vielleicht schon vergessen. Was einen Augenblick aufregend schien, endet in der Langeweile der Alltäglichkeit.

Wie kommt es eigentlich, daß unzählige Menschen nur mit leisem Gähnreiz an das schwarze Buch denken, in dem die Christenheit seltsamerweise nichts Geringeres als das Leben sucht? Aber auch viele von uns, die sich trotzdem zwingen, morgens oder am Tagesschluß darin zu lesen, müssen sich oft genug erst ein wenig aufraffen, wenn sie den Übergang vom Fernsehschirm oder ihrem Zeitungsroman zu diesem schwarzen Buch zuwege bringen wollen. Dorothy Sayers, die eine Anzahl großartiger und spannender Kriminalromane geschrieben hat – ausgerechnet sie! –, erlebte die Bibel jedenfalls ganz anders, und sie sagt einmal: »Der christliche Glaube ist das aufregendste Drama, das der menschlichen Einbildungskraft je geboten wurde.« Und an anderer Stelle: »Die, welche den auferstandenen Christus sahen, waren und blieben überzeugt, daß das Leben es wert ist, gelebt zu werden, und daß der Tod nichtig ist: eine sehr andere Haltung als die des modernen Défätisten, der so fest überzeugt ist, daß das Leben ein Unglücksfall und daß der Tod – ein bißchen inkonsequent – eine noch größere Katastrophe sei.« Dorothy Sayers meint, hier vollziehe sich etwas so Elementares, etwas so Aggressives, daß einem der Atem stocke, wenn man es nur einmal entdeckt habe. Hier sei jedenfalls das Gegenteil aller Langeweile.

Wie kommt es also, daß uns das Christentum allen diesen Feststellungen zum Trotz doch vielfach langweilig ist und daß diese tödliche Langeweile alles, was um die Kirche herum passiert, mit Meltau zu bedecken und steril zu machen droht?

Ich glaube, es liegt nur an *einem:* daß wir nicht mehr damit rechnen, Gott könne wirklich revolutionierend in unser Leben einbrechen, könne wirklich meine lästig gewordene Ehe umkrempeln oder könne mich tatsächlich aus einem Trauerkloß in einen Menschen verwandeln, der das Leben bejaht und annimmt. Wir wagen nicht mehr damit zu rechnen, daß er mir meine geheime Angst nehmen kann, mit der ich etwa einer Geldentwertung oder einer Eskalation im innenpolitischen Bereich oder auf nah- und fernöstlichen Kriegsschauplätzen entgegenblicke. Wir wagen nicht zu glauben, er bringe es wirklich fertig, daß ich fröhlich »an mein Verhängnis gehen« und ebenso den morgigen Tag mit seinen Überraschungen und seinen Wundern erwarten kann. Statt dessen ist Gott nur ein feierlicher Lorbeerbaum an Traualtären und Särgen und außerdem ein Ersatztrost fürs Alter, wenn die wirklichen Freuden unerschwinglich geworden sind.

Die Langeweile rührt wahrscheinlich daher, daß wir Menschen unser Leben selbst in die Hand genommen haben, daß wir meinen: niemand hilft uns dabei, und schon gar nicht Gott. So haben wir aufgehört, natürlich und realistisch mit ihm zu rechnen und mit ihm zu reden. Statt dessen versinken wir in einen einsamen Monolog mit uns selbst. Jean-Paul Sartre hat die Hölle in diesem Sinne einmal als einen Ort beschrieben, wo man nur noch »unter sich ist«.

Für viele unserer Zeitgenossen sind Technik und Weltraumfahrt so etwas wie ein Symbol dafür geworden, daß es eigentlich recht schön und sogar beschwingend sei, wenn der Mensch so sein Leben in die eigene Hand genommen habe, wenn er nun selber am Regiepult der Welt schalte und walte und wenn es nichts mehr gebe, was er nicht technisch oder organisatorisch zustande brächte. Der Mensch hat die

Aktienmehrheit in der Firma Schöpfung an sich gerissen. Er hat den sieben Schöpfungstagen einen neuen und achten hinzugefügt, der unter seiner Verwaltung und Verantwortung steht. Er hat längst überboten und wird noch weiter überbieten, was Gott an kümmerlichen Uranfängen des Weltbeginns zustande gebracht hat. Der Alte, der Senior-Chef, wird abgesetzt, und sein Wohnsitz, genannt Himmel, wird zur Domäne des Menschen erklärt. Wir im Westen sind vielleicht um einige Grade rücksichtsvoller und lassen jenen Senior-Chef noch halbwegs gelten. Wir denken zwar über die Aktienmehrheit des Menschen im Grunde genauso, aber wir sagen uns: Der Alte hat die Firma gegründet, und seine Jubiläen feiern wir noch. Weihnachten und Karfreitag haben wir zum Anstandsbesuch in unseren Terminkalendern vorgemerkt. Kein Wunder, daß das Christentum so langweilig und fade schmeckt. Jubiläumsbeziehungen pflegen immer wenig attraktiv zu sein.

Und nun sagt uns diese Geschichte: Jesus Christus hat mit unserem Durst und mit unserem Trinken zu tun. Er geht also die allerelementarste Schicht unseres Lebens an. Er hat mit dem zu tun, worauf ich auf gar keinen Fall verzichten kann und was meinen natürlichen Selbsterhaltungstrieb angeht. Auf geistige und musische Genüsse kann ich zur Not verzichten. Im Krieg haben wir das alle gemußt, und es ließ sich auch einigermaßen einrichten. Auf Kaviar kann ich bestimmt und auf das tägliche Brot zur Not eine Zeitlang verzichten. Aber selbst ein Hungerkünstler muß trinken. Durstkünstler gibt es nicht. So primitiv, so elementar ist das, was Jesus mit unserem Leben zu tun hat: »Wer durstig ist, der soll zu mir kommen und trinken. Setzt einer sein Vertrauen auf mich, wie die Schrift es sagt, dann wird Wasser des Lebens seinem Wesen entquellen und sich in Strömen ergießen.«

Nach was dürsten wir denn eigentlich? Zunächst müssen wir einfach zur Kenntnis nehmen, daß diese Frage offenbleibt. Es wird mit keinem Wort gesagt, daß die Menschen nach Gott dürsten oder nach Religion oder nach offenen Himmeln. Vielleicht wüßten wir selbst nicht einmal anzugeben, wonach es uns verlangt. Nur *daß* es sie auf irgendein Ziel hintreibt und daß sie von dieser Erfüllung ihrer Sehnsucht noch weit entfernt sind – das wissen sie. Vielleicht geht es ihnen ähnlich wie manchen Gestalten Wilhelm Raabes, die auch den großen Hunger in sich haben und nicht genau angeben können, wonach es sie hungert.

Freilich ist es nun paradox, daß Jesus ausgerechnet in dieser Situation, nämlich auf dem Laubhüttenfest, nach dürstenden Menschen ruft. Denn es ist ja ein Fest, auf dem sich das Volk in Scharen tummelt: mit Würstchenbuden, Ausschankzelten und allerhand Allotria (wenn wir den Fall ein wenig vergegenwärtigen...). Freilich: Ehe dieses traditionelle Weinlese- und Erntefest so in seinen heiteren Teil übergeht, hat man etwas getan, was wir heute bei Karneval und Kirmes *nicht* zu tun pflegen: Man ist nämlich damals in den Tempel, in die Kirche gepilgert – übrigens von weither, mit Sack und Pack, ziemlich mühselig und zu Fuß, jedenfalls nicht in gepolsterten Komfortbussen. Da hat man sich nun an die großen Taten Gottes erinnern lassen, an wunderbare Befreiungen aus der Knechtschaft, an gnadenvolle Erquickungen auf den Durststrecken in der Wüste, man hat gelobt und gedankt. Aber diese fromme Mitte des Festes war dann umkränzt von der Gaudi der großen Volksbelustigung. Die Feier der Weinlese ließ die Stimmung hohe Grade erklettern. Man hatte lange für die nachfolgenden Heiterkeiten gespart und fühlte sich nun innerlich und äußerlich satt.

Wenn Jesus nun ausgerechnet auf dem Höhepunkt und am Schlußtag eines solchen Festes die Dürstenden aufruft, dann könnte man fast vermuten, er habe sich in der Wahl des Zeitpunktes ein wenig vergriffen. Denn die Leute *haben* doch eben ihren Durst gestillt. Ihre religiösen Bedürfnisse sind befriedigt, und auch die trockenen Kehlen sind befeuchtet.

Ob es aber wirklich der falsche Zeitpunkt ist? Jesus Christus sieht tiefer. Er weiß, daß der Mensch gerade dann, wenn er seine Ziele erreicht hat und wenn er äußerlich saturiert zu sein scheint, stärker spürt als sonst, daß ihn eine große Leere umfängt, daß er vielleicht Luftgespinste gesponnen hat und weiter von dem Ziele gekommen ist.

»Und wenn man sich auch noch so sehr besäuft, die Bitterkeit, die spült man nicht hinunter«, sagt Erich Kästner in der »Lyrischen Hausapotheke«.

Fällt uns nicht gerade heute, wo es vielen wirtschaftlich wieder recht ordentlich geht und es mit dem Lebensstandard einigermaßen klappt, die Frage aufs Herz, ob dies nun wirklich der *Inhalt* unseres Lebens sei: einen fahrbaren Untersatz zu haben und bei eisgekühlten Drinks den Fernsehschirm zu genießen? In den nordischen Wohlfahrtsstaaten ist die Selbstmordziffer der Jugendlichen manchmal zu schwindelnden Höhen gestiegen. Es ist kein Liebeskummer und keine Angst vor Strafe, was sie in den Tod treibt, sondern es ist Langeweile, es ist Angst vor dem Leerlauf einer Lebensmaschinerie, die zwar wohlgeölt und bestens versorgt abläuft, die aber nichts mehr treibt. Boris Pasternak sagte noch kurz vor seinem Tod zu einem seiner Besucher: »Der Mensch suchte seine Sicherheit in Geld, im Besitztum, in Sachwerten ... In der Periode der Weltkriege, im Atomzeitalter bedeuten die Sachwerte aber nicht mehr das gleiche ... Wir haben zugelernt; wir sind im Dasein bloß zu Gast, sind Reisende zwischen zwei Stationen.«

Geht es vielen von uns, die einigermaßen saturiert sind, nicht ähnlich: daß wir irgendeine Fehlanzeige erstatten möchten und wissen nur nicht welche? Daß wir irgendeinen Durst in uns tragen und wissen nicht wonach? Daß wir uns auf einer Fahrt befinden und wissen nicht zu welcher Station? »Die menschliche Komödie fesselt mich nicht genügend. Ich bin nicht ganz von dieser Welt... Ich bin von anderswoher. Und dieses Anderswo jenseits der Mauern gilt es wieder zu finden. Aber wo liegt es?« (Jonesco, Tagebücher). Haben wir nichts mehr, worauf wir hoffen können? Und sind *darin* Langeweile und Leerlauf begründet?

Jesus Christus weiß schon, warum er den Augenblick der Sattheit gewählt hat, um die Frage nach dem Durst zu stellen. Denn die Menschen, die hier versammelt sind, *haben* Durst, und die Bibel ist voller Anspielungen darauf. Sie leiden unter der Anfechtung, daß Gott die Ungerechtigkeit in der Welt zuläßt, daß die Gottlosen »fette Wänste«

sind, die ihr Glück genießen, und daß die, »die immer Treu' und Redlichkeit üben«, ein Verlustgeschäft treiben. Sie leiden unter der großen
Stummheit Gottes, der das alles geschehen läßt, ohne dazwischenzufahren. *Das* also ist ihr großer Durst: in dieser ausgedörrten Welt
leiden zu müssen, ohne daß man wenigstens die Brunnen Gottes ein
wenig dazu rauschen hört. *Das* ist ihr großer Durst, die verzehrende
Sehnsucht in sich zu tragen, daß der ferne Gott doch *einmal* spürbar
werden und in die Nähe kommen möge, so daß man sagen kann: Das
war er, da hat er sich zum Wort gemeldet. Durst ist nur ein anderes
Wort für Hoffnung, die sich quält und an sich irre zu werden droht.

Die Frommen in Israel, die so hungern und dürsten nach der Gerechtigkeit, haben noch eine andere Eigenschaft: Sie verzichten darauf,
ihren Durst mit Ersatzstoffen zu stillen: mit Ideologien, Utopien und
falschen Göttern, mit goldenen Kälbern oder auch durch die Narkose
der Gleichgültigkeit. Sie halten ihren Durst aus. Sie bleiben hart an
der göttlichen Verheißung, daß einmal, einmal die Stunde kommen
werde, wo Gott sich in seiner Herrlichkeit zeigt. Und jetzt, so gibt
Jesus zu verstehen, ist diese Stunde der Erfüllung angebrochen. Er
selbst ist das Ereignis, in dem Gott mitten unter uns getreten ist.

Natürlich fragt man sich sofort, *wieso* das so ist und sein kann und ob
es nicht irgendein windiges Dogma sein könnte, wenn man das be-
hauptet. Müßte man nicht eher das Gegenteil vermuten? Erlebt die
Maskerade Gottes im Schicksal Jesu von Nazareth nicht gerade ihren
Höhepunkt, statt daß die Maske fiele und wir endlich, endlich Gott
von Angesicht zu Angesicht erblicken könnten? Ist Jesus nicht ein
Mensch, der – wie wir alle – Leid und Tod schmecken muß und über
dessen Galgen sich der Himmel verschließt, so daß er in einen letzten
Schrei der Verlassenheit ausbricht? Sollte also ausgerechnet bei *ihm*
unser Durst gestillt werden können, der Durst danach, daß Gott endlich einmal greifbar und handgreiflich in Erscheinung treten möge,
damit wir wissen, woran wir mit ihm sind, ob man mit ihm leben
kann oder ob er nur Opium für das Volk ist?

In ihm also soll die Erfüllung unseres Durstes sein? Wie kann das zugehen?

Wer diesen Heiland ansieht, wie er im ewigen Zwiegespräch mit dem Vater lebt und aus seinem Frieden kommt, wie er den Verzweifelnden nahe ist, wie er zu den Unreinen und Ausgestoßenen geht und den Kindern die Hand auf den Kopf legt, der hat einen Blick in das Herz des Vaters selbst getan und der kann das Leben nun aushalten. Dem können seine Rätsel und Qualen nichts mehr anhaben, weil er die Hand erblickt hat, die ihn hält – jene Hand, die ihm die Abgründe zwar nicht erspart, die ihn aber in allen Tiefen hält, die ihn auf jeder Flucht einholt und die ihm Frieden schenkt, wenn sein Gewissen in Unruhe ist.

Und noch eine geheime Andeutung enthält unser Text: Der Durst wird gestillt werden, wenn der Geist Gottes sein Werk an den Menschen tut und wenn sich herausstellt, daß Jesus Christus das auslösende Ereignis dabei ist. Was ist mit dieser Andeutung gemeint? Manchen mag sie wie ein mystisches Orakel dünken. Ich möchte das, was hier mit dem »Geist« gemeint ist, mit Lebenszusammenhängen in Verbindung bringen, die uns vertraut sind.

Wir haben alle schon einmal die Erfahrung gemacht, daß wir in einer verzweifelten Lage waren. Vielleicht quälte uns eine Schuld und raubte uns den Schlaf. Vielleicht drohten wir einen Menschen zu verlieren, ohne den wir nicht leben zu können meinten. Oder eine Operation stand bevor. Oder wir wußten nicht, wie wir unsere Schulden bezahlen sollten. Wir suchten nach einem tröstenden und Halt gebenden Wort. Und als wir so in unserem Gedächtnis herumkramten, da fielen uns einige Sprüchlein ein, die wir in Kindertagen gelernt hatten: »Meine Gedanken sind nicht eure Gedanken.« »Denen, die Gott lieben, müssen alle Dinge zum besten dienen.« »Sorget nicht für den andern Tag!« Aber es war merkwürdig: diese Worte hatten keine Kraft; sie lagen uns wie tote Kieselsteine in der Hand, so daß wir sie schließlich enttäuscht wegschleuderten. Wenn jemand seinen Geist aufgibt, wird er kalt und tot. Diese Worte aber schienen eben ihren Geist aufgegeben zu haben und ohne jeden Lebenshauch zu sein. Darum waren sie Vokabel-Leichname, mit denen wir nichts anfangen konnten.

Dort aber, wo Jesus Christus ist, stehen auch *diese* Toten auf, da wird den abgestorbenen Worten Geist eingeblasen, und da beginnen sie lebendig zu reden.

Wie das vor sich gehen kann, mag uns deutlich werden, wenn wir eine Kirche betreten. Auf ihren bunten Glasfenstern ist die biblische Geschichte dargestellt: vielleicht der verlorene Sohn oder die Auferweckung des Lazarus oder das Kreuz. Diese Bilder halten eine Predigt. Aber wenn wir außen um die Kirche herumgehen, sind die Bilder grau und stumm, und ihr Wort erreicht uns nicht. Erst wenn wir drinnen sind, beginnen sie zu leuchten und zu erzählen, zu trösten und zu richten. Denn das Licht, das sie von außen durchdringt, erfüllt sie mit Farbe und Leuchtkraft und macht sie lebendig.

Wenn das Neue Testament vom Heiligen Geist spricht, dann meint es dieses Wunder, daß wir plötzlich nicht mehr draußen, sondern drinnen sind, und daß die totgeglaubten Katechismusworte auf einmal griffig werden, daß sie aus Steinen zu Brot werden, von dem man leben kann und von dem Freude und Tragkraft ausgehen.

Aber auch hier ist es wie überall sonst: Es geht bei Jesus nie um ein bloßes Wunder an unserem Innenleben, um die Zweieinsamkeit zwischen Gott und unserer Seele. Der Nächste und unsere Umwelt sind immer dabei. Denn wer dieses Wort der Belebung an sich wirksam werden läßt, dessen »Wesen wird Wasser des Lebens entquellen und sich in Strömen ergießen«. Bei Jesus ist alles aufs Weiterreichen angelegt. Wer nur geistlich genießen und in frommer Selbsterbauung verharren will, der läßt das gehamsterte Lebenswasser in einem Tümpel stickig werden. Denn dieses Wasser bleibt nur lebendig, wenn es weiterfließt und den anderen mit zugute kommt. Wo Jesus Christus in unser Leben tritt, werden wir aktiv und hören auf, uns um uns selbst zu drehen. Wenn sein Feuer in uns zu brennen begonnen hat, kann es nicht verborgen bleiben, sondern dann wärmt und erhellt es auch die Menschen, mit denen wir umgehen. Die Stadt, die auf einem Berge liegt, kann nicht verborgen bleiben.

Wen dieser Geist zum Leuchten gebracht hat, der vertreibt einfach durch sein »Dasein« alles Dunkle, Zwielichtige, Dumpfe, wo immer er ist. Manches Unkraut und Zweideutige kann in seiner Gegenwart gar nicht erst hochkommen. Er braucht auch gar nicht immer fromme Reden zu führen. Es heißt ja nicht: Seinem »Munde« wird Wasser des Lebens entquellen, sondern von seinem »Wesen« wird es ausgehen; das heißt doch: einfach sein Dasein, sein pures Vorhanden-sein wird das alles ausstrahlen. Und vielleicht wird man sich dann auch für das *Wort* eines solchen Menschen interessieren. Haben wir einmal einen Menschen erlebt, der dieses alles ausstrahlte, einen Men-schen, von dem wir bekennen mußten – längst ehe wir sein Bekenntnis erfuhren –: Wir sind froh, daß es ihn gibt –?

Eine bedrängende Frage darf freilich nicht übersehen werden. Sie ist eine sehr ehrliche Frage, und wir Christen pflegen sie meist zu ver-drängen. Sie lautet so: Ist die Freude, die wir in der Verbindung mit Christus finden, nicht durch eine Beobachtung sehr gedämpft und getrübt: wenn wir nämlich sehen (oder zu sehen meinen), daß der Hoheitsbereich dieses Christus sich zunehmend verkleinert und daß er mehr und mehr an die Peripherie der Welt gedrängt wird? Wir singen hier fromme Lieder, und von hohen Kanzeln erklingt die alte Botschaft. Wenige Kilometer aber von hier, wo das Herrschafts-system des Atheismus etabliert ist – nun, da klingen jene Lieder und klingt jene Verkündigung zwar *auch* auf (denn dieser Herr hat seine Inseln und seine Enklaven auch in allen Meeren). Aber dieser Ton scheint unterzugehen im ideologischen Geschrei und in Haßtiraden, während um uns herum und unter uns die ebenso schlimme Flut der Gleichgültigkeit immer höher steigt. Kann Christus uns noch froh machen? Das ist die Frage. Können unser Durst und unsere Hoffnung inmitten einer Welt der Angst durch ihn noch gestillt werden, wenn wir bemerken, daß jene Mächte des Erstickens und Verstummen-Lassens immer stärker werden? Ich meine damit, wie gesagt, gar nicht nur die Herrschaft des ideologischen Atheismus, sondern ich denke auch an unser eigenes Gelände, das jenem Herrn mehr und mehr zu entgleiten scheint, denke an vielerlei Gestalten der Presse, die ihn in ihren Zeilen oder im geheimen zwischen den Zeilen höhnen oder ihn totschweigen, denke an die Himmelfahrtsschinkentouren mit Kreissäge und Gebrüll statt Freude an der Erhöhung des Herrn, denke an Horoskope und Geisterangst, die an die Stelle des Heiligen Geistes getreten sind, denke an die Parole, daß es nur noch ums Verdienen statt ums Dienen gehe – mit allen verheerenden Folgen, die das Gefüge unserer Gesellschaft unterspülen.

Sind das nicht auch die schrecklichen Signale einer Kapitulation, die bedenklichen Zeichen eines Vakuums, das den Geist des Unmenschen mehr und mehr in sich einsaugen muß? Was kann es uns schon bedeuten, wenn wir sagen müssen: *Ich finde Seelenfrieden in diesem Christus, ein Choral tut mir gut; ich weiß, was es heißt, ein befreites Gewissen bei ihm zu finden und mit allem, was mir Sorge macht, dem täglichen Brot und meinem Liebeskummer, zu ihm kommen zu dürfen?* Was nützen mir denn alle diese subjektiven und individuellen Vorteile der sogenannten Frömmigkeit, wenn das andere nicht mehr gewiß ist: ob nämlich sein Reich wirklich kommt und ob ihm denn wirklich alle Gewalt gegeben ist im Himmel und auf Erden? Wenn *das* nicht mehr feststeht und wenn die Zügel der Welt längst in andere Hände übergegangen sein sollten: ist der Trost des Frommseins *dann* nicht eine leere Sentimentalität und vielleicht nur noch ein Stücklein Vogel-Strauß-Politik?

Das alles sind ja gar nicht nur die bangen Fragen unserer Atom-Generation, sondern das alles klingt schon in der Botschaft der Propheten auf. Es hat schon das Hungern und Dürsten, hat die Anfechtung und die Hoffnung Israels ausgemacht. Auch hier taucht nämlich immer wieder die Frage auf, ob die Grenze Israels nicht auch die Grenze seines Gottes sei, ob Ägypten und Assyrien nicht andere Götter hätten und ob wir alle also (Israel und die Christenheit) nicht einen westlichen Provinzgott verehrten, ob unser Glaube nicht in Wirklichkeit eine sehr begrenzte – geographisch und historisch begrenzte – Ideologie sei, ob es also nicht bloß um einen christlichen »Sektor« auf der religiösen Landkarte gehe.

Wenn es so wäre, dann müßte ich bei diesem Versuch einer Verkündigung schleunigst abbrechen. Im besten Falle könnte ich noch den

Versuch machen, eine Lanze für ein paar westliche Humanitätsideale und unseren »way of life« zu brechen. Ich könnte aber nicht mehr ehrlicherweise den Herrn über Leben und Tod, den Gott des Gerichtes und der Gnade verkünden.

Weil die Propheten des Alten Bundes um diese kritische Frage wußten, haben sie leidenschaftlich gegen den Klein- und Irr-Glauben protestiert, daß ihr Gott nur eine lokale Größe und daß die Völkergeschichte seiner Regie entzogen sei. Auch die Kuschiten, Ägypter und Syrer (Hosea 9,7) gehorchen seinem Wink, selbst wenn sie von der gebietenden Hand, der sie unwissend folgen, keine Ahnung haben. Und wenn die andere Hemisphäre, wenn die feindlichen Völker mit ihren Göttern und Ideologien das Volk Gottes bedrängen, wenn die rote Apparatur oder auch die Wurstigkeit des westlichen Wohlstandsmenschen das Häuflein der Frommen dezimieren und schließlich nur ein paar alte Frauen um die Altäre hocken, dann ist das nicht ein Zeichen, daß Gott eine Schlacht verloren hätte und auf dem letzten Loch pfiffe, sondern dann hat er gerade seine heimlichen Siege errungen. Pharao, Nebukadnezar und Mao Tse-tung sind nur die Geißeln und Zuchtruten des Gerichts, die er in seiner Hand schwingt. Und auch für die Apokalyptischen Reiter gibt *er* das Startsignal. Auch die atheistischen Bereiche sind auf der Landkarte *Gottes* eingezeichnet. Und die roten Fähnchen, die den Vormarsch ideologischer Programme und auch der Unterspülungen inmitten unserer eigenen Welt bezeichnen, sind von seiner Hand aufgesteckt. Denn die Bereiche des Atheismus bezeichnen mitnichten die Räume, in denen Gott nichts mehr zu sagen und in denen der *Mensch* das Heft in die Hand genommen hätte. Sondern sie bezeichnen nur Menschengruppen, die in illusionären Träumen befangen sind und keine Ahnung davon haben, *wer* in Wahrheit der Herr im Hause der Welt ist. Darum ist Gott selbst es, der die Gipfelkonferenzen platzen oder auch gelingen läßt. Und er allein würde es sein, der es zuließe, wenn Sintfluten oder auch nukleare Sintbrände über uns kämen.

Gott ist nicht der Monarch der westlichen Welt, der sich ein paar kümmerliche Christen als Leibgarde hielte, während der größte Teil unseres Planeten von Cäsaren beherrscht wäre, die ihm gegenüber souverän wären und sich einen Spaß daraus machen dürften, seiner zu spotten. In ihm leben, weben und sind auch *sie*, und wenn er seinen Odem hinwegnähme, wären sie nimmermehr. Der Schlaganfall Stalins, die Rassenkämpfe und ideologischen Auseinandersetzungen geschehen auf seinen Wink, und selbst die Erdbeben in Chile und die Zuckungen der Natur sind ebenso wie Feuer, Flamme und Winde seine Diener, in denen er in Gerichten und Schocks, in Heimsuchungen und Signalen seiner Majestät den Erdkreis aufhorchen läßt.

Gott lebt ja gar nicht davon, daß Menschen an ihn glauben. Auch in der Urzeit, als es noch keine Dinosaurier, geschweige denn Menschen gab, schwebte sein Geist über den Wassern. Und wenn das Weltengrab am Ende alles verschlungen hat, geht er gebietend über das Gräberfeld. *Menschen* herrschen dadurch, daß sie Anhänger haben. *Gott* aber ist Herr auch über die erloschenen Planeten, auf denen niemand ihn kennt. Wenn sich das Ungeheure begibt, daß er Menschen zum Glauben erweckt, wenn er ihnen ein Licht aufgehen und sie seine Liebe spüren läßt, wenn er in seinem Sohn mitten unter sie tritt, dann nicht deshalb, weil er sich eine Hausmacht schaffen wollte auf Erden, sondern weil sich das Wunder seiner Liebe ereignet und weil sein Herz das Gegenüber sucht.

Ich meine, dies alles zu wissen sei Trost und sei Freude: Es hat Menschen vor uns gegeben – Patriarchen und Propheten –, die von denselben Problemen bedrängt waren wie wir. Wir *sind* ja gar nicht die »erste Generation«, die vom Blick auf den Globus und die geschrumpften christlichen Schraffierungen bedrängt wäre. Es ist trostvoll und beglückend, daß wir mit unseren Fragen mitten in der Gemeinschaft der Heiligen stehen und sehen dürfen, wie die Väter des Glaubens – nun nicht diese Probleme und Bedrängnisse »gelöst« haben, aber wie sie von ihnen »erlöst« wurden.

Die schwersten Fragen des Lebens werden ja niemals »gelöst« (wir erfahren niemals, warum Gott dies und das tut, warum ein Flugzeug abstürzt oder ein Bergwerksunglück geschieht). Aber wir werden von der zerstörerischen Gewalt dieser Fragen »erlöst«. Uns darf keine

Panik mehr überfallen, wenn wir den Sinn dessen nicht mehr verstehen, was Gott uns widerfahren läßt. Wir können nicht mehr an seiner Liebe irre werden, sondern wir lernen, an diese Liebe zu glauben, auch wenn wir die Ausführung nicht begreifen, die dieses Thema der Liebe sich wählt.

Darum blicken wir nicht mehr gebannt auf die Landkarte, um mit lähmendem Entsetzen das Vordringen des Antichrists zu verfolgen. Was wir da mit unseren natürlichen Augen sehen, ist trügerisch, weil sie uns nur das Sandmeer einer Wüste sehen lassen, in dem Gottes Fußspuren hoffnungslos verschwinden. Seitdem Jesus aber über die Erde gegangen ist, sind wir gewürdigt, nicht mehr auf die *Füße* Gottes blicken zu müssen, sondern einen Blick in das *Herz* Gottes tun zu dürfen und zu wissen, daß in ihm alle geborgen sind: die Dirnen und die Pharisäer, die Christen und die Atheisten, Amerika und Rotchina. Es stimmt wirklich, wie Goethe es auf seine Art geahnt hat: daß Orient und Okzident im Frieden seiner Hände ruhen und daß niemand den ausgebreiteten Armen des Vaters entrinnen kann.

So wissen wir denn, wo der Durst unserer Frage gestillt wird und wo in der Wüste die wahren Quellen rauschen. Darum – so gibt uns diese Geschichte zu verstehen – laßt alle Vorurteile fahren, ob aus Nazareth Gutes kommen könne, und hört einmal unbedingt wach und rückhaltlos auf sein *Wort*. Seht zu, ob da nicht etwas auf euch zufährt, was ihr in euren bängsten Sorgen und kühnsten Hoffnungen nicht für möglich gehalten habt. Bringt ihm euren Durst und euren Hunger, eure Angst und eure Langeweile, euer lädiertes Gewissen und euren Stolz und paßt auf, was nun passiert und wie aus seiner Nähe alles gewandelt hervorgeht. Macht ein Experiment mit Gott und wartet, wie er reagiert.

Die Intellektuellen und »Großkopfeten« in unserer Geschichte gingen jedenfalls wieder einmal in der falschen Richtung. Vielleicht waren sie allzu sicher und kannten das Hungern und Dürsten nicht mehr. Die kleinen Leute aber waren vorurteilslos genug, um den neuen Ton zu hören. Ihr Durst war es, der sie hellhörig machte für das Sprudeln der Quelle, und sie stellten in aller Einfalt fest: »Noch niemals hat ein Mensch so geredet wie der.« Er ist zwar nur ein »Mensch« für sie, mehr nicht – *noch* nicht. Sie waren ja nicht im christlichen Abendland aufgewachsen wie wir. Sie hörten nur die Glocken läuten und wußten nicht, wo sie hingen. Aber ein erster Anhauch seines Geistes hatte sie getroffen. Und nun konnten sie nicht mehr anders, als dieser Quelle nachzugehen. Dann aber werden sie aufblühen. Der Leerlauf wird zu Ende sein. Das Leben kann von vorne beginnen. Denn hier ist einer, der alles neu macht.

KANN GOTT STERBEN?

Im Vorbeigehen fiel der Blick Jesu auf einen Mann, dem von Geburt an das Augenlicht fehlte.
Da fragten ihn seine Jünger: »Meister, woran liegt das? Wer hat gesündigt, er selbst oder seine Eltern, daß sein Leben in Blindheit begann?«
Jesus erwiderte: »Weder er noch seine Eltern haben das verschuldet. Er ist blind, damit Gottes Taten daran verdeutlicht werden.«

JOHANNES 9, 1–3

Diese Geschichte kreist um die alte und von uns so oft besprochene Frage, warum es in der Welt sinnloses und qualvolles Leiden geben darf – und wie Gott das zulassen könne. Wir brauchen nicht einmal an das Massensterben in Kriegs- und Elendsgebieten zu denken, damit uns diese Frage überfällt. Es genügt der Blick auf einen Verkehrsunfall, der eine junge Mutter ihren Kindern entreißt. Es genügt ein einziger Fall von multipler Sklerose oder der Anblick eines Krebskranken im Endstadium, damit unser Glaube an eine göttliche Weltregie und erst recht an einen gütigen Vater im Himmel sich in Frage gestellt sieht.

Ein schrecklicher Vorgang, dessen »Augenzeugen« wir sind, ist eine Realität. Der Gott, an den wir glauben, hat aber keine Realität von der Art, daß wir ihre Augenzeugen zu werden vermöchten. Wir vertrauen einem Unsichtbaren. Kann dieser Unsichtbare aber dann in der Konkurrenz mit dem bestehen, was wir eben in seiner Grausigkeit »sehen«? Wird er also nicht durch den Augenschein widerlegt?

Das war so schon die Frage Hiobs. Und es mag uns ein Trost sein, daß es nicht erst unsere modernen Fragen sind, die uns in solche Bedrängnis stürzen. Auch die großen Glaubenden von einst, auch die Menschen der Bibel, haben diese Abgründe durchschreiten müssen. Auch bei ihnen stellten sie das in Frage, was ihr Leben trug. Auch sie schrien aus Jammertälern und aus der Bedrängnis durch das Grausige und Ungerechte, während Gott zu schweigen oder abwesend zu sein schien.

Die Frage, warum es »Leiden« in der Welt geben müsse, ob Götter oder Menschen hierbei als Schuldige beteiligt seien, ist eine der ältesten und zähesten Menschheitsfragen überhaupt und wahrscheinlich die schwerste von allen. In der Ödipus-Tragödie des Sophokles bildet sie ebenso das beherrschende Thema wie in unserer Zeit bei Albert Camus. Und immer geht es dabei um die Frage nach einem Sinn, den man nicht sieht und den man doch sehen müßte, wenn man mit dem Leiden fertig werden und seinen Frieden wieder finden soll.

Man braucht aber nicht einmal an die extremen Fälle von Leiden und Qual zu denken, um auf diese Anfechtung durch das Sinnlose zu stoßen: Auch aus dem Leerlauf unseres täglichen Routinebetriebes, aus »des Dienstes ewig gleichgestellter Uhr« kann uns die Frage anspringen, was das alles denn überhaupt soll und ob das nicht eine Zirkelbewegung im luftleeren Raum sei. Darauf deutet Camus, wenn er sagt: »Aufstehen, Straßenbahn, vier Stunden Arbeit, Essen, Schlafen, Montag, Dienstag, Mittwoch, Donnerstag, Freitag, Samstag, immer derselbe Rhythmus – das ist sehr lange ein bequemer Weg. Eines Tages aber steht das ›Warum‹ da, und mit diesem Überdruß, in den sich Erstaunen mischt, fängt alles an.«

Was fängt an? Nun, Camus meint: Durch diese Frage fängt der Mensch an, wirklich Mensch zu sein. Denn im gleichen Augenblick, wo er die Frage nach dem »Warum« stellt, döst er nicht mehr dumpf dahin, sondern wird sich nun selbst zur Frage. Jetzt stellt er Überlegungen an, wer er überhaupt ist und was er mit sich machen, was er aus sich machen soll.

Nun wird sich sofort und gerade heute eine Anzahl Menschen und Gruppen finden, die darauf hinweisen, dieses Ringen mit dem Sinn des Leidens sei nur eine gigantische Spiegelfechterei. Solche Fragen nach dem Sinn würden ja sofort überfällig, wenn man die gesellschaftlichen Strukturen änderte und für Recht und Gerechtigkeit sorgte. Alle Probleme, wie Gott das zulassen könne, würden sich damit ganz von allein erledigen. Auch die Gottesfrage selbst werde sich als belanglos erweisen, sobald nur der Mensch beginne, das Diesseits energisch und planvoll in die eigene Hand zu nehmen.

Ich fürchte allerdings, daß diese Auskunft schon an ihrer banalen Wirklichkeitsfremdheit scheitert. Selbst wenn alle Utopien einer vollkommenen Welt verwirklicht würden (nur angenommen einmal!): sollten dann wirklich Leerlauf und Sinnlosigkeit aufhören? Könnte es nicht ganz anders kommen? Würde der wohlgesättigte und programmierte Roboter »Mensch« nicht im glattgeölten Spiel gesellschaftlicher Apparaturen vielleicht erfrieren und erst recht die Camus-Frage nach dem Warum und Wozu stellen? Und werden die Menschen, die doch auch in einer Welt der Perfektion (wenn es sie überhaupt gibt) immer noch »Menschen nach dem Sündenfall« sein werden, nicht weiterhin an sich leiden? Sollte es keine Intrigen, keine Selbstsucht, keinen Neid und keinen Aggressionstrieb mehr geben? Selbst Herbert Marcuse hat gelegentlich zu verstehen gegeben, daß er etwas von diesem Unaufhebbaren weiß.

Ich fürchte, die Frage, warum es Leid und Schmerz in der Welt gibt, welchen Sinn das hat und wie es in Einklang mit dem Glauben an einen gütigen und allmächtigen Gott zu bringen sei, diese Frage wird nicht verstummen bis zum Jüngsten Tag. Und keine Weltveränderung, keine Revolution kann diese Frage zum Schweigen bringen.

Mit dieser Frage setzt auch unser Text ein: Ein Blindgeborener ist offenbar ein sehr eklatanter Fall von Sinnlosigkeit, ein Fall, der einen Mißton in die Symphonie der Schöpfung bringt und sie damit kompromittiert. Ein einziger Ausweg aus dieser Blamage Gottes scheint sich noch anzubieten: wenn sich nämlich zeigen ließe, daß hier eine Schuld vorangegangen sei – eine Schuld, die diese Blindheit als »Strafe« nach sich gezogen habe.

Leiden als Strafe hätte ja in der Tat einen Sinn. Und damit wäre das Blindheitsgeschick dann verstehbar geworden. Es würde dann als gerecht und insofern auch als »gerechtfertigt« erscheinen. Die Leute, die hier dem Herrn die Frage stellen: »Wer hat gesündigt..., daß sein Leben in Blindheit begann?« wollen genau auf dieses Kalkül hinaus. Im damaligen Judentum war diese Lösung des Leidensproblems übrigens gang und gäbe. Indem man nach Schuld suchte, wollte man den Ruf der göttlichen Gerechtigkeit retten.

Jesus aber lehnt es ab, sich auf die Konstruktion solcher Zusammenhänge zwischen Schuld und Leidens-Schicksal einzulassen. Man soll, so sagt er, nicht die Frage stellen, »warum« und aufgrund welcher metaphysischen Ursache dieser Mann mit dem Schicksal der Blindheit behaftet sei. Sondern man müsse umgekehrt fragen, nämlich so: »Wozu«, das heißt zu welchem Zweck sind seine Augen blind und lichtlos geblieben? Dann aber lautet die Antwort: Er ist blind, damit Gottes Herrlichkeit an ihm offenbar werde. Und diese Herrlichkeit leuchtet auf in dem Heiland, der ihm in diesem Augenblick begegnet.

Er ist ja das »Licht der Welt«. Um ihn zu sehen, werden die toten Augen erweckt. Der Hauch der Auferstehung rührt auch diesen Tod des Auges an. Und wenn es so erweckt ist – von *ihm* erweckt ist! –, dann erblickt dieses einst tote Auge Wunder und Gnaden, die den sogenannten gesunden und normalen Augen in der Regel entgehen.

Den Herrn sieht man nur, wenn man durch den Tod gegangen ist und von ihm auferweckt wird. Wie viele haben ihn reden hören (mit gesunden Ohren!), und wie viele haben seine Taten gesehen (mit gesunden Augen!) – und dennoch haben sie gerade *nichts* gehört und haben auch nichts gesehen. Sie inspizierten ihr neues Joch Ochsen, oder sie spielten abends Skat an ihrem Stammtisch, und alles war vergessen. Als er dann gekreuzigt wurde, genossen sie vielleicht die Sensation oder weinten sentimentale Tränen. Aber sie sahen nichts von der ungeheuren Veranstaltung Gottes, die hier vor sich ging. Ihre gesunden Augen waren gehalten, und ihr ebenso gesunder Menschenverstand sprach nicht an. Dem einst Blindgeborenen und nunmehr Geheilten aber – ich stelle mir einmal vor, er sei auf dem Hügel Golgatha dabeigewesen –, dem wurde dieses düstere Geschehen transparent. Der erkannte den wieder, der ihm als das Licht der Welt aufgegangen war. Und als die Sonne ihren Schein verlor, da merkte er, daß im Dunkel der Golgathanacht die »Sonne der Gerechtigkeit« ihren Lauf antrat und daß Gott das Werk der Erlösung in Gang setzte. Sein erneuertes Auge vollzog eine Überblendung, so daß das Kreuz plötzlich kein bloßer Galgen mehr war, sondern das Hoheitszeichen der neuen Welt Gottes.

Aber was kann *uns* diese Geschichte bedeuten? Etwa dies, daß auch wir nicht mehr fragen sollen: »Warum geschieht mir das?« Sondern daß wir statt dessen fragen: »*Wozu* hat Gott mir das geschickt?«

Sollte es wirklich so einfach sein, mit dem Problem des Leidens fertig zu werden? Sollte man nur die Fragestellung ein wenig zu verändern brauchen? Ist das nicht möglicherweise nur ein billiger Trick?

In unserer Geschichte stimmte es ja, daß das Leiden der Blindheit auf ein ganz bestimmtes Wozu hin ausgerichtet war, nämlich auf diese eine Stunde hin, wo Jesus von Nazareth den Weg dieses Mannes kreuzen und ihm die Herrlichkeit Gottes aufgehen lassen würde. Aber läßt sich das nun so einfach verallgemeinern? Kann man denn wirklich sagen, daß jeder Flugzeugabsturz, jeder Hunger- oder Unglückstod eines Kindes »zu etwas« gut sei und also seinen Sinn habe? Welcher Sinn sollte das denn sein? Ich fürchte, hier kommen wir entweder ins Stottern oder fangen an zu spekulieren oder werden ganz einfach phrasenhaft.

Und wieder dürfte Camus hier die ehrlichere Antwort geben (der Name dieses Kämpfers um das Absurde drängt sich bei unserem Thema immer wieder auf). Denn Camus läßt eine seiner Gestalten, den Arzt Dr. Rieux, einmal sagen: »Ich werde mich bis in den Tod hinein weigern, die Schöpfung zu lieben, in der Kinder gemartert werden.« Wo dies Schreckliche geschieht, da verstummen wir, da versagt sich jede rationale Antwort, und in der Richtung unserer Wozu-Frage wird alles dunkel – auch »theologisch«. Ein Theologe, der für alles eine vorgestanzte Antwort parat hat, ist unerträglich.

Und hat Jesus von Nazareth nicht selbst eine Andeutung dieser Art gemacht, eine Andeutung, die uns verbieten soll, eine Lehre vom Leidenszweck aus diesem Geschehen zu machen und in allem das sinnvolle Wozu zu erkennen? Sagt er nicht, daß die Blindheit dieses Mannes allein durch ihn, durch die Begegnung mit dem Heiland, ihren Sinn gewinne, daß dies aber ein besonderes, ein einzigartiges Geschehen sei und daß später die »Nacht kommen werde, da niemand wirken kann«?

Durchleben wir nicht jetzt und »nach« Christus tatsächlich diese Nacht, in der nicht mehr zu erkennen ist, wozu das alles gut sein soll, was uns erschreckt: die Vergewaltigung eines Kindes, der Mord an den Gebrüdern Kennedy, das einsame Verlöschen in den Altersheimen, die Mißbildungen der Contergan-Kinder? Wenn aber diese Nacht begonnen hat, da niemand dagegen wirken kann und da auch kein Mensch den Sinn zu entdecken vermag, dann ist diese Nacht ja auch eine Art Gottesfinsternis, dann ist sie ein Dunkel, in dem Gott uns zu entschwinden scheint.

Damit wird die Nacht der Sinnlosigkeit noch dunkler, und »die Wüste wächst«. So läßt Nietzsche seinen »tollen Menschen« den Tod Gottes verkündigen. Und diese Idee, daß Gott tot sei, geht seitdem und schon vorher in vielerlei Abwandlungen durch die neuere Geistesgeschichte.

In unserer Generation gibt es selbst Theologen, die sich zu dieser Idee bekennen: »Gott«, sagen sie, das ist »Jenseits«, das ist »theistische Metaphysik«. Nach drüben aber ist die Aussicht uns verrannt. Uns ist das Diesseits und seine Gestaltung aufgegeben. Was uns bei diesem Trümmerfeld der Religion allenfalls geblieben ist, das ist nur die menschliche Gestalt Jesu – jene Gestalt, die unser Menschengeschick auf ihre Schultern geladen hat, die bei uns bleibt inmitten des entgötterten Diesseits und die uns durch ihre exemplarische Größe eine Ahnung von dem vermittelt, wozu der Mensch entworfen sein könnte und was an Möglichkeiten in ihm steckt.

»Gott ist tot«, das heißt jedenfalls: Er ist uns gestorben, er ist abwesend, er bedeutet uns nichts mehr. Die Welt ist sich selbst und ihren eigenen Gesetzen überlassen. Das und nichts anderes ist der Grund dafür, daß es das blinde Würfelspiel des Zufalls und daß es sinnloses Leiden gibt. Das ist auch der Grund dafür, warum alle Versuche gewaltsamer Sinndeutungen nur Versuche am untauglichen Objekt sind und warum sie zur Illusion und zum »Dichtererschleichnis« führen. In der großen Tod-Gottes-Vision Jean Pauls erwachen die toten Kinder in ihren kleinen Gräbern und fragen den Gottessohn: »Jesus! Haben wir keinen Vater?« – Und er antwortet mit strömenden Tränen: »Wir sind alle Waisen, ich und ihr, wir sind ohne Vater.« Und weil kein Vater ist, ruft Jesus: »Starres, stummes Nichts! Kalte, ewige Notwendigkeit! Wahnsinniger Zufall!«

Darum hat auch das Leiden des Blindgeborenen und erst recht das so viel größere Leiden der vergasten Juden keinen Sinn, sondern es beruht nur auf willkürlichen, eben zufälligen Überschneidungen von Kausalitätsketten. Und aus diesem Grunde (dieses Wort fiel auf dem Kölner Kirchentag) kann man nach Auschwitz nicht mehr das Loblied singen: »...der alles so herrlich regieret«. Was wir erlebt haben,

263

ist nur ein Exzeß des Wahnsinns, aber es ist weiß Gott nicht »herrlich« und ist weiß Gott auch kein Zeichen dafür, daß wir »regiert« werden. Wir sind allein, dem Spiel von Kraft und Stoff überlassen. Wir sind allein, so sagt Jean Paul, in der »weiten Leichengruft des Alls«.

Wer von uns wagt gegenüber diesen ehrlichen Verzweiflungen noch den Mund aufzutun? Wer ist aus der konventionellen Gemeinde überhaupt bereit, diese Rufe aus der Tiefe, diesen Schrei aus der Gottesfinsternis auch nur zur Kenntnis zu nehmen? Sollen wir weiter – unberührt davon – unsere Liturgien zelebrieren, während Brüder und Schwestern dicht neben uns von der Sinnlosigkeit des Leidens erdrückt werden, während das Antlitz des Vaters im Himmel ihnen entschwindet und sie sich mit letzter Kraft gerade noch an den Menschen Jesus von Nazareth klammern?

Die theoretischen Argumente, die man gegenüber dieser Vision der Leere und der verlassenen Mondlandschaft geltend machen könnte, wollen einem im Halse steckenbleiben. Selbst das biblische Wort gegenüber den Rätseln des Menschengeschicks: »Was ich tue, das weißt du jetzt nicht, du wirst es aber hernach erfahren« – selbst dieses Wort will uns kaum über die Lippen. Könnte der Hinweis auf den »hernach« sich enthüllenden Sinn nicht ebenfalls Illusion sein?

Nur *einer*, so meine ich, hätte das Recht und dann auch die Legitimation, dieses »Dennoch« des Glaubens zu sprechen und den lebendigen Gott in seiner Anwesenheit zu bezeugen – allen Wüsten des Schweigens und aller Sinnlosigkeit zum Trotz. Dieser eine, der das dürfte und dem wir das abnehmen könnten, müßte ein Christ sein, der das Lob Gottes mitten im finstern Tale *selbst* zu singen vermocht hätte, in jenem Augenblick also, wo ihn kein väterliches Antlitz, sondern wo ihn nur die Fratze des seelenlosen Schicksals anzublicken, anzustarren schien. Wer den lebendigen Gott nicht nur in feierlichen Domen und nicht nur im Rahmen bürgerlich-christlicher Tradition zu loben wußte, sondern wer diesen Lobgesang anzustimmen vermochte beim Eintritt in die Gasöfen und unter den Folterungen der Henker, wer das könnte: der *allein* hätte den Spuk und den Alptraum vom Tode Gottes vollmächtig widerlegt und zum leeren Schaum degradiert.

Dem allein könnten wir den Satz »... der alles so herrlich regieret«, noch abnehmen.

Hat es denn solchen Lobgesang in der Hölle je gegeben? Haben wir Zeugnisse, daß einer den Himmel offen sah, wo andere nur einen verlassenen Thron Gottes erblickten?

Wir wissen von Stephanus (Apostelgeschichte 7,54 ff), daß er den Himmel offen sah, als der Steinhagel seiner Mörder ihn traf, und daß er seinen Herrn zur Rechten Gottes erblickte. Bei der Rede, die zu seiner Hinrichtung führte, so heißt es, habe sein Angesicht geleuchtet wie eines Engels Angesicht (Apostelgeschichte 6,15) – während doch die Tötung eines Zeugen gerade die Widerlegung Gottes zu sein scheint. Genau dasselbe Zeugnis wider den Tod Gottes ist aber auch in *unserer* Zeit abgelegt worden: in Auschwitz und Dachau und Ravensbrück, auch im Warschauer Getto. Carl Zuckmayer berichtet in seinen Erinnerungen von einem katholischen Pfarrer, der im KZ Ravensbrück jeden Morgen, wenn der Pfiff zum Wecken aufschrillte, mit lauter, über den Lagerplatz hallender Stimme das Gloria Patri sang – allen Prügeleien und Quälereien zum Trotz, die er täglich dafür auszuhalten hatte. Und Heinrich Grüber erzählt in seiner Biographie eine ähnliche KZ-Szene: Der Seelsorger des Lagers, ein Mit-Leidender und ein Tröster seiner Kameraden, ein fester Halt dieser schwer geprüften Gemeinschaft, wird zur Tötung abgeholt – wahrhaftig das Sinnloseste in einer an sich schon sinnlosen Situation. War dies nicht wirklich eine ostentative Widerlegung Gottes, ein schauriges Zeugnis für seinen Tod? Und in diesem Abgrund, wirklich in diesem Abgrund der Verlassenheit, kommen nun die Christen im Lager heimlich zusammen. Sie schämen sich ihrer Tränen und ihrer Gedankennot nicht, aber sie beten den 56. Psalm, der in einen Lobgesang mündet:

> »Sammle meine Tränen in deinen Krug,
> Ohne Zweifel, du zählst sie ...
> Doch dieses weiß ich, daß du mein Gott bist ...
> Ich will rühmen des Herrn Wort ...
> Was können mir Menschen tun?«

Nicht wahr: Hier wird in actu, hier wird inmitten der Situation des göttlichen Schweigens jene Rühmung und jenes Bekenntnis gesprochen, von dem man später sagen wird, daß dieses nach Auschwitz nicht mehr möglich sei.

Wer von beiden hat recht?

Ich glaube, daß gerade der Ernstfall die eigentliche Tiefe dessen freigibt, was unser Glaube an Wahrheit enthält. In Auschwitz und Ravensbrück *war* der Ernstfall. Und hier wurde Gott gelobt. Wir sollten auf diese Zeugen des Ernstfalles hören.

Ein solcher Ernstfall war es auch, als die drei Astronauten von Apollo X in der schauerlichen Leere des Weltraums den Mond umkreisten. Auf der Erde, inmitten dieser kosmischen Oase und ihrer Bequemlichkeit, faselt man unterdessen, daß der Himmel Gottes sich nun als leer erwiesen habe und daß menschliche Computer die Herrschaft über das an sich gerissen hätten, was man einst der Weltregierung Gottes zuschrieb. Diese drei Weltraumfahrer aber lasen, während sie in der Ferne des Weltalls, von Katastrophen umlauert, dahinflogen, abwechselnd die biblische Schöpfungsgeschichte: »Am Anfang schuf Gott Himmel und Erde.« Alle sieben Schöpfungstage lasen sie vor, und viele von uns haben ihre Stimme aus dem Weltraum gehört. Ein anderes Mal sprach der Kapitän des Raumschiffes ein Gebet für seine Gemeinde auf der Erde und für den weihnachtlichen Frieden. Als er »Amen« sagte, sprachen die Männer an den Kontroll- und Befehlsgeräten im NASA-Weltraumzentrum laut dieses »Amen« mit. Ich war im vorigen Jahre selbst in Houston und habe zu den Astronauten, den Physikern, Technikern und Weltraummedizinern der NASA gesprochen, und sie haben auch mit mir geredet. Ich weiß aus diesen Gesprächen, daß das gemeinsam gesprochene »Amen«, das jenes Gebet aus dem Weltraum bestätigte, keine leere Phrase war. Im Gegenteil: Dieses Zwiegespräch zwischen Erde und Himmel halte ich für eine erhabene Rühmung Gottes und für ein überwältigendes Zeugnis wider seinen angeblichen Tod. Ich kenne Leute, die dabei weich geworden sind.

In der Leere des Raumes, inmitten der Marterung durch sinnloses Sterben und Umgelegtwerden ist also dies Zeugnis zum Himmel emporgestiegen – im Vertrauen darauf, daß Gott auch *dann* hört, wenn er schweigt, daß er auch *dann* wirkt, wenn die Welt sich selbst überlassen zu sein scheint. Bei Hiob heißt es einmal von Gott, daß er Lobgesänge gibt in der Nacht (Hiob 35,10). Die Nacht aber ist hier das unbegreifliche Geschick, das uns fast an Gott irremachen könnte. Nicht nur der Hilferuf, auch der Lobgesang kommt aus der Tiefe. Er kommt selbst aus dem Feuerofen Nebukadnezars (Daniel 3).

Aber ist dieser Aufschwung aus der Leidenstiefe zu Gott hin, ist dieser Lobgesang, mit dem man sich über die bedrängende Lage emporschwingt, möglicherweise nicht doch nur eine Art feiger Flucht, ein kleiner religiöser Opiumrausch sozusagen, in den man sich versetzt, weil man ohne die Stützen solchen Glaubens zusammenbrechen würde, weil man also die Trostlosigkeit des Lebens sonst nicht ertrüge?

Angesichts der Zeugnisse des Ernstfalles, die ich soeben vorgebracht habe, fällt einem diese Frage freilich schwer. Ob man denn wirklich, wenn man in dem tiefen dunklen Loch sitzt, noch die Kraft und auch die Lust hätte, sich einen Vater überm Sternenzelt zu erdichten? Halst man sich damit denn nicht nur eine zusätzliche Last auf – die Last nämlich, zu allem anderen auch noch den krassen Widerspruch auszuhalten zwischen dieser »theistischen Vatergestalt« *und* dem höchst unväterlichen Wahnsinn, der über einen verhängt ist? Wäre es nicht viel leichter, sich totzustellen wie ein Tier und zynisch oder heroisch das blinde Spiel des Zufalls zu ertragen? Ich habe für meine Person auch nie erlebt, daß ein Mensch, während er im dunklen Loch sitzt, zu solchen religiösen Traumerfindungen gegriffen hätte. Wohl aber habe ich in Kriegs- und Schreckenszeiten viele erlebt, die sich dem Fatalismus ergaben und das Wort »Schicksal« vor sich hinmurmelten, wenn der Strahl der Vernichtung sie traf.

Offenbar passiert doch etwas völlig anderes, wenn jemand »Lobgesänge in der Nacht« singt und wenn er in der Finsternis des Blindgeborenen oder auch in Terror- und Hungersnot zu sagen lernt: »Den-

267

noch bleibe ich stets an dir.« Wenn jemand das tut und dazu in der Lage ist, dann kann man sich auf eines unter allen Umständen verlassen: Dann hat er nämlich *vorher* schon und auf ganz *andere* Weise seine Erfahrungen mit Gott gemacht. Dann hat er vielleicht an der Gestalt Jesu gemerkt, wer dieser Gott ist: daß er dem Verlorenen in seine Fremde nachgeht, daß er in Liebe und Trauer allen Hohn und jedes Nein erträgt, das man ihm entgegenschleudert; daß er freilich auch ein Gott des Dunkels ist, der sich nicht billig greifen läßt wie ein Fetisch oder ein Götze: ein Gott, der das Rätsel von Golgatha inszeniert und seinen Sohn in Verlassenheit enden läßt und der gleichwohl in dieser Dunkelheit zur Stelle ist, so daß der Gekreuzigte am Schluß sein Haupt voller Frieden neigen kann.

Wer Gott auf diese Weise, wer ihn an der Gestalt *Jesu* erfahren hat, der wird nun gewiß auch dann nach ihm Ausschau halten und auch dann nach ihm rufen, wenn er durch die Fluten der Trübsal und der Sinnlosigkeit muß. Denn er trägt ja nun eine Gewißheit im Herzen, die nicht von dieser Welt ist und die ihm deshalb auch durch nichts genommen werden kann, was in dieser Welt geschieht. Zwar kennt auch er den Sinn dessen nicht, was ihm an dunklen Schickungen widerfährt. Hier ist er genauso mit dem Nichts konfrontiert wie jeder Atheist. Er wird es sich sogar *verbieten*, an solchen Sinnkonstruktionen zu basteln, weil es ihm als Hybris erschiene, etwas wissen zu wollen, was allein Gott selbst vorbehalten ist. Nein, auch er weiß keinen Sinn, *aber* – er glaubt und vertraut dem, der den Sinn weiß. Er setzt ganz einfach *deshalb* alles auf dieses Vertrauen, weil er in Jesus Christus Gott selbst ins Herz geschaut hat. Hier sieht er, daß dieses Herz randvoll ist von Liebe, von einer Liebe, die bis zum Stall von Bethlehem und zum Kreuz von Golgatha, zu den Hungernden und Dürstenden, zu den Erniedrigten und Beleidigten und den verwundeten Gewissen herabgeneigt ist. Er sieht zugleich, daß diese Liebe Gottes eine verborgene oder – wie Luther sagt – eine »unter dem Kreuz verdeckte Liebe« ist, eine Liebe also, die nicht einfach und billig auf der Hand liegt, sondern die der Glaube inmitten der Finsternisse festhält, um sie dann allerdings übermächtig zu erfahren.

Wenn das aber so ist, dann liegt gerade in Leid und Schmerz, dann liegt sogar im Erlebnis des Sinnlosen und Absurden eine Verheißung: Gerade dieses Dunkel, gerade diese Verwirrung der Linien kann uns ja nun geneigt machen, unseren Blick erst recht auf das Herz aller Dinge zu lenken und uns Gewißheit und Hoffnung dort zu holen, wo beides allein zu finden ist: bei dem Einen und Einzigen, von dem es im Weihnachtsliede heißt: »Er ist auf Erden kommen arm, daß er unser sich erbarm.«

Darin mag es begründet sein, daß alle großen Glaubenden auch immer Leidende gewesen sind, daß sie mit der schwarzen Wand und dem Nichts konfrontiert waren, daß sie schwerste Glaubenskrisen durchmachten, bis sie am Ende gerade das, was sie zur Verzweiflung getrieben hatte, als Heimsuchung, als Nach-Hause-Suchung erfuhren. Und darin mag es umgekehrt begründet sein, daß Menschen eines ungebrochenen und satten Wohlstandes so oft die Betrogenen sind: Ihr Leben kennt keine Tiefe, aus der sie das Rufen lernen könnten. Darum gibt es wohl eine Krankenhaus-, aber keine Playboy- und auch keine Cocktailparty-Seelsorge.

Ob es also wirklich erlaubt ist, vom Tode Gottes zu reden? Ob es nicht möglicherweise genau umgekehrt ist: daß wir selber erstorben sind und aus unserem Tode erweckt werden müßten? Wir sind von lauter Verheißungen des Lebens umstellt, und die Verheißung des Herrn: »Ich bin bei euch alle Tage bis an der Welt Ende«, ist nach wie vor in Kraft. Aber wollen wir denn überhaupt bei ihm sein? Er klopft an; aber tun wir ihm denn auf? Das ist die Frage, auf die alles ankommt.

Kürzlich erschien das Buch des tschechischen Kommunisten Vítězslav Gardavský »Gott ist nicht ganz tot«. Hier spricht jemand über Religion und Atheismus, der aus dem Gedankenraum des dialektischen Materialismus kommt. Er bezeichnet sich auch selber als Atheisten und ist davon überzeugt, daß er es ist. Aber dieser Marxist liest nun die Bibel. Er liest sie unbefangen, gleichsam neugierig. Er ist in keiner Weise belastet durch irgendeine christliche Tradition. Da er die Bibel durch die marxistische Brille liest – genauso, wie die Griechen und die Juden und die alten Germanen zu ihrer Zeit ja auch ihre Spezialbrille hatten –, ergeben sich oft wunderliche, manchmal auch faszinierende Perspektiven. Es kommt, so könnte man sagen, zu einer Verfremdung des Bibelbuchs, die ganz neue Anstöße des Verstehens vermitteln kann. »Dieses Buch« – gemeint ist die Bibel – »wird schwerlich ganz in Vergessenheit geraten«, sagt er, »die Menschen werden auch kaum jemals ihm gegenüber ganz gleichgültig werden.« Und ein anderes Mal: Die Bibel »ist zu jenen Büchern zu rechnen ..., die man gelesen haben muß, wenn man nicht ärmer sein will als andere Menschen«.

So hat denn das ewige Wort, das in diesem Buche enthalten ist, seine *Geschichte* mit Gardavský begonnen – eine Geschichte, wie sie immer von höherer Hand in Gang gesetzt wird, wenn jemand nur bereit ist, sich damit einzulassen.

Am Konfessionslineal gemessen, ergeben sich freilich oft wundersame Zacken und Abweichungen, die einen Christenmenschen schokkieren können. Aber was soll das? Vielleicht ist es hier ähnlich wie bei dem, was wir bei der Geschichte vom blutflüssigen Weib festgestellt haben: Diese Frau war, so sahen wir, ganz im Denkschema der Magie befangen. Und so suchte sie denn, wie das ja magischen Praktiken entspricht, mit ihrem Finger einen physischen Kontakt mit dem Gewand Jesu herzustellen. Dadurch erhoffte sie eine Kraftübertragung – eine höchst »unchristliche« Vorstellung! Aber der Herr war großzügig und ganz undoktrinär. Er nahm diesen Menschen an, der aus ganz heidnischen Regionen den Weg zu ihm suchte.

Gardavský fragt ebenso – darin sehe ich hier die Parallele – nach der biblischen Wahrheit aus einer ganz unchristlichen Ecke, in diesem Falle vom Denkschema des Marxismus her. Aber auch er hat die Gestalt Jesu, genau wie jenes Weib bei Markus, am Saum seines Gewandes berührt. Er steht dem Christus noch nicht Auge in Auge gegenüber, er antwortet ihm auch nicht – noch nicht! – mit einem christologischen Bekenntnis, wie das die Kirche tut. Er nähert sich gleichsam, wiederum wie jene Frau, »von hinten«. Ob nun die Geschichte so weitergeht wie im Neuen Testament: daß sich der Herr herumdreht und die Frage stellt: »Wer hat mich angerührt?« und sich diesem Menschen zu erkennen gibt? Ich frage mich jetzt oft, was es bedeutet, daß um die Wende des siebten Jahrzehnts im zwanzigsten Jahrhundert ausgerechnet ein Marxist die Bibel zu entdecken beginnt, ein Mann also, der nicht aus dem Naturschutzpark einer westlichen Volkskirche kommt, sondern aus einem Raum, der gegen christliche Bakterien gründlich desinfiziert ist, und daß dieser Mann nun das vorläufige Fazit zieht: Gott ist nicht ganz tot; irgendein Leben habe ich gespürt. Und nun bleibe ich dem so geahnten Leben auf der Spur. Was soll es bedeuten, frage ich mich, daß ein Atheist sich so auf die Fährte des Lebens begibt, während Vertreter einer ungebrochenen christlichen Tradition vom Tode Gottes reden? Wie merkwürdig ist das alles, und was mag dahinterstecken?

Es ist ein Zeichen der Hoffnung. Darum hat mich dieses Buch so angerührt. Ein Marxist gibt Laut, weil ihn ein Ruf erreicht hat. Und wenn dieser Laut auch noch kein Gebet ist – jedenfalls nicht im Rahmen des gängigen christlichen Verständnisses –, so wird er im Himmel gewiß vernommen. Hier wurde jemand bei seinem Namen gerufen, und die Fortsetzung: »Du bist mein«, steht nicht mehr in unserer Macht. Aber auch dieses letzte Wort könnte in der Ewigkeit schon gesprochen sein, weil Gott großzügiger ist als die dogmatischen Federfuchser der Christenheit – vor allem größer als unser Herz.
Der Herr, der von sich sagt: »Ich bin das Licht der Welt«, hat einen Blindgeborenen angerührt und ihn sehend gemacht. Auch Gardavský ist in einer Welt geboren, die gegen dieses Licht abgeschirmt war. Und dennoch hat einer seiner Strahlen den Weg zu ihm gefunden, und er reibt sich verwundert die Augen. »Ich lag in tiefster Todesnacht, du warest meine Sonne«: Dieser Lobgesang derer, die den Bann der Dunkelheit und den Schrecken des Nichts abschütteln durften, tönt durch die ganze Geschichte des Glaubens. Nicht die Satten und Sicheren erleben dieses Wunder, sondern die, die »in Finsternis und Schatten des Todes sitzen«. *Die* erspähen die Signale Gottes. Da-

271

bei geht es nicht um die Erkenntnis höherer Welten oder um ähnlich religiöse und metaphysische Dinge. Sondern es geht um die Macht der Befreiung, die hier und jetzt unsere Fesseln zerbricht und unser Leben auf einen neuen gewissen Grund versetzt.

So lädt uns die Geschichte vom Blindgeborenen ein, es einmal mit dem zu wagen, der Gräber öffnen und tote Augen zum Sehen rufen kann. Die Luft ist voller Verheißungen.